Réglementation prudentielle : frein ou moteur de l'efficience des banques en Afrique centrale ?

Collection « Études africaines »

dirigée par Denis Pryen et son équipe

Forte de plus de mille titres publiés à ce jour, la collection « Études africaines » fait peau neuve. Elle présentera toujours les essais généraux qui ont fait son succès, mais se déclinera désormais également par séries thématiques : droit, économie, politique, sociologie, etc.

Dernières parutions

Jacques EVOUNA et Tony Onguene Mete, *L'état verbal. De la grammaire du verbe à la conjugaison en contexte camerounais plurilingue*, 2022.

Ngoy-Ndouba KAMATANDA, Kayamba TSHITSHI NDOUBA, *Constitutions et transition démocratique en R.D. Congo (1990-2006)*, 2022.

Albert MBAN, *Manuel de gestion des documents administratifs et des archives*, 2022.

Arthur et Marius VIDO, *Regards des Européens sur les Africains entre les XVIIe et XXe siècles. 360 citations pour une contribution à l'étude de l'histoire du Sud-Bénin,* 2022.

François Xavier Noah EDZIMBI, *La Russie face aux Occidentaux en Afrique centrale*, 2022.

Federica BURINI, *Cartographie participative et aménagement du territoire en Afrique subsaharienne*, 2022.

Abbé Nestor SALUMU NDALIBANDU, *La philosophie au service de la société en Afrique, Le cas de la RDC*, 2022.

Abbé Nestor SALUMU NDALIBANDU, *La responsabilité sociale du philosophe face à la guerre en Afrique, Enjeux et perspectives*, 2022.

Gilbert GERMAIN, *Non à un plan Marshall pour l'Afrique subsaharienne*, 2022.

Azza BCHIR, *La tragédie de la performativité*, 2022.

Laurent TAGNE, *Les TIC dans le système éducatif camerounais. Cas de l'enseignement secondaire,* 2022.

Guila THIAM, *Les médias africains à l'heure de la rupture. Vers un grand rétablissement*, 2022.

André NIKWIGIZE, *Ethnisme et tragédies au Burundi, De l'identité nationale à l'identité ethnique*, 2022.

Léandre Serge MOYEN, *L'impossible État fédéral africain. Les droits fondamentaux à l'épreuve des identités culturelles nationales*, 2022.

Charlie MBALLA (dir.), *L'Etat dans les Afriques. Etat des lieux en Afrique subsaharienne,* 2022.

El Hadji Malick NDIAYE, *Ce que les GAFAM font aux médias africains. Enjeux socioéconomiques, éditoriaux et politiques de l'infomédiation*, 2022.

Simon Yannick FOUDA EKOBENA

Réglementation prudentielle : frein ou moteur de l'efficience des banques en Afrique centrale ?

L'Harmattan

5-7, rue de l'Ecole-Polytechnique, 75005 Paris

http://www.editions-harmattan.fr

ISBN : 978-2-343-23304-8
EAN : 9782343233048

SOMMAIRE

AVERTISSEMENT

Les opinions émises dans ce livre
doivent être considérées comme propres à leur auteur.

A mes enfants,
Pour les stimuler à la conquête toujours inachevée du Savoir.

REMERCIEMENTS

Ce travail est parvenu à son terme grâce à un ensemble de contributions individuelles et institutionnelles auxquelles je rends hommage.

Mes remerciements vont en premier lieu à Monsieur le Professeur AVOM Désiré, pour ses remarques avisées et ses conseils tout comme sa convivialité ont été d'un grand apport dans l'élaboration de ce travail.

Mes remerciements vont ensuite au Professeur James R. BARTH, pour ses remarques lors du séminaire sur la régulation des marchés financiers, tenu du 5 au 6 Janvier 2016 à San Francisco (USA). Je témoigne pareillement ma gratitude à tous les membres du Laboratoire d'Analyse et de Recherche et Economie Appliquée (LAREA) de l'Université de Yaoundé 2. Dans la même lancée, je n'oublie pas les participants au séminaire du Council on Economic Policies (CEP) et de la Federal Reserve Bank (FED), tenu du 3 au 4 Avril 2014 à Atlanta (USA).

Au niveau institutionnel, je tiens à remercier la Faculté de Sciences Economiques et de Gestion de l'Université de Dschang et celle de l'Université de Yaoundé 2 à travers le Laboratoire d'Analyse et de Recherche en Economie Appliquée (LAREA), à la Federal Reserve Bank (FED) d'Atlanta à l'Université d'Exeter au Royaume Uni et à Afriland First Bank qui m'a permis de réaliser ce travail en immersion dans le système bancaire.

Je voudrais aussi exprimer ma gratitude à la Banque Africaine de Développement (BAD) à travers son initiative *La finance au service de l'Afrique* (MFW4A), ainsi qu'à la Banque des Etats de l'Afrique Centrale (BEAC) et plus particulièrement à la Commission Bancaire de l'Afrique Centrale (COBAC), pour les données mises à ma disposition.

A tous ceux qui, de près ou de loin, ont contribué à la réalisation de ce travail, mais dont les noms ne figurent pas sur cette page et qui se reconnaîtront certainement, qu'ils trouvent ici l'expression de ma profonde gratitude.

RÉSUMÉ

L'objectif de ce livre est d'évaluer l'incidence de la règlementation sur l'efficience des banques de la CEMAC. Ce travail constitue une contribution au débat qui oppose l'approche de l'intérêt public à celle de l'intérêt privé sur la contribution de la règlementation à l'efficience bancaire. Pour atteindre notre objectif, nous commençons par mesurer l'efficience des banques de la CEMAC au moyen des méthodes DEA (Data Envelopment Analysis) et SFA (Stochastic Frontier Approach). Les résultats montrent d'abord que les banques de la CEMAC ont connu une progression de leur efficience technique même si des inefficiences subsistent concernant notamment l'efficience allocative. Ensuite, nous évaluons la contribution de la réglementation à l'efficience des banques de la CEMAC. A cette fin, nous recourrons à la méthode des moments généralisés (MMG) en panel dynamique. Globalement, les résultats obtenus montrent que la règlementation n'affecte pas de façon homogène l'efficacité du système bancaire de la CEMAC. Plus précisément, le renforcement des restrictions sur les activités des banques se traduit par une baisse de leurs scores d'efficience. Les exigences en capital réglementaire sont également négativement liées à l'efficience des banques de la CEMAC tout comme les exigences en matière de transparence de l'information financière des banques, ainsi que de fortes barrières à l'entrée et à la sortie sur le marché bancaire. A l'inverse, l'existence d'un mécanisme d'assurance des dépôts a un impact positif sur l'efficience des banques. Ces résultats font ressortir deux principales recommandations. Premièrement, les autorités devraient améliorer la prise en compte des spécificités et des caractéristiques du système bancaire de la CEMAC dans l'implémentation de la réglementation bancaire. Deuxièmement, il faudrait renforcer la stabilité financière et la résilience des banques aux chocs macroéconomiques exogènes.

Mots-clés : réglementation, supervision, efficience, DEA, SFA, CEMAC, méthode des moments généralisés.

ABSTRACT

The objective of this book is to assess the impact of regulation on the efficiency of CEMAC banks. This work is a contribution to the debate between the approach of the public interest than private interest on the contribution of the regulation to the banking efficiency. To achieve our goal, we first measure the efficiency of CEMAC banks using the Data Envelopment Analysis method (DEA) and the Stochastic Frontier Approach (SFA). The results show that the CEMAC banks have experienced an increase in their technical efficiency although inefficiencies remain particularly concerning allocative efficiency. Then we evaluate the contribution of the regulation to the efficiency of CEMAC banks. To this end, we will resort to the generalized method of moments (GMM) dynamic panel. Overall, the results show that the regulation does not affect evenly efficiency of the CEMAC banking system. Specifically, strengthening restrictions on bank activities results in a decrease in their efficiency scores. The regulatory capital requirements are also negatively related to the efficiency of CEMAC banks as requirements for transparency of financial reporting of banks and high barriers to entry and exit on the banking market. Conversely, the existence of a deposit insurance scheme has a positive impact on the efficiency of banks. These results highlight two main recommendations. Firstly, the authorities should improve consideration the specificities and characteristics of the CEMAC banking system in the implementation of banking regulation. Secondly, it would strengthen financial stability and resilience of banks to external macroeconomic shocks.

Keywords: Regulation, Supervision, Efficiency, DEA, SFA, CEMAC, Generalize Method of Moments.

ABSTRACT

LISTE DES ABRÉVIATIONS ET ACRONYMES

ANIF	Agence Nationale d'Investigation Financière
APECCAM	Association Professionnelle des Etablissements de Crédit du Cameroun
BC	Banque Centrale
BCC	Banker, Charnes et Cooper
BCEAO	Banque Centrale des Etats de l'Afrique de l'Ouest
BEAC	Banque des Etats de l'Afrique Centrale
BAD	Banque Africaine de Développement
BRI	Banque des Règlements Internationaux (BIS)
BVMAC	Bourse des valeurs Mobilières d'Afrique Centrale
CCR	Charnes, Cooper et Rhodes
CEA	Commission Economique pour l'Afrique (Nations Unies)
CEEAC	Communauté Economique des Etats de l'Afrique Centrale
CEMAC	Commission Economique et monétaire de l'Afrique centrale
COBAC	Commission Bancaire de l'Afrique Centrale
CRS	Rendement d'Echelle Constant (Constant Return Scale)
DEA	Data Envelopment Analysis
EE	Efficacité d'Echelle
EMF	Etablissement de Microfinance
ETG	Efficacité Technique Globale
ETP	Efficacité Technique Pure
FCFA	Franc de la Coopération Financière Africaine (XAF)
FED	Federal Reserve Bank
FMI	Fonds Monétaire International
GAB	Guichet Automatique de Banque
GABAC	Groupe d'Action Contre le Blanchiment en Afrique Centrale
GMM	Generalize Method of Moment (MMG)
IHH	Indice de Herfindahl-Hirschman
IPC	Indice des Prix à la Consommation
MCC	Moindres Carrés Corrigés
MCO	Moindres Carrés Ordinaires
MMG	Méthode des Moments Généralisés
OHADA	Organisation pour l'Harmonisation en Afrique du droit des affaires
OMD	Objectifs du Millénaire pour le Développement
ONU	Organisation des nations unies
PIB	Produit Intérieur Brut
RAC	Rapports Annuels d'Activités de la COBAC
RCA	République Centrafricaine
SFA	Stochastic Frontier Approach
UMAC	Union Monétaire d'Afrique Centrale
WDI	World Development Indicators

INTRODUCTION GÉNÉRALE

La dernière crise financière internationale a suscité un regain d'intérêt en matière de règlementation et de supervision des systèmes financiers mondiaux. En conséquence, d'importantes réformes de la réglementation financière ont été convenues au niveau international, notamment avec le Comité de Bâle sur un ensemble de réformes de la supervision bancaire, plus connu sous le nom de Bâle III. Bien qu'il y ait une pression croissante pour renforcer la réglementation et la supervision des institutions financières, il n'existe toujours pas de consensus sur les avantages de cette approche. En effet, d'une part, les partisans d'un renforcement de la réglementation soutiennent qu'une réglementation et une surveillance plus étroites permettront d'éviter les défaillances du marché et favoriseront des pratiques bancaires saines. Par conséquent, il s'ensuivra une amélioration de l'efficacité des banques. D'autre part, prenant le contre-pied de cette position, les opposants à un renforcement de la règlementation soutiennent que renforcer la réglementation et rendre plus stricte la supervision des banques, conduiront à une répartition sous-optimale du capital et donc à une diminution de l'efficacité des banques.

Par conséquent, le débat sur la façon dont la réglementation et la surveillance affectent l'efficience de la banque reste d'actualité. C'est dans ce contexte que de plus en plus de voix s'élèvent pour décrier le comportement des banques de la Communauté Economique et Monétaire de l'Afrique Centrale (CEMAC[1]). En effet, pour beaucoup, les banques de la CEMAC sont aujourd'hui sur-liquides, mais elles n'assurent pas leur rôle de courroie de transmission entre les épargnants et les agents qui expriment un besoin de financement. Lesdites banques ne financent pas l'économie et sont l'expression et le lieu où se manifeste la discrimination entre les riches et les pauvres dont l'accès est interdit au système financier formel. Bref, elles ne contribuent pas assez à la croissance économique des pays de la CEMAC (Hugon, 2007), et ne jouent pas avec efficacité leur rôle. En réponse à ces

[1] La Communauté Economique et Monétaire de l'Afrique Centrale (CEMAC) comprend six pays que sont : le Cameroun, le Congo, le Gabon, la Guinée Equatoriale, la République Centrafricaine et le Tchad.

incriminations, les banques de la sous-région estiment être victimes d'un faux procès. Elles brandissent les facteurs institutionnels et règlementaires qui encadrent leur activité. Elles citent ainsi l'environnement juridique, le climat des affaires et surtout les normes réglementaires auxquelles elles sont assujetties pour justifier leur forte aversion à la prise de risque et donc, le faible niveau de financement des économies de la sous-région.

Dans cette situation où chaque acteur rejette la faute sur d'autres, il y a lieu de reconnaître qu'il se pose bien un problème d'évaluation de l'impact des facteurs institutionnels et surtout réglementaires sur l'efficience du système bancaire de la CEMAC dans un environnement international marqué par la définition de nouvelles normes réglementaires applicables aux banques.

Sur le plan factuel, les deux dernières décennies ont été marquées par une amélioration de la rentabilité et un renforcement du respect des normes règlementaires par les banques de la CEMAC (Voir les Graphiques 0.1 et 0.2 en Annexe).

En effet, le résultat net des quarante-cinq banques déclarantes de la CEMAC en 2011 enregistre une hausse de 58,2% par rapport au niveau réalisé en 2010. Il est positif de 106,2 milliards au 31 décembre 2011, contre 67,1 milliards un an plus tôt (COBAC, 2011). Cette situation contraste avec celle qui prévalait au début des années 1990, où 18 des 31 banques de la sous-région accusaient des pertes tandis que 3 seulement respectaient les normes prudentielles. Par ailleurs, cette situation très peu reluisante avait justifié les évolutions du cadre règlementaire et de contrôle des établissements de crédit dans la CEMAC après les restructurations bancaires des années 1990 (Avom et Eyeffa Ekomo, 2007). La Commission Bancaire de l'Afrique Centrale (COBAC) va dès lors jouer le rôle de gendarme du secteur bancaire dans la CEMAC, et va définir cinq nouveaux ratios prudentiels dont le ratio de liquidité et le ratio de transformation à long terme.

Le nombre de banques respectant les normes prudentielles et notamment le ratio de liquidité et le ratio de transformation à long terme, n'a cessé d'augmenter depuis la mise en application de ces ratios prudentiels au sein de la CEMAC (Confère Graphique 0.2 en Annexe) au même moment que la rentabilité des banques de la sous-région connaissait une amélioration constante comme on l'a vu plus haut. Ce qui amène à s'interroger sur le lien qui pourrait exister entre règlementation prudentielle et efficience des banques plus précisément pour les banques de la CEMAC.

Les banques sont souvent présentées comme des intermédiaires financiers dans l'analyse des systèmes financiers. Les travaux de Gurley et Shaw (1967) ont systématisé cette approche analytique du rôle des banques en précisant les fonctions des intermédiaires financiers[2]. La banque a pour

[2] Gurley et Shaw caractérisent la notion d'intermédiation financière en précisant qu'elle consiste en l'achat de titres primaires aux emprunteurs ultimes et l'émission d'une dette indirecte pour les prêteurs ultimes.

fonction de collecter le surplus des agents à capacité de financement, pour le redistribuer sous forme de crédits aux agents à déficit de financement. Les dépôts et crédits sont donc, sous cette optique, au centre de l'activité de la firme bancaire qui réalise sa marge sur les spreads[3] de taux. L'importance de la fonction des banques comme intermédiaires financiers, a été justifiée à travers les études qui ont mis en exergue les avantages qui découlent de ses propriétés de mutualisation des risques (Diamond et Dybvig, 1983) ou encore de monitoring (Diamond, 1984).

La banque possède donc une activité propre ou interne, qui repose sur une technologie qui lui est spécifique. Cette technologie peut être évaluée par l'efficience du système bancaire ou plus simplement celle d'une banque, laquelle efficience se décompose en efficience technique, allocative, ou d'échelle. L'activité bancaire repose également sur la nature de la réglementation (ou de la déréglementation) qui assure la stabilité du système à travers les lois, règles, normes et sanctions qu'elle édicte pour le marché. L'approche par la production de la firme bancaire est utile pour rendre compte de cette activité interne. De même, le fonctionnement du système bancaire génère des effets sur le reste de l'économie (externalités). Ces externalités peuvent se manifester à divers niveaux. D'abord au niveau individuel pour les agents qui ont recours aux services bancaires, ensuite au niveau des secteurs de l'économie qui bénéficient de façon directe ou indirecte, des financements bancaires, et enfin au niveau global de l'économie. L'approche par l'intermédiation est appropriée pour rendre compte de ces externalités du système bancaire. La conjugaison de l'activité interne du système bancaire et de ses externalités peut permettre d'estimer sa performance globale au sein de l'économie.

Le système bancaire de la zone CEMAC comprend les banques secondaires, les établissements financiers, les établissements mutualistes, les EMF[4]. La supervision bancaire est assurée par la banque centrale (BEAC[5]). La COBAC[6] assure le contrôle du système bancaire. Dans une certaine mesure, jusqu'à présent, dans les pays de la zone, les Ministères en charge des Finances interviennent, avec la BEAC, dans la régulation des EMF. Dans le cadre de la présente étude, la banque ou la firme bancaire fait référence à une banque secondaire. Le système bancaire englobe donc les banques secondaires, mais aussi la Banque Centrale et la COBAC dans la supervision bancaire.

L'efficience de la firme bancaire est le plus souvent mesurée par la détermination de sa productivité à travers l'estimation des fonctions de coût

[3] Les spreads de taux sont la marge d'une opération bancaire que l'on mesure habituellement par l'écart entre le taux débiteur moyen s'appliquant aux prêts, et le taux créditeur moyen s'appliquant aux dépôts d'épargne rémunérés.
[4] Etablissements de Microfinance.
[5] Banque des Etats de l'Afrique Centrale, qui est l'institut d'émission des pays de la CEMAC.
[6] Commission Bancaire de l'Afrique Centrale.

ou de profit. Lorsqu'il s'agit d'évaluer le système dans son ensemble, cette estimation repose essentiellement sur des modèles de frontière de production. La détermination de la productivité est faite par le calcul des rapports entre la quantité d'outputs de l'industrie bancaire et la quantité de facteurs utilisée pour leur production. Le rapport peut également se faire en valeur. L'estimation de la frontière de production peut se baser sur deux types de modèles : les modèles paramétriques et ceux non paramétriques. Dans les modèles paramétriques, on peut se servir de plusieurs approches : l'approche par les moindres carrés (MCO[7], MCC[8], MCD[9]), l'approche par les moments, le maximum de vraisemblance, la frontière épaisse, la frontière économétrique ou l'approche dite à distribution libre. La frontière de production peut être elle-même déterministe (le terme d'erreur ne traduit que les inefficiences) ou stochastique (le terme d'erreur est composite et comprend une composante aléatoire). Bosman et Frecher (1992) indiquent que le choix de l'utilisation des modèles paramétriques ou non, doit se baser sur la connaissance que l'on a de la technologie du secteur étudié. Les modèles non paramétriques (Farrell, 1957) ne spécifient explicitement aucun modèle de frontière ou la relation entre la frontière et les observations faites. Ceci ressort deux avantages majeurs : premièrement dans un échantillon hétérogène, une spécification qui conviendrait à la majorité des unités de production n'est pas obligatoirement pertinente pour un sous-ensemble d'entre elles. Deuxièmement, ces méthodes considèrent en même temps plusieurs inputs et outputs. La méthode *DEA* (Data Envelopment Analysis) est l'approche principale utilisée dans le modèle non paramétrique de la frontière de production depuis Charnes *et al.* (1978). On distingue en général dans la littérature, deux variantes du modèle DEA que sont le modèle CCR (Charnes-Cooper-Rhodes, 1978) et le modèle BCC (Banker-Charnes-Cooper, 1984). En spécifiant un modèle de frontière de type stochastique, la décomposition de l'efficacité (ou de l'inefficience) peut utiliser une technique comme l'estimation de l'indice de Malmquist. Cet indice permet de décomposer les variations du produit en ses différentes sources, c'est-à-dire en variation de la technologie (variation pure de la technique de production) et en variation d'échelle. Les banques présentent la caractéristique d'être extrêmement sensibles au risque de crise systémique. La perte de confiance des déposants vis-à-vis d'une seule banque, peut entraîner des courses aux guichets dans l'ensemble des banques. Cette situation peut alors générer une panique bancaire et conduire vers une faillite de tout le système (Calorimis et Gorton, 1991). Cette extrême fragilité des firmes bancaires justifie l'élaboration, par les autorités compétentes[10], d'un

[7] Moindres carrés ordinaires.

[8] Moindres carrés corrigés.

[9] Moindres carrés décalés.

[10] L'autorité compétente peut être l'Etat si la politique bancaire relève des pouvoirs publics. C'est le cas dans les économies planifiées ou lorsque l'Etat possède une part importante dans

…quat pour assurer la stabilité du système bancaire. La …e peut prendre deux configurations principales. D'une …assurer la sécurité des institutions financières à titre …tif est de protéger les déposants ou les investisseurs en …viduels. Il s'agit de la régulation micro-prudentielle. …'évertue à assurer la stabilité du système monétaire et finan… …mension globale. Elle vise donc à prévenir ou à contenir le risque syst…ique. C'est ici le domaine de la régulation macro-prudentielle.

De façon générale, la réglementation bancaire se réfère à l'ensemble des normes, règles et lois qui régissent l'activité et le comportement des banques, tandis que la supervision est la surveillance qui prend place pour veiller à ce que les banques respectent les règles. Ces deux notions sont si bien liées qu'il est affirmé que la règlementation est sans grand intérêt en l'absence d'une bonne supervision (Tirole, 2014).

En raison de son rôle particulier dans l'économie, le système bancaire est de loin, le secteur le plus fortement réglementé de l'activité économique. La question de la régulation financière (notamment en ce qui concerne le secteur bancaire) est souvent considérée comme une question controversée. La règlementation est coûteuse et peut donner lieu à des problèmes d'aléa moral. En plus, des distorsions entre les institutions réglementées et non réglementées peuvent se produire (Barth et al., 2006). La réglementation est déterminante pour l'efficacité de l'industrie bancaire. À cet égard, il est à noter que chaque fois que la réglementation est mise en œuvre dans le but de restreindre ou limiter les activités bancaires, le comportement des banques et l'efficacité avec laquelle elles opèrent seront affectés (Jalilian et al., 2007). Avec la libéralisation financière, la réglementation peut procéder par la déréglementation ou dérégulation. Cela a été le cas en zone CEMAC relativement aux contraintes qui étaient fixées, notamment le plafonnement des taux nominaux de longue période, ou la planification et l'orientation des politiques de crédits avec la politique de la répression financière[11].

La littérature économique oppose deux courants quant à l'incidence de la réglementation sur les performances du secteur bancaire. Il s'agit du courant du système bancaire libre ou l'approche de l'intérêt privé et de celui du système bancaire réglementé ou l'approche officielle de la supervision bancaire.

Selon *l'approche officielle* ou *approche de l'intérêt public* de la supervision bancaire, la réglementation peut réduire l'échec du marché en

---

le capital des banques. L'autorité peut être assurée par la supervision bancaire, s'il y a une démarcation entre le pouvoir politique et l'autorité bancaire.

[11] La répression financière est une politique économique procédant entre autres, par la plafonnement des crédits et des taux d'intérêt nominaux de longue période, par la sélectivité des crédits et leur orientation. Elle procède aussi par l'administration des taux de change et par le contrôle des flux de capitaux par l'Etat.

surveillant et disciplinant les banques. Ce qui va alors affaibli[r] dans les prêts bancaires et conduire à l'amélioration du fonctionn[ement des] banques en tant qu'intermédiaires financiers. Cette approche est so[utenue] par les travaux de Keeley et Furlong (1990) ; Kaufman (1991) ; Holmstr[öm] et Tirole, (1997, 2014) ; Demirguc-Kunt et Detragiache (2002) ; Gonzalez (2005) ; Barth et al (2006) ; Beck et al (2006) ; Laeven et Levine, (2007, 2009) ; Allen et al (2011); Mehran et Thakor (2011) ; Chortareas et al (2012). L'approche de l'intérêt *public* fait valoir que les superviseurs bancaires ont les incitations et l'expertise pour corriger les défaillances du marché, en raison de l'information imparfaite. Par conséquent, une autorité de régulation puissante qui surveille directement et discipline les banques, peut améliorer leur gouvernance d'entreprise et permettre d'accroître l'efficacité de celles-ci. À cet égard, le pouvoir de contrôle devrait être corrélé positivement à l'efficacité des banques. Toutefois, l'approche de *l'intérêt privé* fait valoir que de puissants régulateurs / superviseurs ne se focaliseront pas sur la correction des défaillances du marché, mais plutôt sur la promotion de leurs propres intérêts.

Selon *l'approche du système bancaire libre* ou *approche de l'intérêt privé,* des superviseurs puissants peuvent exercer une influence négative sur la performance des banques. En effet, pour les partisans de cette approche, les superviseurs puissants peuvent exercer leurs pouvoirs au profit de leur propre intérêt plutôt que du bien-être social. Les principaux travaux soutenant cette approche sont ceux de Becker (1983) ; Shleifer et Vishny (1989) ; Calomiris et Kahn (1991) ; Djankov et al. (2002) ; Quintyn et Taylor (2002) ; Levine (2011). En outre, les adeptes de l'approche de *l'intérêt privé* ont tendance à s'opposer à des règles strictes, sauf s'il peut être démontré que leurs avantages dépassent leurs coûts.

Ce débat théorique s'est prolongé, sur le plan empirique, par de nombreuses études dont l'objectif était d'évaluer l'impact de la règlementation et de la supervision sur la performance des banques. De façon générale, la littérature empirique relative aux effets de la réglementation et de la supervision sur les performances des banques suggère que cette relation dépend fortement du type de supervision et régulation considéré, mais aussi de l'approche utilisée pour évaluer la performance.

Une des premières études à fournir des évidences empiriques sur la relation entre réglementation et efficience des banques est celle de Barth et al (2004). Ils montrent que l'amélioration de l'autocontrôle permet d'améliorer l'efficacité des banques, tandis que la restriction de leurs activités peut faire augmenter la probabilité d'une crise bancaire et réduire l'efficacité des banques.

Pour Beck et al (2006), accroître les pouvoirs du régulateur peut réduire l'efficacité des prêts bancaires et par conséquent, l'efficacité du système bancaire. Utilisant une approche non paramétrique, Pasiouras (2008) aboutit au résultat qu'une réglementation forte favorise l'efficience technique des banques. Poursuivant dans cette voie, Ben Naceur et al. (2009) mais aussi Chortareas et al. (2011) aboutissent au résultat selon lequel des exigences en fonds propres plus strictes, conduisent à une meilleure efficacité des banques dans les pays développés, tandis que les résultats restent mitigés dans les pays en développement en raison notamment de l'ingérence excessive des pouvoirs publics.

Barth et al. (2010) partent de trois études à l'échelle mondiale sur la réglementation bancaire (Barth et al., 2004, 2006 et 2008), pour déterminer si ladite réglementation favorise ou entrave l'efficacité opérationnelle des banques. Utilisant une analyse de panel non équilibré de plus de 4050 banques dans 72 pays au cours de la période 1999-2007, ils constatent que des restrictions plus strictes sur les activités bancaires sont négativement associées à l'efficacité des banques, tandis que la réglementation plus rigoureuse du capital est légèrement et positivement associée à l'efficacité des banques. En outre, ils trouvent que le renforcement du pouvoir de surveillance de l'autorité en charge du contrôle, n'est positivement associé à l'efficacité de la banque que dans les pays ayant des autorités de contrôle indépendantes. De plus, l'indépendance couplée à une autorité de surveillance plus expérimentée, tend à améliorer l'efficacité des banques. Par ailleurs, la surveillance des banques en termes de plus grande transparence financière, est positivement associée à l'efficacité bancaire.

Chortareas et al. (2010) étudient la dynamique entre réglementation et la surveillance bancaire basée sur les trois piliers de Bâle II et les divers aspects de l'efficacité et la performance des banques. Ils utilisent pour cela une analyse de la frontière de production, ainsi que les ratios comptables traditionnels. Leur échantillon est constitué de banques commerciales de l'Union européenne sur la période 2000-2006. Les principales conclusions auxquelles ils aboutissent indiquent qu'une réglementation interventionniste caractérisée par un renforcement des exigences en fonds propres, un accroissement des pouvoirs de l'autorité de contrôle et des restrictions sur les activités bancaires, a pour effet d'entraver de manière significative le fonctionnement et l'efficacité des banques.

Weil (2013) étudie la relation entre ratio de fonds propres et de l'efficacité des banques pour les banques chinoises sur la période 2004-2009, dans un contexte marqué par les changements réglementaires sur les exigences en fonds propres qui ont eu lieu pendant cette période, afin de mesurer l'impact exogène d'une augmentation du ratio de capital sur l'efficacité des banques. Il aboutit au résultat qu'un renforcement des exigences de fonds propres peut améliorer l'efficacité des banques.

Dans une étude menée sur 46 pays africains, Triki et al. (2013) parviennent au résultat qu'une meilleure qualité de la supervision des banques pourrait entraver l'efficacité des banques à faible risque, quelle que soit leur taille et que par conséquent, la supervision devrait s'adapter aux risques et à la taille des institutions à réguler.

Chang et al. (2013) cherchent à savoir si les différents types de régulation peuvent avoir un effet direct ou indirect sur l'efficacité des banques. Leurs résultats suggèrent que l'augmentation du pouvoir de contrôle augmente l'efficacité des banques, tandis que des restrictions sur l'activité bancaire la réduisent. En outre, leurs résultats suggèrent que les effets de la règlementation sur l'efficacité des banques seront différents selon que les pays dans lesquels exercent ces banques, sont développés ou en développement.

Ben Bouheni et al. (2014) étudient les effets de la règlementation prudentielle sur la performance des banques européennes en utilisant la méthode des moments généralisés (GMM) en système, sur un échantillon des dix plus grandes banques européennes sur la période 2005-2011. Leurs résultats sont les suivants : la supervision semble avoir un impact sur les performances des banques. Cependant, l'introduction de variables, captant la spécificité du cadre macro-économique, institutionnel et les indicateurs de développement financier, rejette cet effet. Ces résultats renforcent l'idée que la mise en œuvre de la supervision bancaire dépend de l'environnement macro-économique, institutionnel et politique du pays.

La revue de la littérature relative à l'impact de la réglementation sur l'efficience des banques nous fait constater qu'il n'existe pas de consensus sur ce débat aussi bien sur le plan théorique qu'empirique. De plus comme on peut le constater, il n'existe que très peu de travaux concernant les pays africains et à ce jour, en l'état de nos connaissances, aucun travail concernant les pays de la CEMAC. La présente étude vient donc combler ce vide en fournissant une évaluation empirique de la relation entre la règlementation et l'efficience des banques dans la CEMAC.

Dans ce contexte, le présent ouvrage vise à répondre à la question de recherche suivante :

Quelle est l'incidence de la réglementation sur l'efficience des banques de la CEMAC ?

Cette question principale peut se décliner en deux questions subsidiaires :

- les banques de la CEMAC sont-elles efficientes ?
- la règlementation contribue-t-elle à l'efficience des banques de la CEMAC ?

L'intérêt de ce travail est qu'il contribue au débat qui a trait à l'incidence de la règlementation sur l'efficience des banques, en fournissant une validation empirique de cette relation pour les pays de la CEMAC.

L'objectif général de ce livre est d'évaluer l'incidence de la réglementation sur l'efficience des banques de la CEMAC au regard de la nouvelle donne règlementaire. Cet objectif général peut toutefois se décomposer en deux objectifs spécifiques :

- évaluer l'efficience des banques de la CEMAC ;
- déterminer la contribution de la règlementation à l'efficience des banques de la CEMAC.

Pour atteindre nos objectifs, nous posons l'hypothèse centrale suivante :
La règlementation a une incidence sur l'efficience des banques de la CEMAC.
Cette hypothèse centrale peut se subdiviser en deux hypothèses spécifiques qui sont :
- les banques de la zone CEMAC sont efficientes ;
- la réglementation bancaire améliore l'efficience des banques en zone CEMAC.

Afin de vérifier ces hypothèses, nous allons procéder par une méthodologie en deux étapes. La première étape de notre démarche va consister à mesurer l'efficience des banques de l'espace CEMAC. A cette fin, nous utiliserons les approches SFA (Stochastic Frontier Approach) et *Data Envelopment Analysis* (DEA) pour déterminer les scores d'efficience selon la méthodologie de Charnes et al. (1978). La méthode DEA présente l'avantage de fournir une mesure agrégée unique pour chaque banque, et qu'elle met l'accent sur « les meilleures pratiques » étudiées dans une perspective comparative. Quant à la méthode SFA, elle permet d'estimer une fonction frontière qui tient compte simultanément de l'erreur aléatoire et d'une composante d'inefficacité spécifique à chaque banque. Il faut dire qu'une littérature plus récente, a mis en lumière les avantages liés à l'utilisation des méthodes basées sur les frontières de production dans la détermination de la performance des banques (voir par exemple Berger et Humphrey, 1997). Les modèles DEA peuvent être orientés output ou input selon que l'accent est mis sur la minimisation des inputs tout en gardant un niveau de production donné ou sur la maximisation des outputs étant donné le niveau des inputs. La littérature théorique n'est pas concluante pour le meilleur choix parmi les différentes orientations de mesure. Cependant, il est important de noter que les modèles orientés input ou orientés output détermineront exactement la même frontière, identifiant ainsi la même série de banques efficaces. Dans le cadre de ce travail, nous utilisons un modèle DEA input orienté pour mesurer l'efficience des banques de la CEMAC comme l'ont fait Barth et al. (2010), Chortareas (2011) et Triki et al. (2013) entre autres.

La deuxième étape de notre démarche méthodologique va nous amener à mesurer l'incidence de la réglementation sur l'efficacité des banques de la CEMAC à travers l'estimation des déterminants de l'efficience bancaire. Elle procède par une démarche analytique qui met en exergue les effets de la règlementation sur la performance des firmes bancaires. Plus simplement, les scores d'efficience obtenus à la première étape sont régressés sur un ensemble de variables réglementaires et spécifiques bancaires, afin d'évaluer l'impact de la règlementation sur l'efficience des banques. De façon concrète, nous allons recourir à un panel dynamique auquel nous appliquerons la méthode des moments généralisés (MMG), car elle permet non seulement de contrôler les effets spécifiques individuels et temporels non observés, mais aussi de palier au biais de simultanéité, de causalité inverse et de variables omises. Par ailleurs, l'utilisation d'instruments basés sur les variables explicatives retardées nous permettra de contrôler la potentielle endogénéité des variables explicatives, suivant la méthodologie de Blundell et Bond (1998).

Cette méthode est de plus en plus utilisée en raison de la robustesse des résultats qu'elle permet d'obtenir comme le démontrent de nombreux travaux notamment ceux de Driffill et al. (1998), Beck et al. (1999), Doytch et Uctum, (2011), Lee et Hsieh (2013), Ben Bouheni et al. (2014), Allegret et Azzabi (2014). La méthode des moments généralisés (MMG) en panel dynamique, présente également l'avantage de générer des instruments *internes* à partir des variables explicatives endogènes du modèle. L'estimateur utilisé est celui de la MMG en système proposé par Blundell et Bond (1998). Cet estimateur combine, dans un seul système, le modèle en niveau avec celui en différence première. Les instruments pour la régression en différence sont ceux préconisés par Arellano et Bond (1991). On instrumente ainsi les différences premières des variables explicatives endogènes du modèle par leurs valeurs retardées (d'au moins deux périodes) en niveau. Les variables explicatives endogènes du modèle en niveau sont, quant à elles, instrumentées par leur différence première la plus récente, et ce, sous l'hypothèse de « quasi stationnarité » de ces variables.

Les données utilisées sont extraites du système CERBER (Collecte, Exploitation et Restitution aux Banques et Établissements financiers des États Réglementaires) de la COBAC. Les données des bilans disponibles portent sur toutes les banques en activité de la CEMAC et couvrent la période de 1993 à 2011, avec une fréquence mensuelle, alors que les comptes de résultats sont disponibles annuellement. Ainsi, l'étude sera réalisée sur une base annuelle : un score d'efficacité est calculé chaque année pour les banques considérées. Au final, nous disposons d'un panel sur la période 1993 à 2011. Les autres données sur la supervision ainsi que sur les variables macroéconomiques, sont issues des bases de données de la Banque Mondiale, du Fonds Monétaire International, de l'Heritage Foundation et de la Banque Africaine de Développement.

Pour mener à bien ce travail, cet ouvrage comporte deux grandes parties, chacune étant divisée en deux chapitres. La première partie qui est intitulée « L'EVALUATION DE L'EFFICIENCE DES BANQUES DE LA CEMAC : des résultats dépendants de l'approche retenue », a pour objectif de mesurer l'efficience des banques de la CEMAC à travers la détermination des scores d'efficience et leur interprétation. La deuxième partie a pour titre :

« LES EFFETS DISCUTES DE LA REGLEMENTATION SUR L'EFFICIENCE DES BANQUES DE LA CEMAC ». Cette partie se donne pour mission de déterminer l'incidence de la réglementation sur l'efficience des banques de la CEMAC.

PREMIÈRE PARTIE

L'ÉVALUATION DE L'EFFICIENCE DES BANQUES DE LA CEMAC.

DES RÉSULTATS DÉPENDANTS DE L'APPROCHE RETENUE

INTRODUCTION DE LA PREMIÈRE PARTIE

De plus en plus de voix s'élèvent pour décrier le comportement des banques de la Communauté Economique et Monétaire de l'Afrique Centrale (CEMAC). En effet, pour beaucoup, les banques de zone CEMAC sont sur-liquides, mais elles n'assurent pas leur rôle de courroie de transmission entre les épargnants et les agents qui expriment un besoin de financement. Elles ne financent pas non plus l'économie sous-régionale. Si tous ces griefs portés à l'endroit des banques et leurs répliques ne paraissent pas toutes infondées, il y a lieu de reconnaître qu'il se pose bien un problème d'évaluation de l'efficacité du système bancaire de la CEMAC. Ainsi, cette partie a pour objectif de mesurer l'efficience des banques de la zone CEMAC à travers le calcul des scores d'efficience et leur interprétation. Afin de répondre à cette préoccupation, elle est subdivisée en deux chapitres.

Le premier chapitre de cette partie qui s'intitule « l'*efficience allocative des banques de la CEMAC* », plante le décor en revisitant les concepts en jeu, notamment ceux d'efficience et d'efficacité, afin de mieux les cerner et éviter toute analyse fallacieuse. Ce chapitre s'achève par une évaluation de l'efficience allocative des banques de la CEMAC.

Après cette analyse de l'efficience allocative, le chapitre deux intitulé : *« l'efficience technique des banques de la CEMAC »*, aboutit sur la mesure de l'efficience technique des banques de la sous-région à travers la détermination des scores d'efficience. Pour cela, il commence par présenter les économies de la CEMAC, la configuration et les principales caractéristiques du système bancaire sous-régional ainsi que son évolution. Ce chapitre permet de cerner notre objet d'étude, de mieux le connaitre. En effet, le paysage bancaire de la CEMAC reflète son histoire, c'est-à-dire de l'époque coloniale à nos jours en passant par la crise des années 1990, qui a entraîné de nombreuses faillites bancaires et une réforme du cadre réglementaire qui a présidé à la création du superviseur actuel. Il est donc important avant une étude approfondie de ce système bancaire, de connaitre les éléments qui ont permis sa structuration. Ainsi, nous pourrons mesurer l'efficience des banques de la CEMAC et atteindre les objectifs assignés à la première partie de cet ouvrage.

CHAPITRE 1

L'efficience allocative des banques de la CEMAC

INTRODUCTION

L'économie industrielle s'est développée depuis le 20e siècle, principalement autour des analyses de la concurrence et des comportements des firmes à partir du paradigme SCP (Structure-Comportement-Performance) mis en œuvre par E. Mason (1957) [12]et J. Bain (1956)[13]. Ce paradigme répondait aux insuffisances de la micro-économie traditionnelle face à l'explication de la performance des entreprises. Depuis, le champ d'analyse en la matière s'est élargi et s'est diversifié. L'entrée en jeu des nouvelles théories dans l'analyse économique fondées sur la micro-économie moderne, permet actuellement de mieux appréhender et mieux analyser les problèmes liés à l'efficacité productive des organisations (Tirole, 1993). Cet élargissement du champ d'étude se justifie par les origines même des déterminants de la performance productive des entreprises, qui peuvent être à la fois d'ordre inter ou intra-organisationnel selon la littérature économique. Ce chapitre expose le cadre théorique de l'efficience bancaire. Les éléments de théorie économique en référence à cette étude sont exposés. L'approche conceptuelle et les fondements théoriques de l'efficacité productive sont présentés à la première section. Une évaluation de l'efficience allocative des banques de la CEMAC est effectuée à la deuxième section.

---

[12] Mason, E., (1957), *Economic concentration and the monopoly problem,* Harvard University Press, Cambridge, MA.
[13] Bain, J. (1956), Barriers to New Competition, Harvard University Press, Cambridge, MA.

SECTION I. APPROCHE CONCEPTUELLE ET FONDEMENTS THÉORIQUES

Le concept d'efficience est un concept assez large qui désigne l'habilité à transformer des inputs en outputs selon une stratégie donnée. L'efficience permet d'apprécier les performances ainsi que le potentiel de développement d'une entité, et de la situer par rapport à ses concurrentes.

La sous-section qui suit présente les différentes significations du concept d'efficience, et revient sur la littérature théorique et empirique relative à cette notion qui est au centre de ce travail.

1.1. Le concept d'efficience

Dans la littérature, l'efficacité économique est composée de l'efficacité technique ou productive et de l'efficacité allocative auxquelles on ajoute souvent l'efficacité informationnelle et l'efficacité d'échelle (Joumady, 2000). L'efficacité technique s'intéresse à la façon dont le processus de production transforme les inputs en outputs. Par contre, l'efficacité allocative met l'accent sur la manière dont les inputs sont combinés étant donné leurs prix relatifs. Quant à l'efficacité informationnelle, elle correspond à une sélection optimale de ses partenaires. Ainsi pour la banque par exemple, il s'agira de sélectionner de façon optimale les emprunteurs potentiels. Concernant l'efficacité d'échelle, elle cherche à déterminer dans quelle mesure une institution fonctionne avec des rendements d'échelle croissants, constants ou décroissants. Ce qui permet de déterminer la taille optimale de cette institution. Dans les développements qui suivent, l'étude insistera sur les trois premières déclinaisons de l'efficacité qui sont aussi les plus utilisées, puis nous terminerons par l'indice de Malmquist.

1.1.1. L'efficacité technique ou productive

L'efficacité productive est souvent appelée aussi efficacité technique : pour tout niveau donné de la production, elle consiste à utiliser le moins possible de facteurs de production ou inputs ; de manière équivalente, on peut la définir en disant qu'elle consiste à réaliser le plus possible d'outputs, pour tout niveau donné de facteurs et inputs. Le qualificatif de « technique » s'explique par le fait qu'ici, aucune référence aux prix, ni des inputs, ni des outputs n'est faite. Elle est réalisée lorsque, pour une production donnée, il est impossible d'obtenir une quantité produite plus importante avec les mêmes quantités d'inputs. C'est la capacité de l'entreprise à se situer sur la frontière des possibilités de production. Dans le cas contraire, l'entreprise opère sous sa frontière de production, elle est techniquement inefficace.

L'inefficacité technique correspond donc soit à une production en deçà de ce qui est techniquement possible pour une quantité d'inputs et une technologie donnée, soit à l'utilisation de quantités d'inputs au-dessus du nécessaire pour un niveau d'output donné.

L'effet de la libéralisation financière sur le développement économique est souvent analysé au travers du lien entre épargne et investissement, c'est-à-dire la manière dont les fonds prêtables sont alloués aux agents économiques. Dans le cas du financement des entreprises, cette relation est traditionnellement analysée en termes d'efficacité allocative et d'efficacité informationnelle des intermédiaires financiers. Ces approches prennent rarement en compte de manière spécifique, l'activité d'intermédiation. Or, l'efficacité des structures qui contribuent à cette intermédiation est un élément clé de la réussite des libéralisations financières. L'étude de l'efficacité productive est par conséquent incontournable.

Il convient de souligner que l'efficience technique dans le secteur bancaire, est mesurée par la distance à la frontière de production, et est spécifique à chacune des banques. En revanche, le progrès technologique est mesuré par le déplacement de la frontière des possibilités de production, et est commun à l'ensemble des banques. La pertinence de cette distinction est confirmée par les résultats obtenus à ce niveau, à savoir que l'évolution de la productivité est plus expliquée par le progrès technologique que par le changement de l'efficience technique des banques.

Si on tient compte du type de rendement dans lequel s'effectue la production, l'efficacité technique peut elle-même être décomposée en une efficacité technique pure et une efficacité d'échelle. L'efficacité technique pure reflète la manière dont les ressources de l'unité de production sont gérées. En revanche, l'efficacité d'échelle détermine si l'unité de production opère à une échelle optimale ou non. L'échelle optimale est entendue ici comme étant la meilleure situation à laquelle peut parvenir l'unité de production en augmentant proportionnellement la quantité de tous ses facteurs.

Pour illustrer cette décomposition, considérons le cas d'une banque qui produit un output y à partir d'un seul input x (graphique 1.1) en supposant la technologie de production à rendements d'échelle variables. Une technologie est à rendements d'échelle variables si à la suite d'une augmentation proportionnelle de tous les facteurs de production, la production varie dans une proportion différente. Par contre, elle est à rendements d'échelle constants si une augmentation proportionnelle de tous les facteurs de production entraîne une augmentation de la production dans la même proportion.

La frontière des possibilités de production de cette banque est représentée par la courbe à rendements d'échelle variables (REV). Sous l'hypothèse de rendements d'échelle constants, cette frontière est représentée par la droite REC.

Graphique 1.1. Frontière de production et rendements d'échelle.

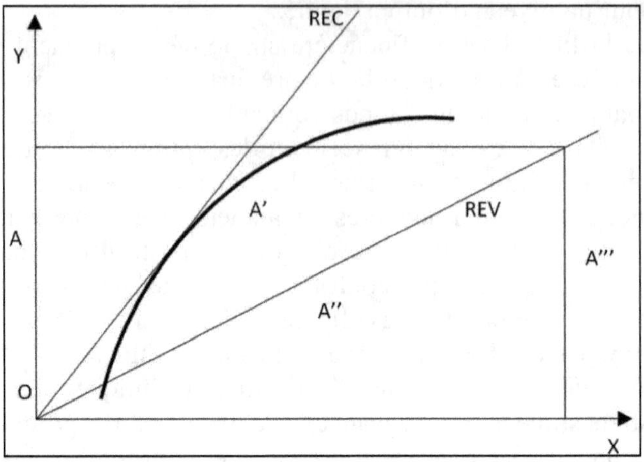

Source : Joumady (2000)

Au point A''', la banque est techniquement capable de produire la même quantité d'outputs en utilisant moins d'inputs. Elle est par conséquent inefficace dans la mesure où elle peut réaliser une économie d'inputs correspondant à A''A'''. Le niveau d'efficacité technique pure est le rapport. L'efficacité d'échelle quant à elle est fournie par la distance entre les frontières REC et REV, et est mesurée par le rapport . Le produit de l'efficacité technique pure et de l'efficacité d'échelle représentant l'efficacité technique totale, donne le rapport et correspond à la mesure de l'efficacité technique dans le cas de rendements d'échelle constants.

Déjà, les classiques avaient abordé cette problématique grâce à la théorie de la « main invisible » d'Adam Smith. Le marché porte les germes de l'efficacité productive, donc à priori, il n'est pas réellement opportun de surmonter les défaillances au sein des entreprises. Quelques auteurs ont apporté des critiques à cette théorie qui se veut universelle.

En effet, présenter l'économie comme un régime de concurrence intégrale c'est-à-dire pure et parfaite, est loin d'être la réalité. Les marchés sont en concurrence imparfaite dans la pratique, et les risques d'inefficacité permanente ne sont pas exclus.

Hirshman (1992) écrivait qu'aucun système économique ne peut garantir que les entreprises agiront toujours de façon à avoir une conduite aussi efficace, respectueuse des comportements que l'on attend d'elles. Pour éviter tout dysfonctionnement économique général, résultant des comportements déviants et cumulatifs d'une proportion importante d'entreprises représentatives de l'économie, la nécessité d'un cadre analytique se pose avec acuité pour décrire et expliquer la raison des échecs et/ou succès des entreprises. La littérature économique actuelle offre un cadre méthodologique approprié fondé sur la micro- économie moderne.

▶ Théories micro-économiques

Malgré la multitude des théories micro-économiques modernes, nous ne présentons ici que la théorie de l'efficacité-X de Harvey Leibenstein (1966) pour illustrer l'efficience productive.

Soit Q = f (K, L) la fonction de production d'une firme avec Q l'output, K et L respectivement le capital et le travail. Par définition, on dira que la firme est techniquement efficace lorsqu'elle se situe sur la frontière des possibilités de production. Autrement dit, avec une quantité déterminée de facteurs, elle obtient le plus haut niveau de production réalisable.

Le concept d'efficacité ou d'inefficacité-X a été développé en 1966 par Leibenstein pour dire essentiellement que pour une raison ou pour une autre, le travail dans l'entreprise n'est pas aussi efficace pour conduire effectivement la firme vers son objectif de maximisation. Pour Leibenstein, l'inefficacité-X est le type d'inefficience résultant de la mauvaise utilisation des ressources au sein des organisations de production.

Dans un cadre plus général, Leibenstein oppose l'efficience économique globale au processus général d'allocation des ressources au sein de l'entreprise.

Dès lors, si l'on suppose l'allocation des facteurs constante, l'organisation est à même de générer des surplus via l'accroissement de son efficience productive (X- efficiency). Ainsi, l'X-efficiency résulte du fait que les organisations n'exploitent pas de façon optimale leurs ressources. Ainsi, à technologie et dotation en facteurs de production identiques, les entreprises peuvent parvenir à des résultats différents en termes de productivité. Dès lors, toutes les entreprises ne se situent pas sur la « frontière efficiente » de l'ensemble de production à partir de l'instant où toutes ne valorisent pas de la même façon l'existence d'un input X, distinct des facteurs classiques (capital et travail), et qui reflète la qualité globale de la gestion des ressources au sein de l'organisation.

Parmi les faits générateurs de ce surplus, Leibenstein insiste sur les facteurs de motivation liés aux conditions générales de travail. Par exemple, le fait qu'une entreprise ne parvienne pas, à niveau d'inputs donné, à obtenir le volume d'outputs désiré, peut s'expliquer facilement si l'on considère que « les contrats de travail sont incomplets...certaines machines complexes dont les spécifications (en terme de production) sont fixes, génèrent des performances variables en fonction de leur emploi respectif...il est d'ailleurs excessivement rare que tous les éléments de la performance soient considérés par le contrat de travail ».(Leibenstein, 1966).

Cette théorie se démarque des points de vue des économies classiques selon lesquels, pour une quantité de ressource donnée, l'entreprise réalise une production optimale, ou en fixant son niveau de production, elle utilise la quantité de ressource minimale pour la réaliser.

Les tenants de cette théorie soutiennent que l'inefficacité productive d'une entreprise peut être expliquée par plusieurs facteurs, mais la principale variable reste l'effort qui est fonction du degré de motivation en vigueur dans l'entreprise. En effet, le caractère discrétionnaire de l'effort des individus peut conduire à une divergence entre les objectifs individuels et ceux de l'entreprise. L'effort peut être accru cependant soit par la pression interne, soit par la pression externe. Si la pression interne est celle qu'exerce le supérieur hiérarchique au sein de l'entreprise, la pression externe est celle issue de la concurrence. Leibenstein (1966) matérialise cette œuvre pionnière par la relation causale présentée ci-dessous, qui constitue en fait l'essence même de la théorie de l'efficacité ou de l'inefficacité-X.

Graphique 1.2. Relation causale de H. Leibenstein

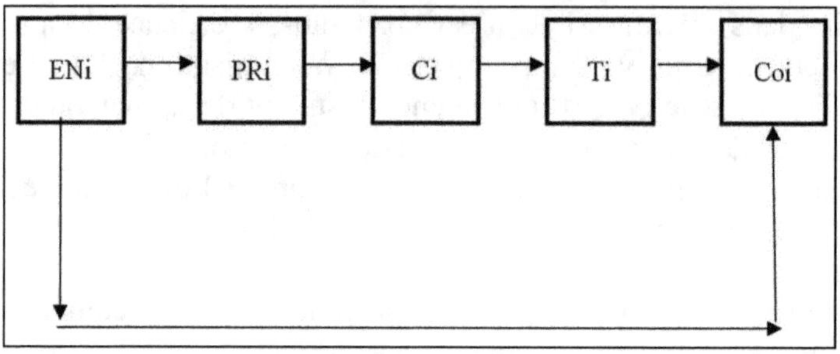

Source : Leibenstein (1966).

Avec ENi : environnement dans lequel l'entreprise i évolue qui peut être soit concurrentiel, soit monopoliste ; PRi : variable représentative du niveau de pression dans l'entreprise i ;

Ci : choix de l'effort au sein de l'entreprise ; Ti : variable représentant la technique spécifique ou la conversion des inputs en outputs ; COi : coût de production unitaire de l'output.

Cette relation causale stipule que le marché est à la base de l'efficacité productive. Par le biais de pression qu'il met en place, chaque entreprise choisit un comportement productif (effort dans la production) se traduisant par l'acquisition de technologie plus élaborée ou plus adaptée ayant donc pour conséquence, la réduction des coûts de production. En matière de contrats dans une économie de production, dans laquelle les agents disposent d'actifs de production, ils sont destinés non seulement à optimiser l'échange, mais aussi à organiser la production pour en améliorer l'efficacité. Ils apparaissent dès lors comme l'articulation de plusieurs mécanismes essentiels destinés à organiser la coordination technique, garantir la réalisation des promesses, partager le risque ou inciter à l'effort.

1.1.2. L'efficience allocative

L'efficience allocative souvent aussi appelée *efficacité prix,* provient du fait que les facteurs de productions ne sont pas gratuits. Ils ont un coût. De ce fait, en choisissant son programme de production, la firme doit en plus des paramètres techniques, tenir compte de leurs prix relatifs sur le marché. L'efficacité allocative mesure ainsi l'aptitude de l'unité de production à combiner ses inputs dans des proportions optimales compte tenu de leur prix relatif sur le marché et du budget alloué pour les acquérir. Dès lors, pour une famille de combinaisons de facteurs permettant la réalisation d'un niveau de production donné, la meilleure combinaison allocativement, est celle qui est obtenue à moindre coût. L'inefficacité allocative provient donc de l'utilisation des facteurs de production dans des proportions ne minimisant pas les coûts compte tenu de leur prix sur le marché.

Il ressort des deux notions abordées ci-dessus, que pour une unité de production, la combinaison optimale des facteurs de production est celle qui s'obtient à moindre coût, et qui permet d'obtenir le maximum d'outputs possible compte tenu de la technologie utilisée. L'unité de production dans ce cas, est dite économiquement efficace dans la mesure où elle utilise la meilleure combinaison d'inputs possible dans son processus de production. L'inefficacité économique intègre donc l'inefficacité technique et l'inefficacité allocative.

Plus précisément dans le domaine bancaire, une allocation efficiente des crédits se caractérise par le financement des entreprises les plus performantes. Cependant, d'une part, dans une situation caractérisée par l'intervention des pouvoirs publics, ceux-ci contraignent les banques à allouer du crédit selon des critères non économiques (Gale, 1990 ou encore Williamson, 1994). D'autre part, les banques n'allouent pas de crédits aux entreprises les plus performantes, car elles ne disposent pas de toute l'information disponible pour cela. Elles mettent alors en place divers mécanismes de supervision ou de réputation pour sélectionner les bénéficiaires des crédits (Diamond, 1984, Mishkin, 1992).

La décomposition de l'efficacité économique en efficacité technique et allocative est illustrée par Farrell (1957), à partir d'une fonction de production d'une firme combinant par exemple le facteur capital et le facteur travail pour produire un produit donné. L'approche de Farrell illustrée ci-dessous suppose les rendements d'échelle constants, et se place dans le cas d'une définition « orientée input ».

Sur la figure ci-dessous, SS' est un isoquant représentant l'ensemble des combinaisons des facteurs capital et travail permettant à une firme techniquement efficace, de produire une unité d'output. Tout point de la figure en dehors de SS', est techniquement inefficace pour ce niveau de production donné. Le point Q représente une firme techniquement efficace, dont les quantités de capital et de travail utilisées sont proportionnelles à celles de la firme située au point P, si on suppose que la firme Q parvient à produire la même quantité d'outputs que la firme P, en utilisant seulement une fraction des facteurs de production.

Cependant, pour que la firme soit économiquement efficace, il faudrait en plus, qu'elle combine ses facteurs de production dans des proportions lui permettant de minimiser leurs coûts, étant donné leurs prix relatifs. Ainsi, sur la figure ci-dessus, si AA' représente la courbe d'isocoût associée au niveau de dépense dont dispose la firme pour acquérir ses facteurs de production, c'est le point Q' et non Q qui est donc le point optimal de production.

Graphique 1.3. Efficacité technique et allocative : cas de deux intrants le capital et le travail.

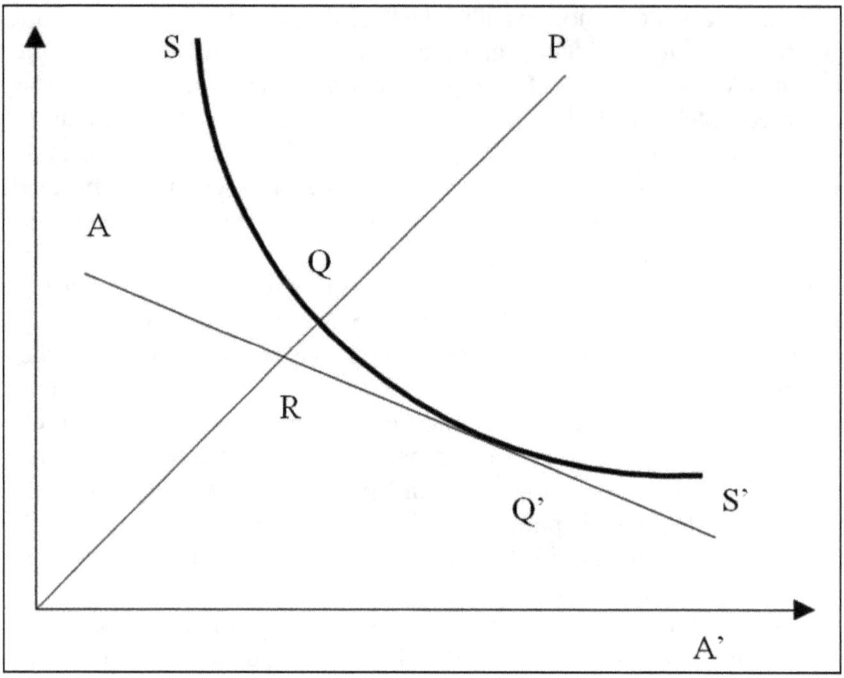

Source : Nabil A. et Robert R. (2000)

1.1.3. L'efficience informationnelle

L'efficience informationnelle peut être appréhendée à partir du comportement d'investissement des entreprises. En effet, pour Fazzari, Hubbard et Petersen (1988) qui se basent sur l'hypothèse du principe d'indépendance de Modigliani et Miller (1958), les choix réels de l'entreprise, dont l'investissement, ne dépendent pas de ses choix financiers. Un tel résultat est obtenu en supposant un marché des capitaux parfait. En revanche, si l'on introduit des asymétries d'information entre banque et entreprises, on montre que le niveau d'investissement des entreprises dépend de variables financières comme le niveau d'endettement ou le niveau de fonds propres. Un modèle basé sur un programme d'optimisation de la valeur de l'entreprise est développé. Ce modèle nous permet de dériver une équation d'investissement optimal pour l'entreprise (équation d'Euler). La prise en compte de contraintes financières nous permet de monter que le comportement d'accumulation du capital optimal pour l'entreprise, dépend alors de son niveau d'endettement. Les équations d'accumulation du capital seront donc différentes en fonction de l'hypothèse faite sur les contraintes financières. Ces différenciations nous permettent de réfuter l'hypothèse d'absence de contrainte financière suite à une réforme financière.

Le désengagement de l'Etat sur le marché des capitaux a permis l'élimination des contraintes exogènes imposées aux banques. Les effets bénéfiques attendus de la libéralisation financière ont été développés par McKinnon (1973) et Shaw (1973). Toutefois, la prise en compte des effets des asymétries d'information remet en question la conclusion de ces auteurs, quant à l'effet positif de la libéralisation sur les contraintes de financement des entreprises (Arndt, 1982). En effet, des contraintes endogènes au marché du crédit, résultant du comportement des banques, comme réponse à la présence d'asymétries d'information, entraînent des problèmes de rationnement (Stiglitz et Weiss, 1981).

Ces formes d'efficacité dans la production relèvent évidemment des décisions managériales. Mais la théorie microéconomique démontre pour sa part, qu'elles ont la propriété remarquable de rendre le comportement de l'entreprise compatible avec l'efficacité collective appelée aujourd'hui « efficacité parétienne ».

L'efficacité collective ou « efficacité parétienne » ou encore économique, suppose l'efficacité technique, l'efficacité allocative et l'efficacité informationnelle. Elle qualifie une société humaine comme efficace sur le plan économique, au niveau collectif, lorsqu'il n'est plus possible d'y dégager un surplus distribuable, via une autre répartition des ressources qui ne léserait personne. C'est un critère utilisé pour apprécier un état économique dans son ensemble.

Pour notre part, l'efficacité est entendue au sens de l'efficacité technique ou productive, qui ne fait pas référence aux prix. C'est un moyen adéquat pour l'entreprise d'atteindre ses propres objectifs. Cette mesure présente l'avantage d'être applicable à toute forme d'organisation productive, par exemple une firme privée, un service public, l'économie toute entière, considérée d'un point de vue macroéconomique. A cet effet, l'intérêt de notre étude se portera sur l'efficacité productive des banques de la CEMAC.

1.1.4. L'indice de productivité globale de Malmquist

Définie comme le ratio Output/Input, la productivité totale varie à la fois en fonction de l'efficacité du processus de production et par le type de technologie utilisé. Mesurer la croissance de productivité d'une industrie ou d'un pays entre deux périodes, revient à décomposer cette notion en deux composantes essentielles : le changement du niveau d'efficacité technique et le changement technologique. L'indice de Malmquist (M) mesure le changement de productivité totale des facteurs en distinguant le changement d'efficience dans le temps du progrès technique. Basé sur la programmation linéaire, cet indice est calculé empiriquement en termes de fonction distance, et compare l'output obtenu en période t avec les inputs de cette période à l'output obtenu en t avec les inputs de la période t+1. La décomposition de cet indice permet aux unités de suivre le rythme des leaders en matière d'innovation et d'amélioration de l'efficacité technique dans le temps.

Soit deux ensembles de production :
$S^t = \{(x^t, y^t)$: x^t **peut produire** $y^t\}$ et $S^{t+1} = \{(x^{t+1}, y^{t+1})$: x^{t+1} peut produire $y^{t+1}\}$

Où (x^t, y^t) et (x^{t+1}, y^{t+1}) représentent respectivement les quantités d'inputs et d'outputs aux deux périodes t et t+1. Ces quantités sont définies dans R^n_+ et t = 1.......T.

Quatre fonctions de distance orientées output peuvent être déterminées en combinant les frontières en t, et t+1 d'une part, et d'autre part les quantités d'inputs et d'outputs en t et t+1.

La figure ci-dessous illustre graphiquement l'approche par la frontière de détermination de l'indice de productivité de Malmquist (voir Charnes, A., Cooper, W., Lewin, A.Y., et Seiford, L.M., 1994 pour plus de détails). Sur la figure ci-dessous, Ft et Ft+1 représentent les ensembles de productions relatives aux périodes t et t+1. Si une unité de production se trouve en dessous de la frontière Ft par exemple, tout déplacement dans le but de se rapprocher vers cette frontière, est appelé « efficacité technique ». Mais si la frontière elle-même se déplace, en passant de Ft à Ft+1, c'est le fait du progrès technologique. Par conséquent, les technologies des meilleures pratiques doivent être utilisées par les unités de production, afin de suivre les leaders et situer sur la frontière.

Graphique 1.4. Indice de productivité de Malmquist orienté output

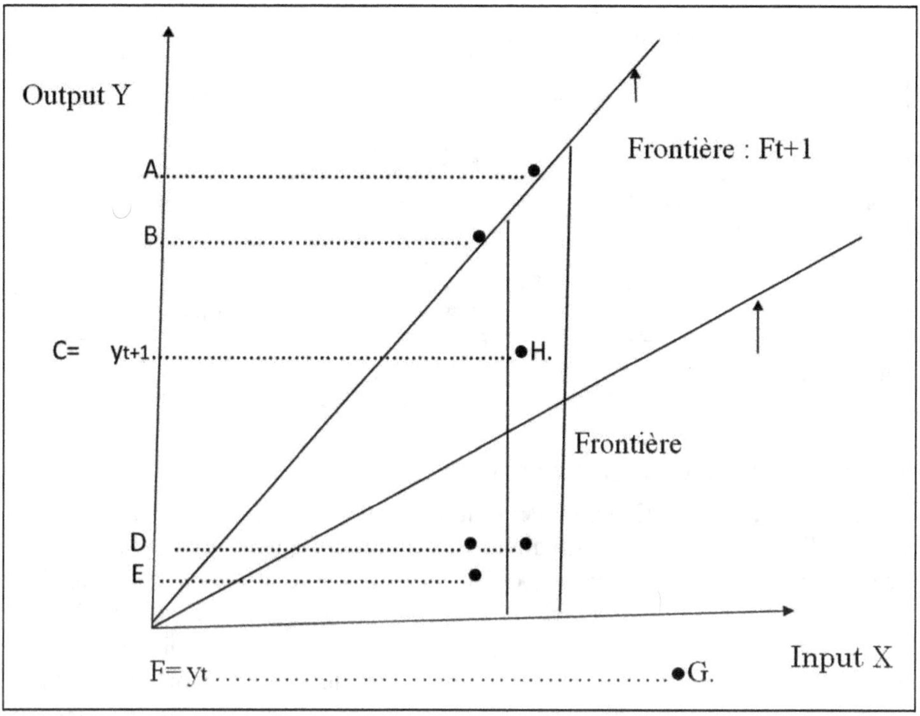

Source : Charnes, A., Cooper, W., Lewin, A.Y, Seiford, L.M (1994).

L'indice de productivité de Malmquist présente deux principaux avantages :

- Aucune hypothèse n'est faite sur la forme fonctionnelle de la technologie de production sous-jacente ;
- Les données sur les prix des outputs et des inputs ne sont pas indispensables contrairement aux indices de Tornqvist (Coelli T., op.cit.). Néanmoins, il a l'inconvénient d'être sensible à l'échantillon choisi. Plus l'échantillon est restreint, plus l'apparition d'inefficacités est improbable (Coelli, T et Rao, P.D.S). Pour la technologie à orientation input, le principe de calcul des quatre programmes linéaires des quatre composantes de la fonction distance est le même. Pour décomposer l'efficacité technique en efficacité pure et en efficacité d'échelle, la contrainte de convexité (N1'λ) est imposée (Banker, Charnes et Cooper, 1984) afin de tenir compte des rendements d'échelle variables. Le processus de décomposition de la productivité totale des facteurs est résumé dans le graphique ci-dessous :

Graphique 1.5. Décomposition de la productivité totale des facteurs

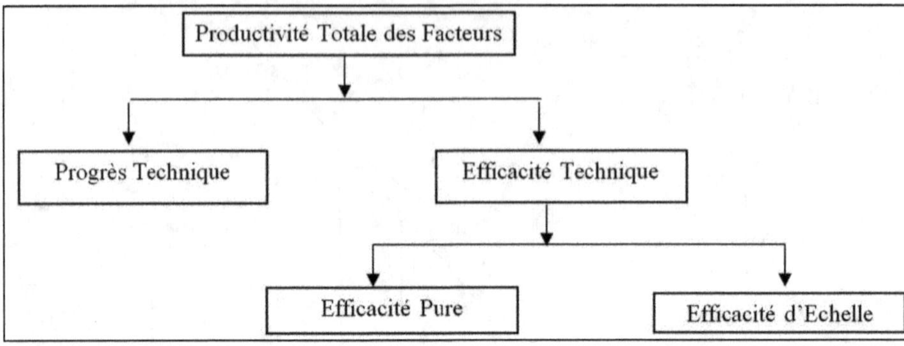

Source : Djimasra (2011)

1.2. Littérature empirique et théorique sur l'efficience

Les concepts d'efficacité technique et productive trouvent leur origine essentiellement dans les travaux de Koopmans (1951) sur l'analyse de production (Activity Analysis), et ont été utilisés dans un cadre empirique pour la première fois par Farrel (1957). Debreu (1959) quant à lui, parle de coefficient d'utilisation des ressources. Depuis lors, beaucoup de travaux empiriques ont vu le jour et ont connu un développement remarquable. Demsetz (1973) and Peltzman (1977) dans leurs études, ont montré que l'efficience peut déterminer le comportement concurrentiel des banques. Selon ces derniers, les entreprises ou les banques les plus efficientes, sont censées gagner plus de profits. Ce qui leur permet d'avoir plus de parts de marché, d'où l'orientation vers un marché moins compétitif. Charnes *et al.* (1978) seront les premiers à utiliser une modèle DEA (Data Envelopment Analysis) pour mesurer l'efficience en utilisant un modèle non paramétrique pour déterminer la frontière de production. Ce modèle connaitra deux variantes, à savoir le modèle CCR (Charnes-Cooper-Rhodes, 1978) et le modèle BCC (Banker-Charnes-Cooper, 1984).

Mais l'approche DEA dans la mesure de l'efficience va subir de nombreuses critiques. Ainsi, Berger et Humphrey (1991) trouvent que de moindres variations dans la mesure de l'erreur ou de la bonne fortune pour une firme située sur la frontière d'efficience, ont un impact significatif sur les inefficiences agrégées, puisque l'efficience des autres firmes est mesurée relativement à celle de cette première. Par ailleurs, le DEA n'autorise pas l'inférence statistique. Berg et Kim (1991) constatent que le DEA ne prend pas en compte la structure du marché qui est cependant très importante. Leur étude relève que le niveau d'efficience n'est pas indépendant des caractéristiques de la structure du marché. Toute perturbation dans la taille de l'échantillon biaise les résultats du DEA. Perry (1992) va quant à lui montrer que l'inflation impacte la rentabilité des banques selon qu'elle est entièrement prévue ou pas. Cela implique que si l'inflation est totalement prévue, alors les revenus augmentent plus rapidement que les coûts, améliorant ainsi la rentabilité. Il faut dire que ses travaux font suite à ceux de Revel (1979) qui fut le premier à suggérer que l'inflation affecte la productivité des banques. Gondat-Larrade et Lepetit (2001) ont voulu étudier l'efficience bancaire et la nature de relation entre le niveau de concentration et le profit. Leurs travaux sur les banques des pays d'Europe centrale et orientale, montrent que cette relation est positive. En effet, ils montrent que les banques les plus efficientes ne peuvent pas avoir plus de parts de marché, ce qui met en cause l'hypothèse de l'efficience. En effet, la notion d'efficience ne permet d'avoir des parts de marché, seulement dans les pays dont les marchés bancaires sont concentrés. Pour Djankov et al. (2002), des restrictions sur les activités des banques ne conduisent pas à l'augmentation du pouvoir des organismes de réglementation. Ce qui n'est pas nécessairement bon pour le secteur bancaire. Ce point de vue suggère que mettre des restrictions sur les activités des banques, entrave leur efficacité.

Selon Barth et al. (2001), il existe des preuves en ce qui concerne l'impact des restrictions réglementaires sur la performance de la banque. Plus précisément, l'étude de Barth et al. (2004) va fournir des preuves empiriques sur l'impact des pratiques de réglementation et de surveillance spécifiques sur la performance des banques, en utilisant les données de l'enquête sur un échantillon de 107 pays.

Grigorian et Manole (2002) ont fait une étude sur le marché bancaire des PECO pendant la période 1995-1998, pour voir la nature de relation entre la concentration et l'efficience des couts bancaires. Les auteurs ont trouvé que la concentration du marché a un effet positif sur l'efficience de coût des banques. Dans le même raisonnement, Fries et Taci (2005) ont élargi la période analysée jusqu'à 2001 et ils ont estimé le niveau d'efficience de coût par la méthode paramétrique, appliquant la forme Translog de la fonction de coût des banques. En fait, en utilisant la part de la banque sur le marché des dépôts comme indice de pouvoir de marché, les auteurs ont abouti à une relation positive entre le pouvoir de marché et l'efficience de coût des banques. Mais, le résultat est significativement faible.

L'étude de Demirguc-Kunt et al. (2003) montre que la réduction des barrières à l'entrée dans le secteur bancaire, est associée à un coût réduit de l'intermédiation, une baisse de l'innovation et partant, une baisse de la performance des banques. Berger, Hasan et Zhou (2009) qui étudient un échantillon de 38 banques chinoises sur la période 1995-2003, trouvent que les grandes banques publiques semblent être moins efficaces que les banques étrangères. Chen (2009) mesure l'efficacité de 77 banques de 10 pays à revenu intermédiaire d'Afrique subsaharienne, tandis que Kablan (2007) étudie la façon dont l'efficience des banques dans l'Union économique et monétaire ouest-africaine est affectée par sa structure de propriété. Ces travaux étudient les déterminants de l'efficacité observée dans les banques, et trouvent que les banques africaines sont efficaces sous l'optique production, mais que cette efficacité reste très sensible à certains facteurs tels que la concentration bancaire ou les créances douteuses.

Pasiouras et al. (2009) font connaître que l'efficacité des banques est améliorée par des restrictions plus sévères sur leurs activités. Ce qui va à l'encontre des travaux de Djankov et al. (2002). Chortareas et al. (2011) et Ben Naceur et al. (2009) révèlent que des exigences de fonds propres plus strictes conduisent à l'amélioration de l'efficacité et de la performance bancaire. De même, Klomp et de Haan (2011) montrent que les exigences de fonds propres sont de nature à réduire à la fois le capital et le risque d'actif. Cependant l'étude de Boudrigua et al. (2009) indique que ces exigences sont associées à une baisse de prêts non performants dans le secteur bancaire.

Dans la plupart des études menées sur l'efficience bancaire, les variables spécifiques des banques telles que la taille de la banque, le risque de crédit, le ratio de la banque d'investissement et les capitaux propres, sont utilisés comme facteurs internes de la performance des banques. La taille est incluse afin d'évaluer l'existence d'économies ou de déséconomies d'échelle dans le secteur bancaire. Les résultats empiriques fournissent des preuves contradictoires. Smirlock (1985), Court (1979), Bikker et Hu (2002), Ben Naceur et Omran (2011) trouvent une relation positive et significative entre la taille et la performance des banques. Par ailleurs, Kosmidou et al. (2005) constatent que les petites banques britanniques affichent une rentabilité supérieure aux plus grandes. Kasman (2010) constate que la taille a un impact négatif et statistiquement significatif sur la marge nette d'intérêts sur un panel de 431 banques dans 39 pays.

Fiordelisi, Marques-Ibanez et Molyneux (2011) utilisent des tests de causalité de Granger dans un cadre de la méthode des moments généralisés (GMM) en panel dynamique, afin d'examiner trois dimensions de l'efficacité (efficience des coûts, l'efficacité de revenus et l'efficacité de profit) et notamment examiner la causalité inverse, à la fois de l'efficacité du capital et du capital à l'efficacité. Ils constatent que les banques les moins efficaces ont tendance à prendre plus de risques, et que les banques les plus capitalisées ont de meilleures performances en termes d'efficacité.

Barth et al. (2010) étudient l'efficacité du fonctionnement des banques dans 72 pays sur la période 1999-2007. Ils trouvent particulièrement que des exigences de fonds propres plus strictes, sont positivement associées à l'efficacité des banques. Chortareas, Girardone et Ventouri (2012) utilisent un échantillon de 22 pays de l'Union Européenne sur la période 2000-2008. Ils montrent que le renforcement de la réglementation du capital améliore l'efficacité de la banque.

Plus récemment, l'étude de Triki et al. (2013) utilisant un échantillon de 46 pays africains, aboutit au résultat que la plupart des banques étudiées sont techniquement efficaces. Toutefois, cette efficacité reste fragile et affectée négativement par les barrières à l'entrée, mais positivement par les exigences en fonds propres entre autres. Ces résultats sont semblables à ceux de Pessarossi et Weil (2013) qui étudient l'efficacité des banques chinoises sur la période 2004-2009, et suggèrent cependant que ces résultats peuvent varier en fonction de l'actionnariat de la banque.

Sur le graphique ci-dessous, c'est ce que montre la courbe LSb. Grâce à ses avantages, la banque offre plus de crédits avec un taux d'intérêt inférieur à celui chargé directement par le prêteur (*ϕb* <ϕ *p)*. L'écart entre le coût pour l'emprunteur et la rentabilité pour le prêteur, détermine la marge de la banque. Pour une marge inférieure au coût du crédit direct (ϕ*b* <ϕ *p)*, le montant prêté augmente (passant de *Tp* à *Tb*), la rentabilité pour le prêteur s'accroît (passant de *ip* à *ib*) et le coût pour l'emprunteur diminue de ϕ *p* à ϕ*b* . Ces effets sont d'autant plus marqués que la banque est efficiente, c'est-à-dire qu'elle réduit les coûts de transaction.

Graphique 1.6. Les apports de l'intermédiation bancaire

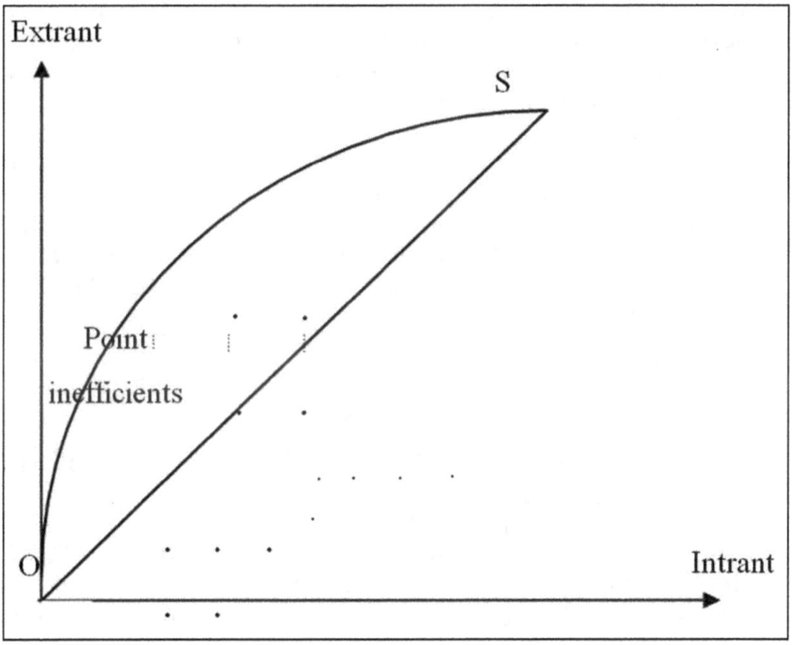

Source: construit par l'auteur à partir de Tartari (2002).

Dans la plupart des pays, le marché bancaire est considéré comme étant en situation de concurrence monopolistique et sa contestabilité souvent remise en cause. L'encadré ci-dessous revient sommairement sur ces notions.

Encadré 1.1. Concurrence monopolistique

La concurrence monopolistique est une forme de marché qui combine des éléments de monopole et des éléments de concurrence parfaite. Comme en situation de concurrence pure et parfaite, il existe plusieurs vendeurs, et les conditions d'entrée et de sortie ne sont pas excessives. Dans un secteur où règne la concurrence monopolistique, toutefois, les produits sont différenciés, et les entreprises investissent de fortes sommes pour constituer des incorporels comme l'image de marque et la fidélité à la marque.

Dans un contexte de concurrence monopolistique, chaque entreprise dispose d'un certain pouvoir de marché pour établir le prix des biens et des services qu'elle offre. Ce pouvoir de marché est lié à divers facteurs, comme l'importance des barrières à l'entrée et le degré de réussite de la stratégie de différenciation des produits (et de la stratégie de marque) de l'entreprise. Or, bien que les produits d'une entreprise en situation de concurrence monopolistique se différencient quelque peu de ceux des compétiteurs, il existe des substituts, de sorte que la demande pour les produits de cette entreprise dépendra du prix pratiqué par les concurrents qui fabriquent des produits semblables (mais plus ou moins différenciés). La concurrence monopolistique est probablement la structure de marché la plus courante dans les économies modernes.

D'un point de vue théorique, on peut montrer que la concurrence monopolistique est moins efficiente que l'idéal de la concurrence parfaite. Cet « écart d'efficience » résulte essentiellement du fait que l'on fabrique et met en marché un éventail (peut-être trop large) de produits. Cela dit, comme un certain nombre d'entreprises se font concurrence sur ce type de marché et qu'il est possible d'y entrer et d'en sortir (contestabilité), on ne considère généralement pas la concurrence monopolistique comme un problème dans l'optique du maintien d'une saine concurrence.

Source : *Revue de la Banque du Canada* (2007).

SECTION II. ÉVALUATION EMPIRIQUE DE L'EFFICIENCE ALLOCATIVE DES BANQUES DE LA CEMAC

La littérature micro-économique distingue en matière de frontière de production, deux grandes approches selon la façon dont elle est estimée. Il s'agit des approches à frontières déterministes et des approches à frontières stochastiques. Les approches pour estimer les frontières déterministes, sont pour leur part de deux types : paramétrique et non paramétrique. Les approches paramétriques attribuent une forme fonctionnelle particulière à la fonction de production, à la fonction de coût, ou à la fonction de profit. En revanche, aucune forme fonctionnelle n'est attribuée aux frontières par l'approche non paramétrique. Après avoir présenté les fondements théoriques et les méthodes d'évaluation de l'efficacité productive qui retiendra notre attention tout au long de cet ouvrage, cette section présentera et se terminera par une évaluation empirique de l'efficience allocative des banques de la CEMAC.

2.1. Instruments d'analyse de l'efficacité productive

Cette sous-section a pour objectif de lister les techniques statistiques et économétriques qui sont généralement utilisées dans la littérature économique pour capter la performance des firmes. La présentation va insister sur l'efficacité technique qui est l'indicateur principal sur lequel vont se baser les mesures de performance des banques dans ce travail.

La littérature économique ressort deux principaux cadres méthodologiques qui utilisent des frontières de coût ou de production pour la détermination des indices d'efficacité dans la mesure de la performance des firmes. Ce sont les approches non paramétriques et paramétriques.

2.1.1. Les approches non paramétriques

Les méthodes non paramétriques les plus utilisées sont la méthode du DEA qui utilise des données mesurant l'efficacité des facteurs de production sur une seule période d'une part, et l'indice de productivité globale de Malmquist (1953) qui est une spécification particulière permettant d'intégrer les données longitudinales, d'autre part.

2.1.1.1. L'approche à frontière non paramétrique, l'indice de MALMQUIST

L'indice de productivité de Malmquist a été développé par Caves, Christensen et Diewert (1982) dans le but de mesurer la productivité totale des facteurs à partir d'une technologie à inputs et outputs multiples. La particularité de l''indice de Malmquist tient à trois éléments.

Premièrement, il est calculé à partir de données sur les quantités uniquement, offrant ainsi un avantage non négligeable lorsque les informations sur les prix ne sont pas disponibles ou lorsque les prix sont biaisés. Deuxièmement, cet indice est basé sur des hypothèses faibles de comportement. Troisième, lorsque des données de panel sont disponibles, l'indice de Malmquist permet une décomposition simple de l'évolution de la productivité entre évolution de l'efficacité technique et changement technologique. Pour définir l'indice de productivité de Malmquist orienté input, la technologie de production peut être définie par la transformation du vecteur d'inputs $x^t \in R^+$, en outputs. Pour obtenir l'indice de Malmquist, définissons des fonctions distance relatives à deux périodes :

$$D_I^t\left(x^{t+1}, y^{t+1}\right) = \inf\left\{\theta : \left(\theta . x^{t+1}, y^{t+1}\right) \in S^t\right\}$$

Cette fonction distance mesure le changement d'input requis pour rendre faisable relativement à la technologie en t. Caves, Christensen et Diewert (1982) définissent l'indice de productivité de Malmquist comme :

$$M_C^t = \frac{D_I^t\left(x^{t+1}, y^{t+1}\right)}{D_I^t\left(x^t, y^t\right)}$$

Dans cette formulation, la technologie à la période t est la technologie de référence. On peut également définir un indice prenant la période t+1 comme référence :

$$M_C^{t+1} = \frac{D_I^{t+1}\left(x^{t+1}, y^{t+1}\right)}{D_I^{t+1}\left(x^t, y^t\right)}$$

De manière à ne pas avoir à choisir une référence particulière, on prendra la moyenne géométrique de ces deux indices, qui mesure la variation relative d'efficience (i.e. de combien l'input observé est distant de l'input potentiel) entre l'année t et t+1.

Notons que l'indice de productivité est M(.) = 1.

L'efficacité d'une unité de production varie d'une période à une autre. Pour tenir compte de cette variabilité, Caves et al. (1982) ont les premiers, déterminé un cadre d'analyse adéquat qui est l'indice de Malmquist. Dans leur étude, ils utilisent une fonction de production Translog pour la détermination des distances des fonctions de production. Ils établissent une relation entre les indices de Törnqvist et de Malmquist en démontrant que le premier correspond à la moyenne géométrique de deux fois l'indice de productivité de Malmquist. Leur méthode présente au moins deux avantages. Dans un premier temps, elle ne suppose pas une forme fonctionnelle de la fonction de production. Dans un second temps, il n'est pas nécessaire de choisir le type de rendements d'échelle. Pour expliciter cette nuance et indiquer la pertinence de l'utilisation du Malmquist pour mesurer le changement dans la productivité, Wheelock et Wilson (1999) partent du modèle de Shephard (1970).

Wheelock et Wilson (1999) posent les conditions d'usage de l'indice de Malmquist pour les firmes multi-inputs et multi-outputs. Supposant N firmes qui emploient p inputs pour la production de q outputs au cours de T périodes de temps, Färe et al. (1994) parviennent à la décomposition du premier ratio en considérant des changements dans l'efficacité des firmes. Leur indice à l'avantage d'avoir la même forme que celui de Fisher. Cela permet de déboucher sur de nouvelles valeurs des paramètres estimés de la fonction de distance. La définition empirique de l'indice de Malmquist de variation de l'efficacité et de la productivité porte sur la mesure de quatre distances. Wheelock et Wilson (1999) ont formalisé l'équation finale qui permet d'effectuer cette mesure.

Le premier membre mesure la variation dans l'efficacité relative de la firme et le second, la variation dans l'échelle d'activité. Les deux derniers membres se réfèrent aux variations dans la technologie en considérant d'une part, la variation relative et d'autre part, la variation due à l'échelle d'activité. L'indice d'efficacité et de productivité de Malmquist relève d'une approche non stochastique. C'est pourquoi elle ne suppose pas une forme prédéfinie de la fonction de production. En outre, il n'y a pas une contrainte du choix du type de rendement d'échelle, car sa décomposition intègre les deux formes de rendements.

Le graphique 1.7 ci-dessous considère donc le cas simple des firmes qui produisent un seul output à partir d'un input unique. La courbe VRS marque la limite supérieure des différentes combinaisons de production, et constitue donc la frontière de production. Cette façon de mesurer l'efficacité technique des unités de production est définie dans un contexte où la technologie de production est caractérisée par des rendements constants. Cependant, cette hypothèse est très restrictive.

Graphique 1.7. Détermination de la frontière d'efficacité technique selon Farrell

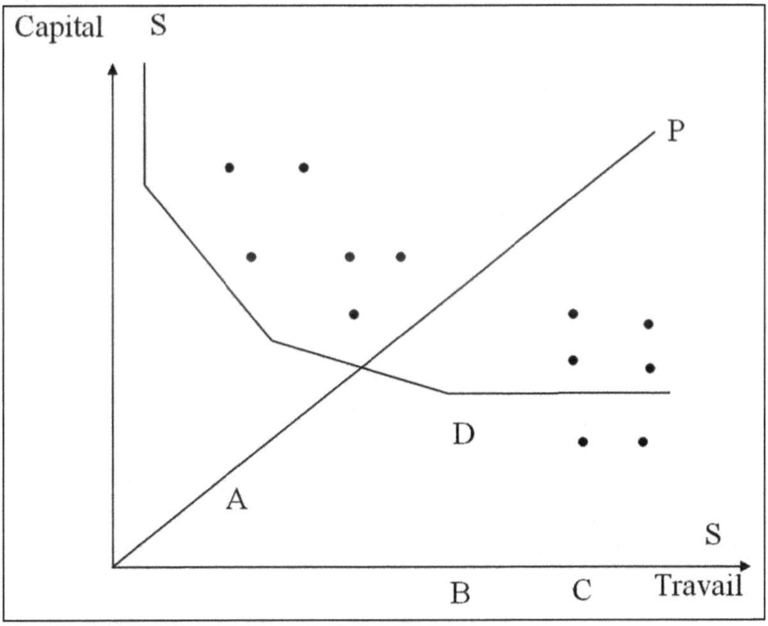

Source : Farrell, M.J. (1957)

En cas de déséconomie d'échelle, la graphique (1.8 a) montre qu'un segment qui rejoint deux points situés sur S est probablement inefficace, ce qui n'est pas forcement vrai en cas d'économie d'échelle alors que la courbe S est convexe (graphique 1.8 b).

Graphique 1.8. Impact de l'économie et de la déséconomie d'échelle sur les mesures de l'efficacité technique de Farrell

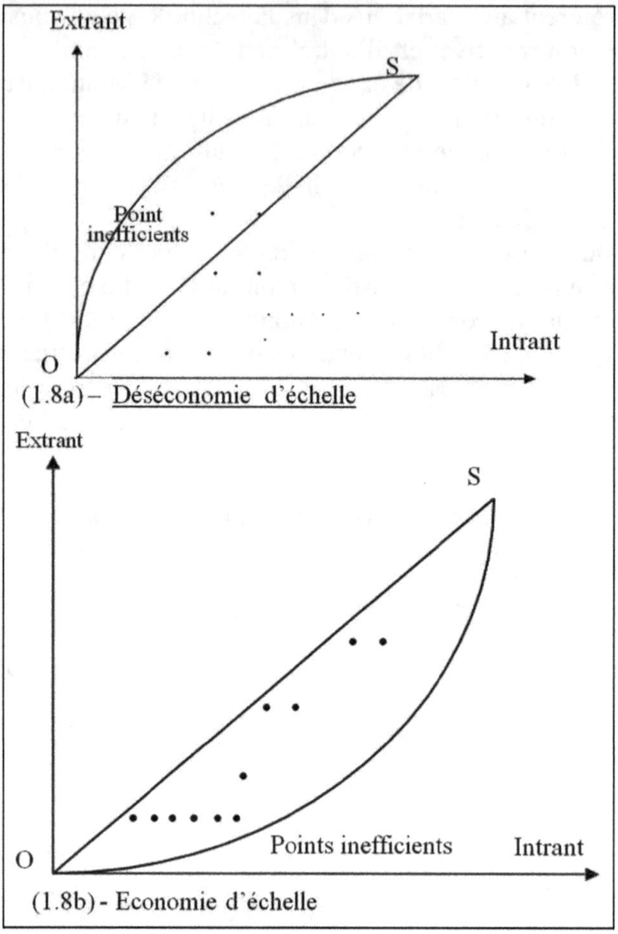

Source : Farrell, (1957), p.258.

Plusieurs mesures de l'efficacité peuvent être définies de la même façon pour le cas des rendements non constants à l'échelle, en considérant que l'isoquant du graphique 1.8 représente la limite inférieure de l'ensemble des intrants associés à la production d'un niveau donné de produit. Farrell et Fiedhouse (1962) ont travaillé sur cet aspect en étudiant le cas des rendements croissants à l'échelle sur la base de données de Farrell (1957). Ils trouvèrent que toute économie d'échelle est épuisée dès qu'un certain niveau de production est atteint.

L'approche déterministe et non paramétrique consiste à évaluer les écarts des observations par un benchmark grâce à la résolution de programmes linéaires. Cette approche est particulièrement adaptée pour modéliser une technologie multi produits-multi facteurs sans passer par la fonction de coût duale qui présuppose l'absence d'inefficacité technique. C'est une méthode qui ne retient que les hypothèses de libre disposition des inputs et des outputs et de la convexité de l'ensemble de production. Nous retiendrons pour notre étude, la méthode d'enveloppement des données (Data Envelopment Analysis- DEA) pour la mesure de l'efficacité technique. C'est l'objet de la section suivante.

2.1.1.2. L'approche Data Envelopment Analysis (DEA)

La méthode d'enveloppement des données (Data Envelopment Analysis) a été mise au point à partir des travaux de Farrell (1957), lui-même inspiré du « coefficient technique » de Debreu (1951). Depuis lors, les travaux dans le domaine de l'efficacité productive ont connu de très grands développements. Les frontières non paramétriques conduisent à ne pas imposer de restriction sur la forme fonctionnelle de la technologie, mais à caractériser en amont, les propriétés mathématiques du domaine des possibilités de production. (Charnes, Cooper et Rhodes, 1978). La méthode DEA est traitée de façon intensive par Seiford et Thrall (1990), Lovell (1993), Ali et Seiford (1993), Charnes, Cooper et Seiford (1995). Le lecteur peut se référer à un travail intéressant sur « l'état de l'art » portant sur la méthode DEA, réalisé par Seiford (1996). La méthode DEA a connu de grands développements ces 20 dernières années. Elle s'est diffusée d'abord aux Etats-Unis puis ces derniers temps, au reste du monde. Nous nous proposons de retenir cette méthode pour mesurer l'efficience technique des banques de notre échantillon. Le choix de cette méthode nous est dicté, d'une part, par le faible nombre des pays producteurs de coton pour lesquels, les données fiables et complètes pour l'ensemble de la période ont pu être collectées et, d'autre part, parce que cette méthode s'adapte parfaitement à l'étude d'une production multi- outputs/multi- inputs ou mono-output/multi-inputs comme dans notre cas.

La méthode DEA est fondée sur la programmation linéaire pour identifier des fonctions de productions empiriques. C'est une méthode basée sur la théorie micro-économique, qui compare toutes les unités similaires en prenant en compte simultanément plusieurs dimensions. Elle détermine la frontière d'efficience du point de vue de la meilleure pratique. Chaque unité est considérée comme une unité décisionnelle (« Décision Making Unit » DMU, dans notre cas c'est une banque), qui transforme des « inputs » en « outputs ». Les inputs sont des ressources utilisées pour créer des outputs d'une qualité donnée. Cette méthode fournit une analyse synthétique, fiable et originale de la performance Badillo et al. (1999). Parmi les exemples d'unités de production retenues (DMU), nous pouvons citer les branches de production, des divisions, des écoles, des secteurs d'industrie, des magasins franchisés, des mairies, des aéroports, le secteur de la santé, les banques, des départements d'universités etc.... Les inputs utilisés peuvent être le travail, le capital, les consommations intermédiaires et les outputs peuvent être les ventes, les consommateurs satisfaits, les productions, les profits, les parts de marché, etc…

L'intérêt de la méthode DEA est de pouvoir prendre en compte de multiples données caractéristiques des activités aussi complexes. Elle permet de repérer les unités ayant la meilleure performance parmi les autres, et offre un cadre pour intégrer et interpréter toute mesure de performance. Ainsi, chaque DMU consomme un montant m de différents inputs afin de produire s différents outputs. Le DMUj (j= 1,….m) consomme un montant Xj = { xij } d'inputs (i = 1,….m) et produit un montant Yj = { yrj } d'outputs (r = 1,…..s).

En général, lorsque l'on considère un nombre infini d'inputs et d'outputs, la mesure de l'efficience productive est donnée par le ratio suivant :

θj = Somme pondérée des Outputs/ Somme pondérée des Inputs.

Les DMU sur la frontière ont une efficience égale à 1. Les unités inefficientes ont un niveau d'efficience < 1. Les trajectoires pour se diriger vers la frontière représentant la meilleure pratique, consistent à utiliser moins d'input dans le cas de modèle à orientation input, et à produire davantage d'output dans le cas du modèle à orientation output. Il est bien sûr possible de combiner des trajectoires. La frontière peut être utilisée pour aider à définir des objectifs. Ces objectifs sont basés sur la pratique observée, et non pas sur la théorie.

Le modèle DEA permet d'identifier un ensemble efficient pouvant servir de référence pour les unités inefficientes. Cet ensemble de référence correspond à un groupe d'unités ayant la meilleure pratique. Les DMU efficientes ont des inputs ou des outputs similaires à ceux des unités inefficientes. Il s'agit alors d'excellents partenaires potentiels pour servir de référence. L'analyse DEA produit une surface de production empirique par morceaux qui, en termes économiques, représente la frontière de production de la meilleure pratique révélée.

Les DMU efficaces se situent sur la frontière d'efficacité empirique, qui indique le maximum de production que l'on peut produire avec différentes combinaisons de facteurs pour une technologie donnée. Nous présentons comme exemple les résultats obtenus par un modèle DEA sur le graphique ci-dessous :

Graphique 1.9. La mesure des performances

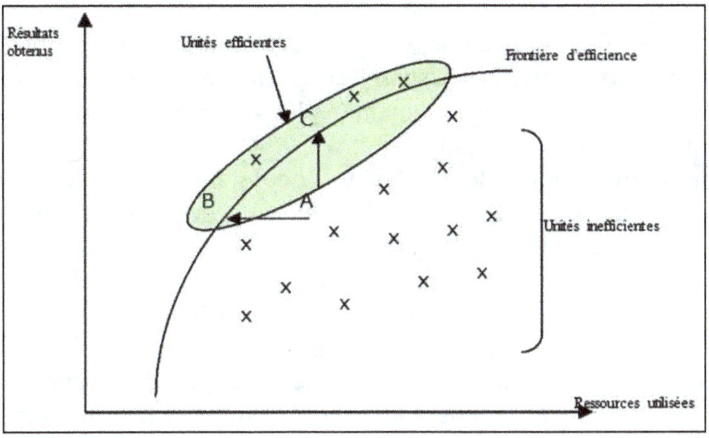

Source : Djimasra (2011)

L'unité la plus performante est celle qui assure la meilleure efficacité avec des ressources minimales : cette entreprise a alors un score d'efficience égal à 1. Il s'agit ici des DMU B et C. Les entreprises qui se situent en dessous de la frontière de production sont déclarées inefficientes, moins performantes et ont un score inférieur à 1, il s'agit du DMU A. Les DMU B et C servent de référence à A dans le secteur puisqu'elles sont les plus efficaces.

L'entreprise A utilise autant de ressources pour obtenir des résultats intérieurs. Dans ce cas, on dirait qu'elle a trois possibilités de devenir une unité efficiente : soit augmenter des outputs par rapport aux inputs consommés (jusqu'au niveau du DMU B), soit diminuer les inputs par rapport aux outputs réalisés (jusqu'au niveau du DMU C), ou encore augmenter l'output et diminuer l'input simultanément pour atteindre la frontière (approche directionnelle).

La méthode DEA a évidemment évolué depuis les premiers travaux à la fin des années soixante-dix. Sa pratique s'est considérablement développée. Les applications continuent à devenir plus sophistiquées et à une grande échelle. Plusieurs types de modèles existent en effet. Deux types de modèles existent en termes d'orientation du modèle, à savoir le modèle à orientation input et le modèle à orientation output. Dans le modèle en inputs, l'objectif est de produire les outputs observés avec un niveau de ressources minimum. En revanche, dans une orientation output, l'attraction n'est plus centrée sur la minimisation des ressources en inputs, l'objectif étant de maximiser la production d'outputs tout en ne dépassant pas les niveaux donnés des ressources.

La caractéristique essentielle du modèle DEA dépend du profil des rendements d'échelle, qui peuvent être constants ou variables. Dans le cas des rendements d'échelle constants, on suppose qu'une augmentation dans la quantité d'inputs consommés, mènerait à une augmentation proportionnelle dans la quantité d'outputs de produits. Dans le cas des rendements d'échelle variables (croissants ou décroissants) en revanche, la quantité d'outputs de produits est considérée pour augmenter plus ou moins proportionnellement que la croissance dans les inputs.

La formulation originale du DEA, dite le modèle CCR, proposé par Charnes, Cooper et Rhodes (1978), suppose des rendements d'échelle constants (CRS model). Les apports de Färe, Groskopf & Lovell (1985) ont permis ensuite de relâcher l'hypothèse de rendements d'échelle constants, et de spécifier pour la technologie DEA plusieurs variantes : rendements d'échelle variables, non croissants et non décroissants. Ceci a apporté une nette précision dans la mesure de l'efficacité, car il est devenu possible de décomposer l'efficacité totale en une efficacité technique pure et une efficacité d'échelle. Le modèle BCC, développé par Banker, Charnes et Cooper (1984) assume les rendements d'échelle variables (VRS model) et a enrichi la technologie DEA. L'ensemble des travaux cités n'exigent aucune forme fonctionnelle pour la fonction de production, mais retiennent toutefois sa convexité.

Il est intéressant de noter que, les deux orientations (output, input) de l'analyse produisent des surfaces enveloppes identiques. Une DMU inefficiente est projetée sur des points différents sur la frontière, selon les orientations input et output. Néanmoins, le même résultat est obtenu, c'est-à- dire qu'une DMU est caractérisée comme efficiente dans un modèle CCR orienté input, si et seulement si elle est caractérisée comme efficiente dans le modèle CCR orienté output correspondant. Par ailleurs, les relations entre le modèle CCR et le modèle BCC sont quelque peu différentes. Si une DMU est caractérisée comme efficiente dans le modèle CCR, elle sera aussi caractérisée comme efficiente dans le modèle BCC, mais l'inverse n'est pas nécessairement vrai. Le développement de l'analyse des modèles DEA a fait apparaitre plusieurs techniques (variables muettes, variables discrétionnaires ou non discrétionnaires, etc.), qui ne sont pas exposées ici. Les modèles DEA de base sont présentés dans cette section. Ces deux modèles se résument dans le graphique 1.10 ci-dessous.

Graphique 1.10. Classification des modèles DEA

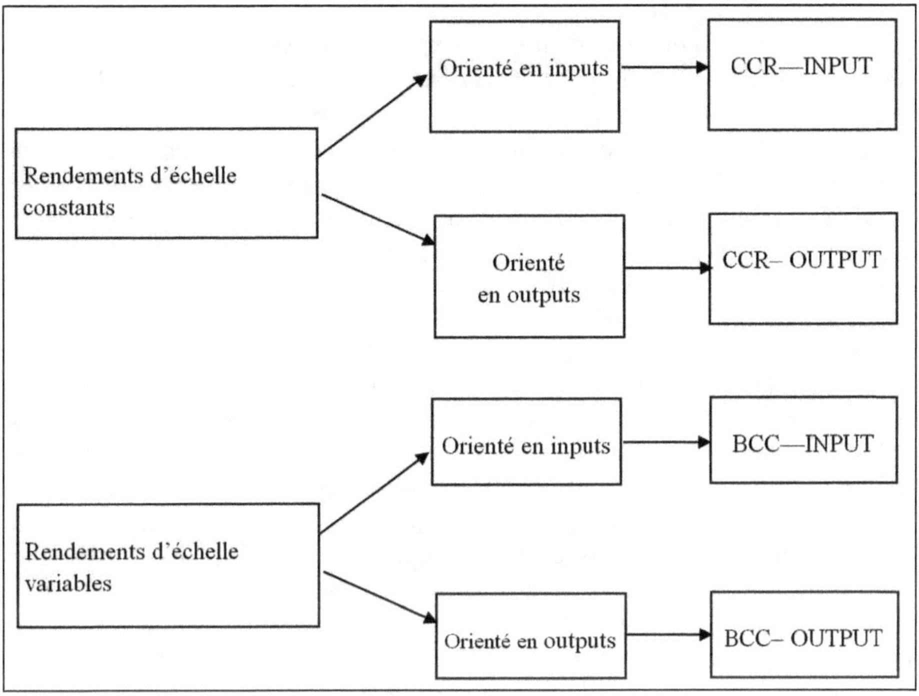

Source : construit par l'auteur.

Le choix du type de modèle se réfère principalement à l'objectif que se fixe une organisation. Il est essentiel de choisir un modèle approprié et pertinent, puisque la façon d'interpréter les résultats et celle d'appliquer les données, sont différents selon le type du modèle.

C'est sous cette forme de ratio que le modèle CCR a été introduit dans la littérature. Dans (1), yj est le s-vecteur des outputs (r =1,……, s) et xj est le m- vecteur des inputs (j = 1,…... m) du pays k. Le s-vecteur u et le m-vecteur v représentent les sommes pondérées agrégées des inputs et outputs ur et vi respectivement. En résolvant un problème de maximisation sous contrainte, il est alors possible de déterminer les valeurs de θ pour chaque pays dans le modèle 1. La solution de ce modèle détermine θk du pays k sous la contrainte que les θk de tous les pays soient égales ou inférieures à 1. Les contraintes stipulent que θ est indexé dans l'intervalle [0,1]. En outre, les éléments de u et de v doivent être strictement positifs. Puisque nous considérons des fonctions linéaires agrégées des inputs et des outputs, « le modèle 1 » revient à résoudre un problème de programmation linéaire fractionnaire. Plusieurs méthodes existent pour résoudre ce problème d'optimisation, l'une des plus connues étant celle de Charnes et Cooper (1962). Ces auteurs suggèrent de transformer « le modèle 1 » en une procédure de programmation linéaire standard. La solution de cette étape et la transformation en un problème dual donnent la forme enveloppe de Charnes, Cooper et Rhodes.

De la même façon précédente, yj et xj sont les r-vecteurs et les s-vecteurs des outputs et des inputs pour le pays k, les matrices y et x sont les s× n-matrices des outputs et les m × n-matrices des inputs de chaque banque. Le paramètre θk doit être minimisé ; il exprime alors de combien on peut déduire proportionnellement (en pourcentage) les inputs du pays k, afin que celui-ci parvienne à la meilleure pratique, c'est- à- dire se trouve sur la frontière. Chaque banque ayant pour score θk=1, est déclarée efficace et participe à la définition de la frontière.

La réduction proportionnelle des inputs inefficients est déterminée dans la fonction objective à minimiser, où les excès d'inputs (S+r) dit en anglais excess inputs et les déficits d'outputs (S-i) dit en anglais outputs slacks, qui demeurent du fait de l'utilisation d'une mesure radicale, ont été corrigés. Dans ce modèle, ε est un petit nombre positif non-archimédien afin que la maximisation des variables d'écart (S+r, S-i) demeure un objectif secondaire par rapport à la minimisation du coefficient θk. Ce calcul permet d'obtenir une séparation claire entre les banques efficientes et les banques inefficientes. Cependant, le modèle CCR, comme nous en avons déjà dit, ne permet pas des rendements d'échelle variables. Banker, Charnes et Cooper en 1984, ont étendu le modèle CCR pour faire à cette issue. Il s'agit du modèle BCC dont sa formulation est la suivante :

Modèle 3- BCC orienté input

$$Max\ w_k = \sum_{r=1}^{s} u_r y_{rk} + b$$

Sous les contraintes

(3)

$$\begin{cases} 1- \sum_{r=1}^{s} u_r y_{rj} - \sum_{i=1}^{m} v_i x_{ij} + b \leq 1, j=1,\dots,n \\ 2- \sum_{i=1}^{m} v_i x_{ik} = 1 \\ 3- u_r, v_i \geq \varepsilon, r=1,\dots,s, i=1,\dots,m \\ b\ free \end{cases}$$

En imposant la contrainte de convexité au programme dual précédent, on obtient alors le programme ci- dessous :

Modèle 4- BCC-orienté input

$$Min\,w_k - \varepsilon \left[\sum_{i=1}^{m} S_{ik} + \sum_{r=1}^{s} S_{rk} \right]$$

Sous les contraintes

(4)

$$\begin{cases} 1- \sum_{j=1}^{n} x_{ij}\lambda_j + S_{rk} = w_k x_{ik} \\ 2- \sum_{j=1}^{n} y_{rj}\lambda_j - S_{rk} = y_{rk} \\ 3- \sum \lambda_j = 1 \\ 4- \lambda, S^-, S^+ \geq 0 \forall r=1,...s; j=1,...n; i=1,...m \end{cases}$$

L'introduction d'une contrainte supplémentaire a pour conséquence d'égaliser la somme des poids λ à 1.

Selon Coelli et al. (1998), la distinction entre les scores d'efficacité technique obtenue par la technologie DEA du type CRS et ceux de la même firme obtenue par la technologie DEA du type VRS, constitue une bonne mesure de l'échelle de cette firme. Ils suggèrent d'effectuer, sur la même base de données, une DEA du type CRS et une autre du type VRS, et en déduire la mesure d'échelle. Si pour une firme donnée, il y a une différence dans les scores d'efficacité mesurés par ces deux types de DEA, ceci indique que la firme n'opère pas à une échelle optimale. L'inefficacité d'échelle est alors donnée par la différence entre l'inefficacité technique CRS et l'inefficacité technique VRS. Ainsi, en résolvant (2) et (4), on obtient trois scores d'efficacité :

- le score d'efficacité technique totale égal à θ * du programme (2) ;
- le score d'efficacité technique pure égal à ω *du programme (4) ;
- le score d'efficacité d'échelle égal au rapport θ */ ω *.

De façon empirique, la méthode DEA a été largement utilisée pour mesurer l'efficacité technique des unités de production dans divers secteurs d'activités, notamment dans le secteur bancaire, dans le secteur pharmaceutique, dans celui de la santé, celui des transports et dans celui de l'agriculture. Boussemart et Dervaux (1994) et Piot (1994) ont utilisé l'approche non paramétrique pour mesurer l'efficacité technique, respectivement dans la production porcine et dans la production céréalière en France. Lebel et Stuart (1998) l'ont utilisée pour mesurer l'efficacité technique des entrepreneurs forestiers dans le Sud- Est de Etats-Unis.

Nous avons constaté que la méthode DEA permet de surmonter certaines limitations, celles qui existent dans les approches précédentes au niveau de la mesure de l'efficience. Elle permet de fournir une nouvelle façon d'organiser et d'analyser des données complexes. Il est important de comparer les résultats obtenus par l'analyse de DEA avec ceux des mesures existantes de l'efficacité. Il est clair que les différentes techniques se complètent l'une et l'autre, en fournissant des informations supplémentaires sur la performance de l'organisation examinée.

Tulkens (1993) propose de relâcher l'hypothèse de convexité de la frontière de production. Cette composante de DEA est appelée Free Disposal Hull (FDH) ou libre disposition de la frontière. Ce programme linéaire qui se distingue du programme initial par l'ajout d'une contrainte, permet de déterminer s'il existe une entité qui domine l'entité sous-évaluation. Cette méthode de mesure de l'efficacité ne fait pas appel à l'inférence statistique. Elle est donc déterministe. Elle résulte d'un algorithme de classement de données, selon le critère de la dominance en outputs et en inputs Deprins (1985). Aucune hypothèse n'est formulée, excepté la forte disposition des inputs et outputs, de même qu'il n'existe pas d'information sur les rendements d'échelle. Deux cas se présentent : soit l'entité sous-évaluation est dominée, soit elle ne l'est pas. Dans le premier cas, le ratio d'efficacité est déterminé par rapport à l'entité dominante, sinon le ratio est égal à 1 puisque l'entité sous-évaluation sera comparée à elle- même.

La proportion d'entités déclarées efficaces est un inconvénient majeur de DEA et de ses variantes, même si ces unités peuvent être classées (Andersen et Petersen 1993). Le graphique ci-dessous présente les frontières de production obtenues par trois variantes DEA : rendements d'échelle constants (REC), rendements d'échelle variables (REV) et Free Disposal Hull (FDH). Compte tenu de la souplesse et de la richesse de la méthode de d'enveloppement des données (DEA), différents chercheurs ont orienté leurs travaux tant théoriques qu'empiriques dans le domaine. Cependant, certaines critiques ont été formulées à l'encontre de l'approche non paramétrique. Premièrement, la fonction frontière obtenue par les procédures non paramétriques est déterministe. Ce qui signifie que tout écart qu'une firme affiche par rapport à cette frontière, est attribué à l'inefficacité : aucune variation aléatoire n'est possible. Deuxièmement, la fonction frontière estimée par de telles procédures n'a aucune propriété statistique permettant de tester des hypothèses. Finalement, la fonction frontière estimée à l'aide de ces procédures, est très sensible aux observations extrêmes, qui sont en grande partie responsables de la détermination de cette frontière. Nous présentons dans la section suivante, une analyse comparative entre l'approche non paramétrique et l'approche paramétrique.

2.1.2. Les approches paramétriques

Dans l'approche paramétrique, il est supposé que la frontière est représentable par une fonction analytique dépendant d'un nombre fini de paramètres. Le problème consiste à spécifier cette fonction et à estimer les paramètres, soit par les méthodes statistiques de l'économétrie, soit par les méthodes issues de la programmation linéaire.

$Y = f(x,\beta) - \upsilon$ (1)

Avec $\upsilon > 0$, et β un vecteur inconnu de paramètre à estimer. Les propriétés de stricte concavité, continuité et monotonocité sont vérifiées pour la fonction. Elle est également linéarisée. L'écart entre l'output observé et le niveau d'output maximum réalisable avec une technologie efficace, est mesuré par Y qui représente donc l'inefficacité technique, nulle pour les entreprises technologiquement efficientes.

2.1.2.1. La méthode des moindres carrés corrigés

L'équation (1) s'écrit dans ce cadre sous la forme :

$Y_i = \beta + \sum \beta_j X_{ij} - \upsilon_j$

Deux hypothèses sont formulées. On suppose dans un premier temps, que les termes sont identiquement et indépendamment distribués suivant une loi normale de moyenne et de variance, et dans un second temps, est supposé sans corrélation avec les inputs. Avec la première hypothèse, la méthode des moindres carrés n'est plus utilisable, car $\iota\ \upsilon\ 0\ \mu > 2\ \upsilon\ \sigma < +\infty\ \upsilon$

Ainsi, avec les moindres carrés corrigés (MCC), on obtient des estimateurs sans biais pour tous les paramètres, sauf le terme constant, le terme ayant une moyenne positive dès que l'efficacité productive n'est pas parfaite pour toutes les observations. On a en effet : $E\ \upsilon \neq \upsilon$

La méthode des MCC présente toutefois deux inconvénients :

- Même après la correction, certains résidus peuvent encore être négatifs et, par conséquent, la frontière n'enveloppe pas le nuage de points ;
- La correction dépend du choix de la distribution des résidus.

2.1.2.2. La méthode des moindres carrés décalés

Elle a été proposée par Greene (1980) pour résoudre le problème du signe des résidus de la méthode des MCC, dont certains peuvent avoir des signes erronés. La méthode de GREENE consiste simplement à estimer le terme constant de manière convergente, en translatant la droite des moindres carrés de telle façon que tous les résidus soient de même signe (tous négatifs ou nuls). Cette méthode a, par rapport à celle des MCC, l'avantage que l'on n'a pas besoin de spécifier la densité de la fonction. Par contre, l'inconvénient est que la distribution asymptotique de la constante corrigée n'est pas connue, et ne permet donc pas de connaître la distribution des efficacités.

2.1.2.3. La méthode du maximum de vraisemblance

En reprenant les deux hypothèses exprimées pour les MCC, et en spécifiant une distribution particulière, l'équation peut être estimée par la distribution du maximum de vraisemblance. On obtient ainsi une frontière déterministe statistique. Schmidt (1976) a par exemple montré que l'ajustement par la méthode du maximum de vraisemblance du modèle suivant avec une loi double exponentielle ou bien une loi semi normale, est la solution au problème. Également, si la distribution de Y est asymétrique, l'estimateur du maximum de vraisemblance est plus efficace que celui des moindres carrés. Elysiani et Mehdian (1990) ont appliqué la méthode de détermination statistique de la frontière, en se servant de la technique des MCC dans une étude du secteur bancaire aux Etats- Unis. D'abord, les paramètres de la fonction de production ont été estimés, et la saisie a été différée jusqu'à ce que tous les résidus soient non positifs et que le dernier soit nul. Un échantillon de 144 banques de 1985 a été sélectionné incluant une grande variété en termes de taille, de situation géographique et de statut. L'étude utilisait la méthode par l'intermédiation qui mesure l'output bancaire comme le revenu des prêts et des investissements. Le travail, le capital et deux formes de dépôts étaient considérés comme facteurs de production. Les résultats ont montré qu'en moyenne, les banques incluses dans l'échantillon, généraient 64 % du revenu potentiel disponible, ceci traduisant le niveau d'inefficience constaté dont 80 était attribué aux inefficiences d'échelle et 20 % aux inefficiences techniques. Lorsqu'à la spécification déterministe, on ajoute une variable aléatoire v, le modèle devient stochastique. La frontière devient différente pour chaque entreprise. Le modèle de frontière stochastique prend en considération dans la mesure de la quantité produite d'output, non seulement les facteurs liés au producteur, mais aussi ceux exogènes à l'entreprise, spécifiquement les chocs aléatoires (grèves, météo, conjoncture économique, etc.). Il intègre également les erreurs de mesure sur les variables et les erreurs de spécification du modèle. D'autres approches peuvent également être utilisées dans les modèles paramétriques. Il s'agit entre autres de :

L'approche de la *frontière épaisse* (thick frontier) proposée par Berger et Humphrey (1991). On sépare les firmes situées dans le quartile inférieur des coûts moyens, et celles qui sont situées dans le quartile supérieur, et on estime la fonction des coûts pour chaque population. La différence des termes d'erreur entre ces quartiles, mesure l'erreur aléatoire. La différence des coûts estimés mesure l'inefficience.

L'approche par la *frontière économétrique* (econometric frontier). Elle procède par la formulation des hypothèses différentes quant à la distribution des deux termes de l'erreur composite. Les inefficiences sont supposées suivre une distribution asymétrique, semi-normale le plus souvent, alors que la distribution des erreurs aléatoires est supposée symétrique (Ferrier et Lovell, 1990).

L'approche dite à *distribution libre* (free distribution), suggérée par Schmidt et Sickles (1984) et appliquée aux banques initialement par Berger (1993), n'impose pas d'hypothèses sur la distribution des erreurs. Elle suppose simplement que les différences de coûts qui proviennent des inefficiences-X, persistent au cours du temps, alors que les erreurs aléatoires se compensent au cours du temps, les effets des aléas sur les coûts étant supposés s'annuler en moyenne au cours du temps. Ainsi, les firmes bien gérées le sont toujours, même si les coûts peuvent varier. Une bonne gestion parviendra toujours à maintenir les coûts à un niveau constamment plus faible en moyenne période.

Bosman et Frecher (1992) indiquent que le choix de l'utilisation des modèles paramétriques doit se baser sur la connaissance que l'on a de la technologie du secteur étudié. Selon ces auteurs, lorsque l'on a une idée assez nette de ce qu'est la technologie sous-jacente, cas du secteur agricole ou des branches manufacturières, l'estimation économétrique des frontières de production paramétrique est pertinente.

2.1.3. Approche non paramétrique ou approche paramétrique

Cette section a pour objectif de présenter une analyse comparée de ces deux approches dans la méthodologie des frontières, en essayant de faire ressortir les avantages et les faiblesses de chaque approche.

La différence fondamentale entre l'approche paramétrique et l'approche non paramétrique réside dans le fait que la première se base sur un modèle statistique explicite, concrétisé par l'utilisation d'une forme fonctionnelle et d'une loi de probabilité particulière ; ce qui n'est pas le cas dans l'approche non paramétrique. Il est alors intéressant de se demander quel est l'effet de l'utilisation d'une forme fonctionnelle ? En utilisant moins d'informations que dans l'approche paramétrique, les résultats dans l'approche non paramétrique devraient être moins précis. Mais il y a le risque d'influencer les résultats en imposant une forme fonctionnelle qui n'est pas la plus appropriée. L'arbitrage entre imposer plus de structures et plus de flexibilité est un problème permanent dans la mesure où, plus de contraintes dans un modèle entraîne de meilleures estimations ; en effet des hypothèses fortes génèrent des résultats forts pourvu que les contraintes (par exemple la forme fonctionnelle choisie) soient vraies. Une autre différence entre ces deux approches est que dans l'approche non paramétrique, tout se passe comme si, seules les entreprises opérant au voisinage de la frontière ont un contenu informationnel très important dans la détermination de la frontière non paramétrique. Dans l'approche paramétrique par contre, toutes les observations sont pertinentes dans la détermination de la frontière. Cet aspect mérite d'être souligné, car selon les circonstances, et en fonction des informations à priori disponibles, l'une des approches peut être préférée à l'autre et vice versa. L'avantage de l'approche non paramétrique est qu'elle permet plus facilement la prise en compte de la technologie multi production. Par contre, elle ne permet pas d'apprécier directement les éléments de la technologie puisqu'elle ne fournit que les mesures d'efficacité productive. Comme précédemment, l'avantage d'une approche peut être une faiblesse suivant les objectifs poursuivis. D'une manière générale, il est difficile de dire de manière définitive, laquelle des deux approches est plus pertinente, car c'est un choix approprié en fonction du problème posé, et qui dépend également de la sensibilité propre du chercheur. Le choix entre les approches paramétriques et non paramétriques peut s'effectuer sur la base des informations disponibles et des objectifs recherchés. Ainsi, par exemple, si nous nous intéressons uniquement à la mesure de l'efficacité des firmes d'un secteur ou d'une économie, l'approche non paramétrique peut être utilisée. Au contraire, si en plus de l'efficacité, la technologie de production est d'intérêt, il convient alors d'opter pour une approche paramétrique. L'approche paramétrique peut être regroupée en deux grandes catégories selon que la frontière est déterministe ou stochastique, et selon que la méthode d'estimation de la frontière est différentielle avec recours aux Moindres Carrés Ordinaires ou avec recours au Maximum de vraisemblance. La frontière de production est dite déterministe si tout écart observé est uniquement dû à l'inefficacité. Si par contre, en plus de la défaillance technique, l'on prend en compte un autre terme aléatoire qui englobe les erreurs éventuelles de mesure, les erreurs de la mauvaise spécification du modèle, l'omission de certaines variables explicatives et la considération des évènements (politique, cours mondiaux, prix des intrants, etc....) qui peuvent influencer la production, la frontière devient alors stochastique.

Théoriquement, le recours à des frontières stochastiques permet d'isoler le terme d'erreur purement aléatoire de celui reflétant l'inefficacité technique de l'entreprise, et devrait par conséquent conduire à une mesure plus précise de son efficacité technique. L'utilisation des méthodes déterministes, qui attribuent tout écart affiché par rapport à la frontière à l'inefficacité technique, serait donc une sur-estimation des niveaux d'inefficacité technique, Amara et Romain (2000).

Plusieurs études relatives à la comparaison entre les deux approches ont été réalisées à travers le monde, et le lecteur peut se référer aux études suivantes : Banker, Chang et Cooper (1996)[14]. En tout état de cause, il semble évident que la convergence ou la divergence des résultats selon les approches non paramétriques ou paramétriques, dépendent fortement de l'échantillon retenu. Et donc, le choix de la frontière de production se base sur la qualité des données et en fonction de l'objectif du travail. Chaffai (1997) présente un tableau comparatif des méthodes paramétriques et non paramétriques dont voici le contenu :

Tableau 1.1. Comparaison des approches paramétriques et non paramétriques des mesures d'inefficience

Avantages Méthodes non paramétriques	Avantages Méthodes paramétriques
Pas de spécification de relation fonctionnelle particulière pour la technologie ;	Les inefficiences réduites peuvent avoir des propriétés statistiques ;
Décomposition facile des inefficiences T, A, et E ;	Tiennent compte des aléas autres que l'inefficience (frontières stochastiques) ;
Limites	**Limites**
Les inefficiences réduites n'ont pas de propriétés statistiques ;	Nécessitent de représenter la technologie par une forme paramétrique particulière
Les grosses erreurs de mesure et/ou d'oubli de variables peuvent affecter les mesures d'inefficience.	La décomposition de différentes composantes de l'inefficience n'est pas toujours possible, en particulier pour les technologies multi-produits.

Source : Chaffai, M. (1997). Construit par l'auteur.

2.2. Détermination des scores d'efficacité allocative des banques de la CEMAC

L'objectif de cette sous-section est de mesurer les scores d'efficacité allocative des banques de la CEMAC. Pour cela, nous recourrons à la méthodologie SFA (Stochastic Frontier Approach). Cette approche nécessite la spécification d'une forme fonctionnelle de la frontière de production, de coût ou de profit, qui peut être de type Cobb-Douglass, Translog. La frontière ensemble de production ainsi définie, peut alors prendre trois formes : celle d'une « frontière stochastique » (stochastic frontier), celle d'une « frontière épaisse » (thick frontier) ou celle d'une « frontière libre »

[14] Voir aussi Banker et al. (1987), Park et Lesourd (2000), Brümmer (2001), Coelli et Perelman (1999), Linna & Häkkinen (1999), Jacobs (1998), Resti (2000), Mortimer (2001), Read et Thanassoulis (1996), Ruggiero et Vitaliano (1999), Singh, Coelli et Fleming (2000), Bojanic, Caudill et Ford (1998), Fuginiti et Perrin (1998), Odeck (2001), Chirikos et Sear (2000) , Wadud et White (2000), Cullinane et al. (2006).

(distribution-free frontier). Celle-ci est alors estimée à partir des données de l'échantillon par une méthode du maximum de vraisemblance.

2.2.1. Présentation du modèle stochastique

Dans l'approche paramétrique, on suppose que la frontière est représentable par une fonction analytique dépendant d'un nombre fini de paramètres. Le problème consiste à spécifier cette fonction et à estimer les paramètres, soit par les méthodes statistiques de l'économétrie, soit par les méthodes issues de la programmation linéaire.

Selon les fondements théoriques de l'efficience allocative, de l'efficience technique ou/et de l'efficience-X, la frontière *d'efficacité'* représente l'ensemble de points les plus efficaces. La distance de chaque observation par rapport à cette frontière, représente son degré d'inefficacité. Toutefois, les observations empiriques peuvent dévier de la frontière pour *deux* raisons supplémentaires : d'une part, l'existence d'erreurs de mesure dans toute variable observée, et d'autre part, la présence de chocs exogènes (favorables ou défavorables).

A titre d'exemple, les changements de la politique économique et l'évolution des marchés financiers internationaux sont une source de chocs pour les établissements bancaires.

L'intégration de ces effets aléatoires par la méthode SFA (Stochastic Frontier Approach) se fait par la décomposition de l'erreur en deux termes : une composante d'inefficacité et une composante "d'erreur aléatoire" combinant les erreurs de mesure et les chocs exogènes. La composante aléatoire suit une distribution symétrique normale, tandis que la composante inefficacité suit une distribution asymétrique définie positivement pour une fonction de coût et négativement pour une fonction de production.

L'approche stochastique initialement proposée par Aigner, Lovell et Schmidt (1977), Meeusen et Van Den Broek (1977), et améliorée par Jondrow et al. (1982), est utilisée pour permettre l'estimation d'indices d'efficacité technique spécifique à chaque firme.

Egalement appelée "modèle à erreurs composées", la méthode 'SFA' permet ainsi d'estimer une fonction frontière qui tient compte simultanément de l'erreur aléatoire et d'une composante d'inefficacité spécifique à chaque entreprise. Même si les méthodes d'estimation traditionnelles tiennent compte de l'erreur aléatoire, elles estiment une fonction *moyenne* et non une fonction *frontière.* Par conséquent, elles sont incapables de décomposer l'écart entre la fonction estimée et les observations en termes d'inefficacité et d'erreur aléatoire.

Pour un échantillon de firmes $i=1,..,N,$ la frontière des coûts efficace se définit par:

$\ln CTi = \ln C(Yi, Pi, \beta)+\varepsilon i$, avec $\varepsilon i = Ui + Vi$ (1)

Où CTi représente le coût total de la ième banque.

Yi est le vecteur des outputs de la ième banque.

Pi est *le* vecteur des prix des inputs de la ième banque.

β est le vecteur des paramètres.

Ui est la mesure de l'inefficacité technique, et qui est répartie d'un seul côté de la frontière (one-sided error term).

Vi est le terme d'erreur (choc aléatoire). C'est une composante purement aléatoire qui se trouve dans n'importe quelle relation, et qui se distribue de chaque côté de la frontière de production (two-sided error term).

Ces deux termes sont indépendants.

Il faut souligner que *C ()* peut prendre plusieurs formes fonctionnelles telles que Cobb-Douglas, CES, Translog, etc.

Par hypothèse, les *Vi* sont indépendamment et identiquement distribués (iid) selon une loi normale (0, σ^2_V), et les *Ui* sont définies positivement avec une distribution asymétrique et indépendante de celle des *Vi*.

L'hypothèse la plus courante dans la littérature est que les *Ui* suivent une distribution *semi-normale** (valeur absolue d'une distribution normale centrée de moyenne nulle et de variance σ^2_{U}).

U= μ telle que : $\mu \rightarrow \left|N\left(0,\sigma^2_\mu\right)\right|$

La densité jointe pour V et μ, sachant que les deux distributions sont indépendantes, s'écrit :

$$f(\mu,V)=\frac{1}{\pi\sigma_U\sigma_V}\exp\left[-\left(U^2/2\sigma^2_U\right)-\left(V^2/2\sigma^2_V\right)\right]$$

Si l'on remplace V en fonction de U, l'on obtient :

$$f(\mu,\varepsilon)=\frac{1}{\pi\sigma_U\sigma_V}\exp\left[-\left(U^2/2\sigma^2_U\right)-\left(\varepsilon^2+U^2+2U\varepsilon\right)/2\sigma^2_V\right] \quad (2)$$

Calculons maintenant la densité de ε en intégrant la relation (2) par rapport à *U.*

On a :

$$f(\varepsilon)=\left(\frac{2}{\sigma}\right)f^*\left(\varepsilon/\sigma\right)\left[\phi^*\left(\varepsilon\lambda/\sigma\right)\right] \quad \infty \leq \varepsilon \leq +\infty$$

Avec :

$\sigma^2 = \sigma^2_U + \sigma^2_V$

Et $\lambda = \sigma_U / \sigma_V$

φ*(.) désigne la fonction de répartition d'une distribution normale centrée réduite et

*f**(.) sa densité.

(*) Il y a d'autres distributions qui ont été utilisées. Par exemple, Stevenson (1980) and Greene (1990) utilisaient aussi une loi gamma.

Le moment d'ordre un et la variance sont donnés par :

$$E(\varepsilon)=E(U)=-\frac{\sqrt{2}}{\sqrt{\pi}}\sigma_U$$

$$V(\varepsilon)=V(U)+V(V)$$

$$V(\varepsilon)=\left[\frac{\pi-2}{\pi}\right]\sigma_U^2+\sigma_V^2$$

Signalons que la paramétrisation $\lambda = \sigma_U / \sigma_V$ est intéressante ; λ est considéré comme une mesure de la variabilité relative de deux sources d'inefficacité.

$\lambda^2 \to 0$ implique que $\sigma^2_U \to +\infty$ et/ou que $\sigma^2_U \to 0$, ce qui veut dire que les chocs aléatoires dominent dans l'explication de l'inefficacité.

De même, lorsque $\sigma^2_V \to 0$ alors les écarts à la frontière sont essentiellement dus à l'inefficacité technique. Disposant de *N* observations et sachant (2), le logarithme de la vraisemblance s'écrit :

$$\ln L = \frac{N}{2}\ln\frac{2}{\pi} - N\ln\sigma - \frac{1}{2\sigma^2}\sum_{i=1}^{N}\varepsilon_i^2 + \sum \ln\left[\phi\left[\frac{\varepsilon_i\lambda}{\sigma}\right]\right]$$

Le calcul des dérivées premières par rapport au vecteur β, et par rapport aux deux paramètres λ et σ^2 et l'annulation de ces dérivées, conduit à l'obtention des estimateurs correspondants, qui sont solutions du système des équations de vraisemblance qui devront être résolues au moyen d'algorithmes d'optimisation.

$$\begin{cases}
\dfrac{\partial LnL}{\partial Ln\beta}=\dfrac{1}{\sigma^2}\displaystyle\sum_{i=1}^{N}(y_i-\beta' x_i)+\dfrac{\lambda}{\sigma}\sum_{i=i}^{N}\dfrac{f_i^*}{(1-\Phi_i^*)}x_i=0\\
\dfrac{\partial LnL}{\partial Ln\lambda}=-\dfrac{1}{\sigma^2}\displaystyle\sum_{i=i}^{N}\dfrac{f_i^*}{(1-\Phi_i^*)}(y_i-\beta' x_i)=0\\
\dfrac{\partial LnL}{\partial Ln\sigma^2}=-\dfrac{n}{2\sigma^2}+\dfrac{1}{2\sigma^4}\displaystyle\sum_{i=1}^{N}(y_i-\beta' x_i)+\dfrac{\lambda}{2\sigma^3}\sum_{i=i}^{N}\dfrac{f_i^*}{(1-\Phi_i^*)}(y_i-\beta' x_i)=0\\
\Phi_i^* = \Phi\left[(y_i-\beta' x_i)\lambda/\sigma\right]
\end{cases}$$

Une fois que le modèle est estimé par la méthode des moindres carrés et la méthode des moments, les mesures de l'inefficience sont calculées en utilisant les résidus.

Les estimateurs : $\hat{\varepsilon}_i$: est le résidu estimé de U_i pour la i[ème] firme $\hat{\sigma}_u$: est l'estimateur de σ_u

Le niveau moyen de l'inefficience peut être mesuré par la moyenne de (U) où il est estimé par la moyenne de ($\hat{\varepsilon}_i$) ⇨ l'inefficience moyenne = E (U)

Où $U_i \sim N(\mu, \sigma_u^2)$

Mais dans le cas où U_i est distribué selon une loi semi-normale tronquée en 0 (c'est-à-dire $U_i \sim |N(\mu, \sigma_u^2)|$ alors l'inefficience moyenne sera égale à $\sqrt{\frac{2}{\pi}}.\sigma_u$ estimée par $\sqrt{\frac{2}{\pi}}.\hat{\sigma}_u$

Avec $\hat{\sigma}_u$: est l'estimateur de σ_u

Dans ce cas, les mesures de l'inefficience bancaire sont obtenues par la moyenne de la distribution conditionnelle de U_i par rapport à ε_i

Pour notre modèle stochastique semi-normale, cette distribution :

$$f(U_i/\varepsilon_i) \sim N(\mu_*, \sigma_*^2)$$

Où

$$\begin{cases} \mu_* = \dfrac{\varepsilon_i.\sigma_u^2}{\sigma^2} \\ \sigma_*^2 = \dfrac{\sigma_u^2 \sigma_v^2}{\sigma^2} \end{cases}$$

D'après Greene (1993), la fonction de densité pour une variable X ~ $N(\tilde{\mu}, \tilde{\sigma}^2)$ est :

$$f(x) = \frac{\frac{1}{\tilde{\sigma}}\phi\left[\frac{x-\tilde{\mu}}{\hat{\sigma}}\right]}{1-\Phi\left[-\frac{\tilde{\mu}}{\tilde{\sigma}}\right]} \; ; x > 0 \quad (3)$$

Avec Φ(.) est la fonction de distribution cumulative d'une loi normale standard.

ϕ (.) est la fonction de densité d'une loi normale standard.

Pour la variable conditionnelle (U_i / ε_I), on a :

$$\begin{cases} \tilde{\mu} = \mu_* = \dfrac{\varepsilon_i \sigma_u^2}{\sigma^2} \\ \tilde{\sigma}^2 = \sigma_*^2 = \dfrac{\sigma_u^2 \sigma_v^2}{\sigma^2} \end{cases} \quad (4)$$

En substitution ces égalités dans (3), on obtient :

$$f(U_i / \varepsilon_i) = \frac{\dfrac{\sigma}{\sigma_u \sigma_v} \phi \left[\dfrac{(U_i / \varepsilon_i) - \varepsilon_i . \sigma_u^2 / \sigma^2}{\dfrac{\sigma_u \sigma_v}{\sigma}} \right]}{1 - \Phi \left[\dfrac{-\dfrac{\varepsilon_i \sigma_u^2}{\sigma^2}}{\dfrac{\sigma_u \sigma_v}{\sigma}} \right]}$$

$$= \frac{\dfrac{\sigma}{\sigma_u \sigma_v} \phi \left[\dfrac{\sigma (U_i / \varepsilon_i) - \varepsilon_i . \sigma_u^2 / \sigma}{\sigma_u \sigma_v} \right]}{1 - \Phi \left[-\dfrac{\varepsilon_i}{\sigma} \dfrac{\sigma_u}{\sigma_v} \right]}$$

Or $\dfrac{\sigma_u}{\sigma_v} = \lambda$

$$f(U_i / \varepsilon_i) = \frac{\dfrac{\sigma}{\sigma_u \sigma_v} \phi \left[\dfrac{\sigma}{\sigma_u \sigma_v} (U_i / \varepsilon_i) - \varepsilon_i \dfrac{\lambda}{\sigma} \right]}{1 - \Phi \left[-\dfrac{\varepsilon_i}{\sigma} . \lambda \right]}$$

Donc :

La moyenne et le mode de cette distribution conditionnelle sont :

$$E(U_i / \varepsilon_i) = \left[\frac{\sigma_u \sigma_v}{\sigma} \right] \left[\frac{\phi \left(\dfrac{\varepsilon_i \lambda}{\sigma} \right)}{\Phi \left[\dfrac{\varepsilon_i \lambda}{\sigma} \right]} + \frac{\varepsilon_i \lambda}{\sigma} \right]$$

$$M(U_i/\varepsilon_i) = \begin{cases} \frac{\sigma_u^2}{\sigma^2}.\varepsilon_i \; ; \text{si } \varepsilon_i \geq 0 \\ 0 \; ; \text{si } \varepsilon_i < 0 \end{cases}$$

Les estimateurs de la moyenne et du mode sont sans biais mais non convergents. Pour calculer $\hat{E}(U_i/\varepsilon_i)$ et $\hat{M}(U_i/\varepsilon_i)$, on va remplacer σ_u, σ_v et σ par leurs estimateurs $\hat{\sigma}_u$, $\hat{\sigma}_v$ et $\hat{\sigma}$. $\hat{E}(U_i/\varepsilon_i)$ permet de mesurer l'estimation de l'inefficience. Plus $\hat{E}(U_i/\varepsilon_i)$ est minimale (de même pour $\hat{\varepsilon}$ et μ_* soient minimales), alors la i[ème] banque soit la plus efficiente (c'est-à-dire la meilleure).

2.2.1.1. La fonction de coût translogarithmique

Nous avons retenu une spécification translogarithmique multi produits pour la fonction du coût total :

$$LnCT_{it} = \beta_0 + \sum_{k=1}\beta_k Ln(Y_{kit}) + \sum_{h=1}\alpha_h Ln(P_{hit}) + \frac{1}{2}\sum_j\sum_k \beta_{jk} Ln(Y_{jit}) Ln(Y_{kit}) +$$

$$\frac{1}{2}\sum_h\sum_j \alpha_{hj} Ln(P_{hit}) Ln(P_{jit}) + \sum_j\sum_k \lambda_{jk} Ln(P_{jit}) Ln(Y_{kit}) + \varepsilon_{it} \qquad (5)$$

Pour chaque banque i = 1,……, N et ∀ t = 1,…, T
∀ k = 1,…, K
∀ h = 1,…, H
Avec : N : c'est le nombre total de banques de notre échantillon.
T : c'est le nombre total d'années (on peut avoir aussi des mois).
K : c'est le nombre total d'outputs.
H : c'est le nombre total de prix des inputs.

2.2.1.2. Echantillon, données et variable utilisées

Les données utilisées sont extraites du système CERBER (Collecte, Exploitation et Restitution aux Banques et Établissements financiers des États Réglementaires) de la COBAC. Les données des bilans disponibles portent sur toutes les banques commerciales en activité de la CEMAC et couvrent la période de 1993 à 2011, avec une fréquence mensuelle, alors que les comptes de résultats sont disponibles annuellement. Ainsi, l'étude sera réalisée sur une base annuelle : un score d'efficacité sera chaque année pour les banques considérées. Au final, nous disposerons d'un panel sur la période 1993 à 2011, soit 19 périodes pour 6 pays. Le nombre de banques varie d'une année à l'autre, il en va de même du nombre de guichets. En 1993, il était dénombré 30 banques pour un total de 178 guichets. En 2011, la zone compte 45 banques pour 368 guichets.

Malheureusement, la COBAC présente en général des données agrégées par pays. Ainsi, il ne nous est pas possible de disposer des données banque par banque. Par conséquent, ce sont des données par pays qui sont collectées, et les estimations vont mesurer les scores d'efficacité des banques par pays et non entre les banques.

La variable endogène est définie par le coût total (CT). Elle englobe l'ensemble des coûts financiers et opératoires. Les coûts financiers sont principalement les charges d'intérêts. Les coûts opératoires correspondent aux dépenses en travail et en capital, c'est-à-dire les charges de personnel et les frais généraux d'exploitation.

A ce stade de l'analyse, il importe de déterminer ce qui compose les outputs et les inputs au niveau de la banque. A ce propos, deux points de vue s'affrontent : l'approche de l'intermédiation proposée par Sealey et Lindley (1977) et l'approche de la production.

Selon la première, la banque collecte des dépôts, ainsi que toutes autres ressources hors fonds propos, pour les transformer en prêts ou en autres actifs productifs, et ce, en utilisant également du capital et du travail. Quant à l'approche de production, elle considère qu'une banque utilise du capital et du travail pour produire des prêts et des dépôts.

Compte tenu du fonctionnement du système bancaire de la CEMAC, où les banques utilisent plutôt les fonds mis à leur disposition pour se lancer dans une politique de prêts, il nous est paru plus cohérent de retenir l'approche de l'intermédiation pour l'évaluation de l'inefficience et de ses déterminants. De ce fait, le passif des banques est perçu ici en tant qu'input.

Or, les inputs sont généralement introduits en tant que variables explicatives du niveau du coût total. Mester (1996) suggère d'incorporer le niveau des fonds propres dans la frontière de coût, afin de pouvoir prendre en compte les différences dans les préférences en termes de risque. Pour pallier au problème lié à l'hétérogénéité des tailles de bilan des banques de notre échantillon, nous préférons utiliser le ratio de fonds propres.

On peut définir donc les outputs par :

Y_1 : Les créances sur les établissements bancaires et financières : définis par les prêts au jour le jour et à terme aux banques, les prêts aux organismes financiers spécialisés, les placements en devises, les comptes ordinaires débiteurs des banques en dinars, les intérêts réescompte prêts sur le marché monétaire et les intérêts réescompte comptes banques et correspondants.

Y_2 : Les autres actifs + les portefeuilles titres commercial et titre d'investissement.

* Les autres actifs : On peut définir les autres actifs par :

- Les actifs courants : sont considérés comme actifs courants, les actifs dont la réalisation ou le recouvrement intégral dans les délais paraît assuré.
- Les actifs à surveiller : ce sont les engagements dont la réalisation ou le recouvrement intégral dans les délais est encore assuré, et qui sont détenus par des entreprises qui sont dans un secteur d'activité qui connaît des difficultés ou dont la situation financière se dégrade. Les retards de paiement des intérêts ou du principal n'excèdent pas les 90 jours.

* Les portefeuilles titre commercial : Ils sont composés des :

- Titres de transaction : ce sont des titres qui se distinguent par leur courte durée de détention (inférieure à 3 mois) et par leur liquidité.
- Titres de placement : ce sont les titres qui ne répondent pas aux critères retenus pour les titres de transaction ou d'investissement.

* Les portefeuilles titre d'investissement : Il s'agit des titres acquis avec l'intention de les détenir durablement. Ils sont comptabilisés à la date d'acquisition pour leur coût d'acquisition tous frais et charges exclus, à l'exception des honoraires d'étude et de conseil engagé à l'occasion de l'acquisition de titres d'investissement.

A la date d'arrêté des comptes, il est procédé à l'évaluation des titres comme suit :

- Les titres de transaction : ces titres sont évalués à la valeur de marché (le cours boursier moyen pondéré). La variation de cours consécutive à leur évaluation à la valeur de marché est portée en résultat.
- Les titres de placement : ces titres sont valorisés, pour chaque titre séparément, à la valeur de marché pour les titres cotés et à la juste valeur pour les titres non cotés. Il ne peut y avoir de compensation entre les plus-values latentes de certains avec les pertes latentes sur d'autres titres. La moins-value latente ressortant de la différence entre la valeur comptable et la valeur de marché, donne lieu à la constitution de provisions, contrairement aux plus-values latentes qui ne sont pas constatées.
- Les titres d'investissement : le traitement des plus-values latentes sur ces titres est le même que celui prévu pour les titres de placement. Les moins-values latentes ne font l'objet de provision que dans les deux cas suivants :
  - une forte probabilité que l'établissement ne conserve pas ces titres jusqu'à l'échéance ;
  - l'existence de risques de défaillance de l'émetteur des titres.

Y_3 : Les dépôts et avoirs des établissements bancaires et financiers + dépôts et les avoirs de la clientèle.

* Les dépôts et les avoirs des établissements bancaires et financiers : représentent les emprunts au jour le jour et à terme, les avoirs des banques, des correspondants étrangers et des organismes financiers spécialisés et les dettes rattachées.

* Les dépôts et les avoirs de la clientèle : regroupent les comptes à vue, à termes et bons de caisse, les dettes rattachées aux comptes de la clientèle, les certificats de dépôts et les comptes d'épargne qui sont de deux types: les comptes spéciaux d'épargne ouverts pour les personnes physiques, les comptes d'épargne investissement ouverts pour les personnes morales ou physiques pour recevoir des dépôts, en vue de la souscription de titres de sociétés devant réaliser des projets agrées.

Les prix des inputs quant à eux, sont relatifs à trois catégories de facteurs : le travail, le capital physique et le capital financier. Le prix du travail (P_1) est mesuré en rapportant les charges du personnel (salaires et charges afférentes à ceux-ci) à l'effectif moyen annuel de la banque.

Le prix du capital physique (P_2) est approximé en rapportant les charges courantes aux immobilisations nettes.

Enfin, le prix du capital financier (P_3) est mesuré par le coût moyen des ressources empruntées. Ce coût est mesuré par le rapport entre les charges financières et la somme des dépôts à terme et des dépôts d'épargne.

Spécification économétrique

1ère étape : mesure des scores d'efficience bancaire

Dans le cas de trois prix inputs et de trois outputs, la spécification (5) comporte 34 paramètres d'intérêt à estimer. Pour le diminuer, et par conséquent pour gagner en termes de degré de liberté, nous allons introduire plusieurs restrictions.

Toutefois, pour que le Hessien de la fonction de coût soit symétrique, l'égalité $\frac{\partial^2 CT}{\partial Y_i \partial P_i}$ doit être vérifiée pour toute paire de variables (Y_i ; P_i).

La symétrie se traduit par les restrictions suivantes :

$\beta_{jk} = \beta_{kj}$ Et $\alpha_{hj} = \alpha_{jh}$ *(Contraintes de symétrie)*

En outre, toute fonction de coût doit être homogène de degré un en prix des inputs. Ainsi, une augmentation proportionnelle de tous les prix accroît le coût total dans la même proportion, sans que la demande des facteurs ne soit affectée. Cette condition d'homogénéité implique d'autres contraintes qui s'expriment de la façon suivante :

$$\sum_k \alpha_k = 1 \quad ; \quad \sum_j \alpha_{hj} = 0 \quad ; \ \forall h$$

$$\sum_k \lambda_{jk} = 0 \quad ; \ \forall j$$

(Contraintes d'homogénéité)

L'ensemble de ces contraintes de symétrie et d'homogénéité permettent de réduire sensiblement le nombre de paramètres à estimer (21 paramètres d'intérêts au lieu de 34).

La contrainte d'homogénéité est prise en compte tout en normalisant le coût total (CT), les prix du travail (P_1) et du capital physique (P_2) par le prix du capital financier (P_3)

[C'est-à-dire on va prendre dans l'estimation $Ln\left(\frac{P_1}{P_3}\right)$; $Ln\left(\frac{P_2}{P_3}\right)$ et $Ln\left(\frac{CT}{P_3}\right)$ au lieu de $Ln(P_1)$; $Ln(P_2)$ et $Ln(CT)$.

2ème étape : explication du niveau d'inefficience

Notre démarche vise non seulement à l'estimation de la frontière de coût efficiente, mais aussi à l'identification des déterminants du score d'efficience attribué à chacune des banques de notre échantillon. Pour cela, et afin d'éviter les écueils de cette démarche en deux étapes, nous mettons en œuvre l'approche en une seule étape. Cette approche donnée par Battese et Coelli (1995), où on dissocie au niveau de l'inefficacité technique une composante déterministe, représentée par un ensemble de variables censées influencer l'efficience de la banque et d'une partie aléatoire associée aux facteurs non observables.

On peut donc définir $E[U_i/\varepsilon_i]$ par :

$$E[U_i/\varepsilon_i] = m_{it} = Z_{it}\delta$$

Où δ : est un vecteur de p paramètres à estimer

Z_{it} : est un vecteur de p variables pouvant affecter l'inefficience de la banque *i*.

Parmi les variables sous contrôle bancaire susceptibles d'expliquer le niveau d'inefficience (efficience), on peut citer :

1. Le taux d'intermédiation (TI) approché par le ratio du total des crédits au total des dépôts. Un taux d'intermédiation plus élevé pourrait contribuer à accroître l'efficience bancaire dans la mesure où elles peuvent bénéficier des économies d'échelle. L'impact final attendu de cette variable sur l'efficience est de ce fait indéfini.

2. Le ratio dépôts à vue / Total Actif (DA) : C'est une source d'efficacité liée à la présence d'économies d'échelle dans la collecte des dépôts.

En effet, une augmentation des dépôts à vue dans le total actif permet d'entraîner des coûts opératoires supplémentaires, mais elle permet aussi à la banque de bénéficier des ressources financières importantes tout en réduisant les coûts financiers (ces dépôts ne sont pas rémunérés). Son impact attendu est négatif sur le score d'inefficience technique de la banque et donc un effet positif sur l'efficience technique.

3. Le taux de croissance des dépôts (TD) : on a attendu un impact positif.

4. Le taux de croissance des crédits (TC) : on a attendu également un impact positif.

5. Le nombre d'agences (NA) : un impact négatif sur l'efficience bancaire est attendu.

Les banques ont aussi soutenu leurs réseaux d'agences à travers le pays. L'élargissement du réseau des agences bancaires renvoie une nette évolution de l'activité du secteur bancaire, et reflète l'orientation plus prononcée des banques vers la banque de détail nécessitant une proximité des agences bancaires par rapport à la localisation géographique de la clientèle.

6. Le rendement sur actif (RA) : approché par le ratio du revenu total au total actif. Ce ratio caractérise la performance financière de la banque. Son impact est attendu positif (c'est-à-dire négatif sur l'inefficience) dans la mesure où plus la banque cherche à améliorer sa rentabilité, plus elle a tendance à baisser ses coûts et donc, à améliorer son efficience.

7. Le ratio des fonds propres au total des crédits (FC) : son orientation dépendra de son aversion au risque.

Ainsi, l'espérance du terme aléatoire (U_i / ε_i) relatif à la mesure de l'inefficience est définie par :

$$m_{it} = \delta_1 TI_{it} + \delta_2 DA_{it} + \delta_3 TD_{it} + \delta_4 TC_{it} + \delta_5 NA_{it} + \delta_6 RA_{it} + \delta_7 FC_{it} \quad (6)$$

Pour chaque banque i = 1,…., n.

Et ∀ l'année t = 1,…, T.

2.2.2. Résultats et analyse

Dans ce paragraphe, nous présentons les résultats obtenus de l'estimation des scores d'efficience allocative suivant la méthodologie SFA, et une analyse de ces résultats est ensuite effectuée.

2.2.2.1. Principaux résultats

Les paramètres estimés de la fonction de coût frontière et de l'espérance de l'inefficience sont indiqués dans le tableau (1.2) ci-dessous. Les cœfficients et les scores d'efficacité de chaque établissement bancaire sont estimés par le maximum de vraisemblance en utilisant le logiciel « Frontier 4.1» (Coelli, 1996). Ce programme fournit les estimations de maximum de vraisemblance des paramètres des équations (5) et (6), et évalue le score d'efficience de chaque banque de notre échantillon.

Ce programme utilise la paramétrisation suivante de la fonction de vraisemblance :

$\sigma^2 = \sigma_u^2 + \sigma_v^2$ Et $\gamma = \dfrac{\sigma_u^2}{(\sigma_v^2 + \sigma_u^2)}$

Donc, le paramètre γ doit prendre ses valeurs dans l'intervalle 0 et 1. Si l'hypothèse γ =0 ne peut être rejetée, alors $\sigma_u^2 = 0$ et le terme d'erreur U_{it} relatif à la mesure de l'inefficience dégénère, et les paramètres du modèle peuvent être estimés de façon efficace par la méthode des moindres carrés ordinaires (MCO).

Le tableau suivant présente les résultats de l'estimation de notre modèle SFA :

Tableau 1.2. Résultats des estimations des scores d'efficacité allocative

	Variables	Coefficients	Standard-error (Ecart-type)	t-ratio (Ratio-Student)
Paramètres de la fonction Coût	Constante β_0	-0,345	0,153	-2,254*
	$Ln\,(Y_1)\,\beta_1$	0,722	0,283	2,548*
	$Ln\,(Y_2)\,\beta_2$	0,258	0,302	0,283
	$Ln\,(Y_3)\,\beta_3$	0,705	0,159	4,434*
	$Ln\,(P_1/P_3)\,\alpha_1$	0,165	0,120	3,370*
	$Ln\,(P_2/P_3)\,\alpha_2$	0,483	0,109	4,40*
	$Ln\,(Y_1)^2\,\beta_{11}$	0,167	0,242	6,88*
	$Ln\,(Y_2)^2\,\beta_{22}$	0,177	0,177	1,001
	$Ln\,(Y_3)^2\,\beta_{33}$	0,169	0,108	2,58*
	$Ln\,(P_1/P_3)^2\,\alpha_{11}$	0,318	0,124	2,55*
	$Ln\,(P_2/P_3)^2\,\alpha_{22}$	0,645	0,118	5,43*
	$Ln\,(P_3)^2\,\alpha_{33}$	0,369	0,565	6,54*
	$Ln\,(P_1/P_3)\,Ln\,(Y_1)\,\lambda_{11}$	0,313	0,108	2,87*
	$Ln\,(P_1/P_3)\,Ln\,(Y_2)\,\lambda_{12}$	0,633	0,417	1,51
	$Ln\,(P_1/P_3)\,Ln\,(Y_3)\,\lambda_{13}$	-0,571	0,281	-2,03*
	$Ln\,(P_2/P_3)\,Ln\,(Y_1)\,\lambda_{21}$	-0,478	0,116	4,12*
	$Ln\,(P_2/P_3)\,Ln\,(Y_2)\,\lambda_{22}$	-0,146	0,183	-7,94*
	$Ln\,(P_2/P_3)\,Ln\,(Y_3)\,\lambda_{23}$	-0,363	0,199	-1,81**
	$Ln\,(Y_1)\,Ln\,(Y_2)\,\beta_{12}$	0,233	0,906	2,57*
	$Ln\,(Y_1)\,Ln\,(Y_3)\,\beta_{13}$	0,681	0,146	4,64*
	$Ln\,(Y_2)\,Ln\,(Y_3)\,\beta_{23}$	-0,585	0,202	-2,89*
	Ln (FP)	-0,635	0,181	-3,50*
Explication du niveau de l'inefficience	TI (δ_1)	0,241	0,134	1,79**
	DA (δ_2)	-0,834	0,452	-1,84**
	TD (δ_3)	-0,886	0,309	-2,86*
	TC (δ_4)	-0,848	0,132	-6,42*
	NA (δ_5)	-0,159	0,180	-8,84*
	RA (δ_6)	-0,322	0,162	-1,98*
	FC (δ_7)	0,149	0,155	9,64*
	(sigma - $\sigma^2 = \sigma_u^2 + \sigma_v^2$ squaned	0,230	0,100	2,30*
	$\gamma = \frac{\sigma_u^2}{\sigma_u^2 + \sigma_v^2}$ (gamma)	0,999	0,219	4,55*
Log de la fonction de vraisemblance = -32,43 (Log Likelihood function)				
LR Test = 40				

(**) Coefficient significatif au seuil de 10%.
(*) Coefficient significatif au seuil de 5%.
Source : calculs de l'auteur.

2.2.2.2. Analyse et interprétation des résultats

Les principaux résultats qui se dégagent à la lecture de ce tableau concernant la fonction de coût frontière sont les suivants :

- Le test du ratio du maximum de vraisemblance permet de vérifier si un modèle est globalement explicatif. Lorsque la valeur empirique du ratio en question (LR) est supérieure à la valeur théorique du khi-deux au seuil de 5%, nous concluons que l'ajustement considéré est globalement explicatif. Dans notre cas, le modèle est globalement explicatif, la valeur théorique de khi-deux à 21 degrés de liberté (nombre des variables exogènes) est égale à 32,67, étant inférieure au ratio empirique respectif (40).
- Le paramètre γ est significativement différent de 0. Ce résultat rejette l'hypothèse que la variance de l'efficience σ_u^2 soit nulle. Donc, le terme U_{it} ne peut être écarté de la régression et l'estimation des paramètres par la méthode des moindres carrés ordinaires est inadéquate. Or, ce résultat justifie aussi la décomposition du terme d'erreur et la présence des termes aléatoires d'efficacité.
- On peut prendre quelques estimateurs à interpréter tels que β_1 et β_3 qui sont positifs et statistiquement significatifs. En effet, les outputs (créances sur les établissements bancaires et financières, et les dépôts et avoirs des établissements bancaires) influencent positivement le coût total.
- Par contre, β_2 est statistiquement non significatif, c'est-à-dire l'output (autres actifs + portefeuilles titre commercial et titre d'investissement) ne sont pas significatifs, leurs influences sur le coût total seront considérées comme non significatives.
- Les autres paramètres (comme α_1 , α_2 , α_3 , α_4 et α_5) représentent les prix des inputs. Tous ces cœfficients sont positifs et statistiquement significatifs. En effet, les prix du capital physique, du capital financier et du travail agissent positivement sur les coûts bancaires.

Concernant les déterminants de l'inefficience (ou efficience), on a :

- Le taux d'intermédiation qui agit positivement sur l'inefficience technique des banques. En effet, la banque ayant un certain taux d'intermédiation, a certes la possibilité de bénéficier des économies d'échelle et de réduire ainsi ses coûts. Donc, un volume trop important de crédits pourrait entraîner une augmentation du recours à des ressources financières plus coûteuses.

- Néanmoins, le choix de l'output bancaire semble avoir joué un rôle important dans la détermination du degré d'efficacité bancaire. On constate que δ_2 est négatif et statistiquement significatif, la structure des dépôts a un effet négatif sur l'inefficience bancaire (donc un effet positif sur l'efficience bancaire).

En effet, plus la part des dépôts à vue augmenter, plus la banque a la possibilité d'exploiter sa fonction d'intermédiation.

- On remarque que le coefficient du ratio rendement par actif δ_6 (RA) est négatif et statistiquement significatif. Donc, le ratio rendement par actif affecte négativement l'inefficience des banques (c'est-à-dire positivement l'efficience bancaire).

En effet, plus la banque cherche à améliorer sa rentabilité, plus elle a tendance à diminuer ses coûts et donc, à améliorer son efficience. Cet indicateur d'efficacité et de son lien avec l'évolution de la rentabilité bancaire est important.

Cependant les écarts de coût, reflétant une divergence réelle d'efficacité entre firmes, peuvent se traduire par des différences de profit. Berger (1993), Mester (1993), Allen et Rai (1996) et Mester (1996) ont étudié cette relation entre le degré d'efficacité et différentes variables caractérisant la performance financière, tels que les rendements des capitaux propres et ceux des actifs totaux. Guarda et Rouabah (1999) trouvent que le coefficient de ce rapport est significativement positif pour les grandes banques luxembourgeoises, ce qui traduit le lien existant entre profitabilité et efficacité. Dans notre cas, le résultat négatif peut s'expliquer par le fait que les taux de rentabilité les plus élevés sont enregistrés par les banques les plus efficaces.

- Parmi les variables relatives à la réglementation, on retient le poids des fonds propres par rapport au total des crédits, (FC), variable traduisant l'état des contraintes réglementaires en matière de capital. Si le ratio des fonds propres par rapport au total des crédits (FC) est important, alors ceci indiquerait une capacité plus grande d'absorption des pertes.

Or, la valeur prise par le coefficient de ce rapport δ_7 est significativement positive, donc a un impact négatif sur l'efficience des établissements bancaires. Ce résultat peut s'expliquer par l'obligation à maintenir un certain rapport entre le montant des fonds propres et les risques inhérents aux opérations engagées. Comme nous l'avions précédemment évoqué, conformément aux nouvelles pratiques institutionnelles, ce ratio doit être maintenu à 8%. La corrélation négative entre ce rapport et l'efficacité des banques semble indiquer qu'elles sont trop engagées dans des activités à risque (un ratio de fonds propres plus élevé indiquerait une capacité plus grande d'absorption des pertes), et une corrélation positive révèlerait qu'elles sont trop averses au risque.

Toutefois, ce résultat reste sans doute le moins facilement interprétable dans la mesure où ce ratio offre une lecture partielle du degré d'aversion au risque d'une banque. En effet, différents pays, ont favorisé la "titrisation" (La pratique de cette technique par les grandes banques leur permet de céder leurs créances en les transformant en titres négociables par le biais des fonds communs de créances) et donc, d'améliorer leur ratio de couverture en diminuant leurs risques), afin d'atténuer les contraintes du ratio de solvabilité.

- Les variables retenues pour examiner les liens entre l'inefficience et la politique commerciale et managériale des banques sont le taux de croissance des crédits (TC) et le taux de croissance des dépôts (TD). Il est attendu un effet positif de ces variables sur l'efficience.

En effet, les taux de croissance des dépôts et des crédits ont un effet négatif (δ_3 et $\delta_4 < 0$) sur l'efficience bancaire (donc un impact positif sur l'efficience). Cette source d'efficacité semble être liée à la présence d'économies d'échelle dans la collecte des dépôts.

Ce résultat est conforme à celui d'Allen et Rai (1996) pour qui, les banques les plus agressives (qui s'engagent davantage dans l'activité de prêts) ont tendance à être mieux gérées.

- Pour δ_5 qui a un signe négatif mais statistiquement significatif, alors le nombre des agences agit négativement sur l'inefficience bancaire et donc positivement sur l'efficience (l'accroissement du nombre d'agences a un impact positif sur l'efficacité des établissements bancaires). En effet, l'élargissement du réseau des agences bancaires reflète une nette évolution de l'activité du secteur bancaire, et reflète une orientation plus prononcée des banques vers la banque de détail, nécessitant une proximité des agences bancaires par rapport à la localisation géographique de la clientèle.

Les scores d'efficience bancaires

Les valeurs estimées pour les paramètres de la fonction de coût permettent de calculer la distance de chaque observation par rapport à la frontière efficace. Ce score d'efficience est compris entre 0 (inefficience totale) et 1 (efficience parfaite des unités formant la frontière). Par exemple, un score égal à 0,835 signifie que cette unité peut être considérée efficiente à

83,5% par rapport aux « meilleures » de son groupe, ce qui veut dire qu'elle pourrait accroître ses performances productives de 16,5%.

Le tableau (1.3) ci-dessous présente les scores moyens d'efficacité allocative des banques de la CEMAC par pays sur l'ensemble de la période (1993-2011).

Tableau 1.3. Degrés d'efficacité des Banques de la CEMAC (Période : 1993-2011)

Moyenne Pays	*Moyenne*	*Minimum*	*Maximum*
CMR	0.835	0.675	0.996
COG	0.665	0.395	0.935
GBN	0.920	0.880	0.960
GE	0.725	0.663	0.787
RCA	0.405	0.120	0.690
TCD	0.637	0.340	0.934
CEMAC	0.642	0.486	0.797

Source : calculs de l'auteur.

Les résultats obtenus sur des données en panel suggèrent que les banques de notre échantillon, qu'elles soient de petites ou de grandes tailles, annoncent des degrés d'efficacité relativement différents.

Sur la période étudiée, les banques qui ont obtenu les meilleurs scores d'efficience sont les banques gabonaises avec un score moyen d'efficacité allocative de 92% sur la période. De tels résultats impliquent qu'avec les mêmes ressources utilisées, ces banques sont en mesure d'augmenter leur efficacité de 8%.

Notons cependant que nous ne pouvons établir une relation causale entre taille et efficacité dans notre cas, bien que certains petits établissements bancaires paraissent moins efficaces que ceux de grande taille (pour Guarda et Rouabah (1999)). Le statut privé est un facteur non négligeable dans l'explication de l'efficacité des banques.

Quant à l'observation de la dispersion du degré d'efficacité par banque, celle-ci est riche d'enseignements sur la compétitivité des établissements bancaires en matière de coûts. Elle met en évidence l'importance de la relation entre la performance et la maîtrise des coûts, qu'elle soit liée à la taille, à la combinaison des inputs ou aux choix des firmes dans la diversification de leurs activités.

CONCLUSION DU CHAPITRE

Le concept d'efficience est un concept assez large qui désigne l'habilité à transformer des inputs en outputs selon une stratégie donnée. L'efficience permet d'apprécier les performances, ainsi que le potentiel de développement d'une entité et de la situer par rapport à ses concurrentes. L'objectif de ce chapitre était de présenter le cadre théorique de l'efficience bancaire. L'approche conceptuelle et les fondements théoriques de l'efficacité productive ont été présentés à la première section, tandis que la deuxième section a montré une évaluation empirique de l'efficience allocative des banques de la CEMAC. Les résultats obtenus suggèrent que les banques de notre échantillon, qu'elles soient de petites ou de grandes tailles, annoncent des degrés d'efficacité relativement différents. Les différences des niveaux d'efficience entre les banques publiques et privées, restent relativement importantes. Ainsi, les résultats montrent que les banques les plus efficientes en moyenne sont les banques privées.

Quant à l'observation de la dispersion des scores d'efficacité allocative par banque, celle-ci est riche d'enseignements sur la compétitivité des établissements bancaires en matière de coûts. Elle met en évidence l'importance de la relation entre la performance et la maîtrise des coûts, qu'elle soit liée à la taille, à la combinaison des inputs ou aux choix des firmes dans la diversification de leurs activités. Ce travail appelle à une validation des résultats obtenus ci-dessus. Cette validation va constituer le socle du prochain chapitre, qui va mesurer l'efficacité technique des banques de la CEMAC sur la période.

CHAPITRE 2

L'efficience technique des banques de la CEMAC

INTRODUCTION

Le système bancaire faisant partie intégrante du secteur financier, a un rôle important à jouer dans le processus de développement économique. Les institutions financières sont à cet effet les principaux canaux d'intermédiation entre l'épargne et l'investissement dans un pays. Bien efficaces, les intermédiaires financiers permettent la mobilisation de l'épargne de diverses sources, et de l'allouer à des activités plus productives, ce qui profite non seulement aux investisseurs, aux bénéficiaires des investissements, mais aussi à toute l'économie (Gulde et al, 2006). En effet, un système bancaire qui joue efficacement son rôle de canal de transmission des ressources financières des agents économiques présentant une capacité de financement, à ceux qui ont un besoin de financement, est un mécanisme puissant pour la croissance économique (Levine, 1997). En Afrique subsaharienne, les banques sont les principaux intermédiaires financiers. Par conséquent, les politiques de restructuration ont été menées afin d'améliorer leur efficacité.

Ces dernières années, l'efficacité des banques a soulevé beaucoup d'intérêt dans le monde et plus particulièrement en Afrique. La mesure de l'efficacité détermine la façon dont les banques offrent une combinaison optimale de services financiers avec un ensemble d'inputs. D'une part, on interroge la capacité de la banque à produire de manière efficace et techniquement, les services financiers pour les agents économiques. D'autre part, il s'agit de ne pas perdre de vue que les banques en tant qu'entreprises financières, recherchent avant tout la rentabilité et par conséquent, elles aspirent à réaliser le profit maximum. En raison de restrictions réglementaires (réserves obligatoires, les exigences de fonds propres, etc.), leur gestion a un contrôle important (Worthington, 1998).

Ainsi, ce chapitre a pour objectif d'évaluer l'efficacité technique des banques de la zone CEMAC, et ainsi d'identifier les mesures appropriées pour réduire les inefficiences potentielles, de sorte que les banques soient en mesure de jouer pleinement leur rôle d'intermédiaire financier dans la zone CEMAC. Pour atteindre cet objectif, la première section commence par présenter l'environnement économique et financier de l'activité bancaire en zone CEMAC, ainsi que les principales caractéristiques de ce système bancaire. La deuxième section quant à elle, expose la méthodologie utilisée pour évaluer l'efficacité technique des banques de la CEMAC, puis présente et analyse les résultats de nos estimations.

SECTION I. ENVIRONNEMENT ET CARACTERISTIQUES DU SYSTEME BANCAIRE DE LA CEMAC

Les économies de la CEMAC, à l'instar de bien d'autres économies en développement, dépendent des marchés des pays industrialisés et émergents pour les exportations de leurs produits primaires et les importations de biens durables et de consommation. Elles dépendent également du reste du monde à travers un certain nombre de mécanismes, directs ou indirects. Les mécanismes directs sont le transfert de technologies et le financement de leur développement à travers les flux d'aide publique au développement (APD), d'investissements directs étrangers (IDE) et de transferts de fonds des migrants. Même si certaines indications portent à croire qu'il existe des effets limite, une intégration réelle et financière de l'Afrique centrale dans l'économie mondiale conjuguée à de bonnes politiques macro-économiques et à une bonne gestion des affaires intérieures, est propice à la croissance économique. Cette section revient sur l'environnement macroéconomique dans lequel évoluent les banques de la CEMAC.

1.1. Le cadre macroéconomique des banques de la CEMAC

Cette sous-section se penche sur les récents développements de l'économie internationale, et met en exergue l'impact de ces développements sur la situation socio-économique de la sous-région.

1.1.1. L'environnement économique international

Après une reprise fragile et inégale de l'économie mondiale en 2010, l'activité économique dans plusieurs pays industriels d'Europe et d'Amérique a ralenti en 2011. En effet, l'économie internationale a été secouée par une série des chocs. Aux États-Unis, les efforts de remplacement de la demande publique par la demande privée ont eu peu de réussite. C'est ainsi que le Japon a été frappé par le tremblement de terre et le tsunami qui ont dévasté l'est du pays, et l'agitation a enflé dans certains pays producteurs de pétrole. Quant à la zone euro, elle a été prise dans une grave tourmente financière. Ainsi, la croissance économique mondiale a ralenti en 2011 pour se situer à 3,9 % (FMI, 2012). Il est probable que cette tendance à la baisse se poursuive, étant donné que les faiblesses dans les grands pays développés freinent la reprise mondiale, et risquent de menacer la stabilité économique mondiale dans les années à venir. L'ampleur sans précédent des mesures politiques prises par les gouvernements, juste après l'éclatement de la crise, ont sans aucun doute contribué à apaiser les marchés financiers et à relancer la reprise. Cependant, la réponse politique s'est affaiblie vers la fin de 2011, et devrait être beaucoup moins favorable à court terme également, d'autant que l'aggravation des déficits budgétaires et la hausse de la dette publique ont sapé le soutien à d'autres mesures de relance budgétaire. De nombreux gouvernements, en particulier ceux des pays européens, se sont déjà orientés vers l'austérité fiscale. Cela affectera négativement la croissance économique mondiale en 2012. En effet, ladite croissance pourrait s'établir à 3,5 % (FMI, 2012).

La zone euro a été prise dans une grave tourmente financière en 2008, qui a entrainé une forte baisse des performances économiques mondiales. Cette tendance à la baisse s'est poursuivie, étant donné que les faibles performances économiques dans les grands pays développés qui ont freiné la reprise mondiale. L'ampleur sans précédent des mesures de politiques économiques prises par les gouvernements justes après l'éclatement de la crise, a sans aucun doute contribué à apaiser les marchés financiers et à relancer la reprise. Cependant, la réponse politique s'est affaiblie vers la fin de 2011 et devrait être beaucoup moins favorable à court terme également, d'autant que l'aggravation des déficits budgétaires et la hausse de la dette publique ont sapé le soutien à d'autres mesures de relance budgétaire. De nombreux gouvernements, en particulier ceux des pays européens, se sont déjà orientés vers l'austérité fiscale. Cela a affecté négativement la croissance économique mondiale en 2012. En conséquence, l'activité économique mondiale pourrait ralentir à 3,5 % (FMI, 2012). Ce ralentissement découlerait, pour l'essentiel, de la baisse de la demande des économies américaine et de la zone euro. La croissance des échanges mondiaux a reculé de 10,5 % à 6,5 % entre 2010 et 2011, essentiellement en raison de la baisse des importations des États-Unis. Cette tendance se maintiendrait en 2012 (Banque mondiale, 2011). Les importations américaines, qui représentent près de 15% des échanges mondiaux, accusent un recul continu depuis 2008.

En Afrique subsaharienne, la plupart des économies se sont affichées en 2011 sur une trajectoire de croissance ascendante et régulière, bénéficiant d'une demande intérieure robuste et des cours élevés de matières premières. La croissance régionale s'est établie à 4,7 %. Cependant, depuis mi-2011, l'affaiblissement de la reprise économique mondiale semble avoir affecté la progression de la production et des exportations de biens, en particulier pour les pays davantage intégrés au niveau international, et dont les économies sont fortement liées au commerce mondial. Par ailleurs, la hausse des prix des produits alimentaires et de l'énergie, concomitante à l'augmentation des cours de matières premières, a renforcé les pressions inflationnistes dans la plupart des économies africaines durant 2011. Dans l'ensemble, l'expansion économique sur le continent africain est susceptible de faire face à un environnement international moins bien orienté en 2012, en particulier avec l'accentuation du ralentissement économique mondial et l'enlisement de la situation en zone euro. Toutefois, avec l'expansion de l'économie mondiale qui s'est poursuivie au rythme d'environ 4% en 2012, la croissance économique de l'Afrique subsaharienne est restée assez vigoureuse en 2012, et a atteint près de 5%. En ce qui concerne l'espace CEMAC, la morosité de l'environnement économique en Europe et aux États-Unis s'est traduite par une baisse des investissements dans les pays d'Afrique centrale et un recul des exportations, à mesure que la demande d'exportations des pays à revenu élevé, diminuia. Les transferts financiers de la diaspora dont dépendent beaucoup de familles, ont également chuté. Il en est de même des réserves en devises, de l'aide publique au développement et des investissements directs étrangers, dont les pays de l'Afrique centrale ont encore tant besoin pour financer leur développement et lutter efficacement contre la pauvreté. En effet, l'évolution de la croissance dans les principaux pays ou zones économiques, accuse une tendance à la baisse, tel qu'il ressort du graphique 2.1 ci-dessous.

Graphique 2.1. Croissance du PIB de la CEMAC en comparaison avec certains pays/régions du monde de 1980 à 2010.

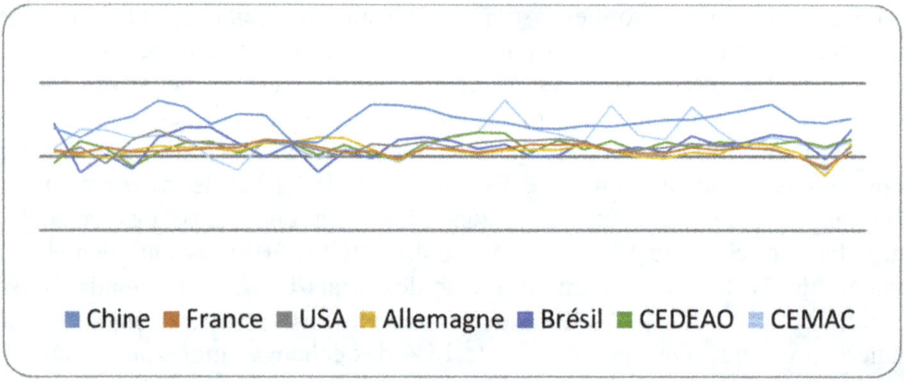

Source : construit par l'auteur.

Les principaux risques pour la croissance mondiale tiennent à deux contextes. La crise de la zone euro échappe au contrôle des gouvernants, malgré les engagements pris au sommet européen de juillet 2011. La Banque centrale européenne (BCE) devrait continuer à intervenir avec fermeté pour maintenir l'ordre sur les marchés de la dette souveraine. Les dirigeants devraient également tenir leurs engagements de faire tout ce qui s'impose pour préserver la confiance dans les politiques nationales et dans l'euro. Par ailleurs, compte tenu de la diminution des pressions inflationnistes et de la montée des tensions financières et souveraines, la BCE devrait abaisser son taux directeur si les risques de dégradation de la croissance et de l'inflation persistent. Le second contexte est que l'activité aux États-Unis continue de subir le contrecoup de nouveaux développements. L'assainissement des finances publiques est bloqué par des divergences politiques entre l'exécutif et le législatif, les mauvaises nouvelles du marché du logement, étant donné la persistance d'une offre très excédentaire et la diminution des prix, alors que les cours boursiers subissent une forte baisse. Par ailleurs, il y a un risque grave que de nouvelles coupes budgétaires affaiblissent encore les perspectives, sans que les réformes à long terme nécessaires pour ramener la dette à un niveau plus viable, soient mises en place. Pour les pays émergents, les perspectives sont en deçà des performances passées, bien que l'on s'attende à une croissance relativement robuste, surtout dans les pays qui peuvent résister aux effets sur la production de l'affaiblissement de la demande extérieure avec une politique économique moins expansionniste.

Les États-Unis se remettent depuis 2010, de la plus longue et plus profonde récession depuis la Seconde Guerre mondiale, mais ont néanmoins connu la reprise la plus faible de leur histoire. La croissance américaine qui se situait à 3% en 2010, a ralenti à 1,7 % en 2011. Les projections pour 2012 se situent autour de 1,8 % (FMI, 2012). Malgré cette croissance positive, une reprise complète de l'emploi prendra au moins quatre années supplémentaires (Banque mondiale, 2011). Les États-Unis, principale économie du monde et épicentre des problèmes financiers de 2008 et 2009, méritent de retenir une attention particulière dans le contexte international actuel. Bien que l'économie américaine soit fragile depuis environ quatre ans et malgré la reprise timide de 2010 suivie d'un affaissement en 2011, le principal obstacle reste la baisse sensible du secteur de l'immobilier. Cette morosité globale de l'économie affecte la création d'emplois. Entre 2008 et 2009, les pertes d'emplois concernaient essentiellement le bâtiment et le secteur manu- facturier, mais elles s'étendent, à présent, à la quasi-totalité des secteurs, y compris les services. Le chômage a augmenté pour s'établir à 9,6 % en 2010 et 9,0 % en 2011. On s'attend à ce que ce taux du chômage se maintienne à plus de 8% en 2012. Après avoir baissé pour atteindre un taux annuel de 1,6 % en 2010, l'inflation américaine a de nouveau progressé en 2011 pour se situer à 3,1 %. Toutefois, sur la base du ralentissement de l'activité économique, en l'absence d'autres augmentations des cours des produits de base, l'inflation de base a reflué à 2,1 % en 2012. Comme on peut le voir sur le graphique 2.2 ci-dessous.

Graphique 2.2. Taux d'inflation dans la CEMAC et dans certaines régions du monde de 1980 à 2010

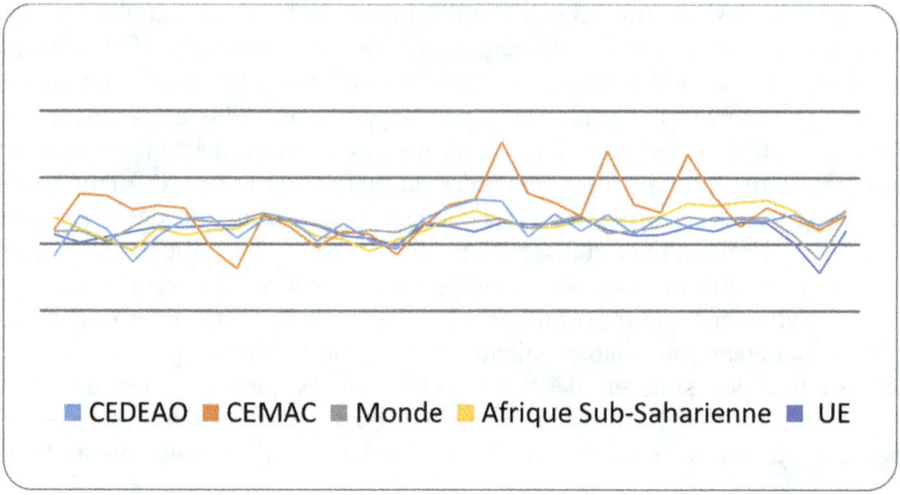

Source : construit par l'auteur.

Dans les pays émergents d'Asie, la croissance a quelque peu ralenti en 2011. Cette tendance a persisté en 2012. En Chine, qui est actuellement la deuxième économie mondiale, la croissance a ralenti entre 2010 et 2011, passant de 10,4 % à 9,2 %. La même trajectoire était observée en Inde avec une croissance de 7,2 % en 2011 contre 10,6 % en 2010 (FMI, 2012). Néanmoins, le potentiel de croissance asiatique demeure important d'ici 2012 avec des taux de croissance de 8,2 % et de 6,9 % respectivement pour la Chine et l'Inde (FMI, 2012). Sous l'impulsion de la Chine, la région est bien partie pour afficher une croissance encore robuste, et resterait la zone la plus dynamique au monde. Toutefois, le ralentissement de la croissance économique dans de nombreuses régions du monde, en particulier en Amérique du Nord et en Europe, pourrait réduire le fort taux de croissance des exportations qui constituent le moteur de l'économie chinoise.

Concernant les produits de base, les cours du pétrole et de l'énergie ont augmenté au cours de 2011, du fait d'une demande accrue et de craintes à propos de perturbations de l'offre. Les cours du pétrole ont grimpé de 175% par rapport à ce qu'ils étaient en 2000. Le prix au comptant d'un baril de pétrole brut a atteint 110 dollars en avril 2011, contre une moyenne de 34 dollars le baril ces trente dernières années. La volatilité considérable des cours des matières premières et la perspective que ceux des produits alimentaires et des produits pétroliers puissent rester élevés pendant une période prolongée, sont un enjeu de taille pour les autorités monétaires. Il est à craindre que les augmentations récentes de l'inflation alimentaire et énergétique puissent s'avérer persistantes, ce qui créerait des anticipations de hausse de l'inflation qui pourraient se répercuter sous forme de revendications salariales et d'inflation sous-jacente plus élevées. Il est aussi préoccupant de penser qu'en tentant de stabiliser l'inflation dans une atmosphère de forte volatilité, on encourt d'importants coûts économiques. Ces inquiétudes se font surtout ressentir dans les pays où la part de l'alimentation dans le panier de consommation est élevée, et où les effets de ces hausses sont les plus importants.

En Afrique centrale, une stabilité politique raisonnable et une bonne tenue des cours des produits de base constituent les principaux facteurs qui ont sous-tendu les taux de croissance annuels supérieurs à 4%, enregistrés au cours des quatre dernières années dans de nombreux pays de la sous-région. Jusqu'ici, tout semble indiquer que ces principaux facteurs seront maintenus, en espérant que la situation en RDC, au Tchad et en RCA continuera de s'améliorer. De nombreux pays de la sous-région ont en commun certaines caractéristiques, notamment la forte croissance enregistrée ces dernières années, qui est intimement liée à l'envolée des cours mondiaux des produits de base, en particulier ceux du pétrole brut, du cacao et d'autres ressources minérales. Bien que les cours du pétrole brut aient baissé légèrement vers la fin de 2011 par rapport à leurs niveaux record du début de cette même année, ils demeurent élevés. Il s'ensuit que la croissance ne s'effondrerait pas, pour autant que les cours mondiaux des produits de base demeurent raisonnablement stables. Cette hypothèse pourrait se vérifier, étant entendu que la croissance mondiale n'accusera pas un repli trop fort en 2012. Un ralentissement plus sensible se traduirait par de graves difficultés pour un certain nombre de pays d'Afrique centrale, qui sont tributaires des exportations de produits de base.

1.1.2. Les économies de la CEMAC

La croissance des pays de la CEMAC en 2010 s'est finalement établie à 4 %. Cette performance confirme que la reprise au niveau sous- régional semble repartie après la crise économique et financière de 2009. Le regain d'activité au niveau sous-régional est certes perceptible, mais la performance économique de la sous-région est très loin des niveaux enregistrés au milieu des années 2000, période durant laquelle la sous-région enregistrait des taux de croissance record nettement au-dessus de la moyenne de l'Afrique subsaharienne et des autres sous-régions du continent. En effet, la croissance de la CEMAC est, en 2010, inférieure à la moyenne de l'Afrique subsaharienne évaluée à 5,4 % et de certaines sous-régions du continent (graphique 2.3). Cette reprise économique dans la sous-région découle de l'amélioration de l'environnement mondial, dont les signes de relance ont contribué à la montée des cours des matières premières. Pour le groupe des pays pétroliers, la croissance a été de 4,3 %, avec un croît du PIB hors pétrole de 7,1 %, ce qui préfigure une bonne évolution vers la réelle transformation structurelle des économies de la sous- région. Tous les pays à faible revenu ou fragiles ont enregistré de bonnes performances. En 2011, la croissance économique de la sous-région CEMAC a été de 4,9 %, en légère progression par rapport à 2010, mais toujours en dessous de la moyenne de l'Afrique subsaharienne. Cette performance a été tirée par les économies de la Guinée Equatoriale (+ 7,7 %), du Gabon (+6,8 %) et du Congo (+5,6 %) et ce, notamment grâce au secteur pétrolier et non pétrolier.

Graphique 2.3. Croissance économique dans les pays de la zone CEMAC de 1994 à 2013

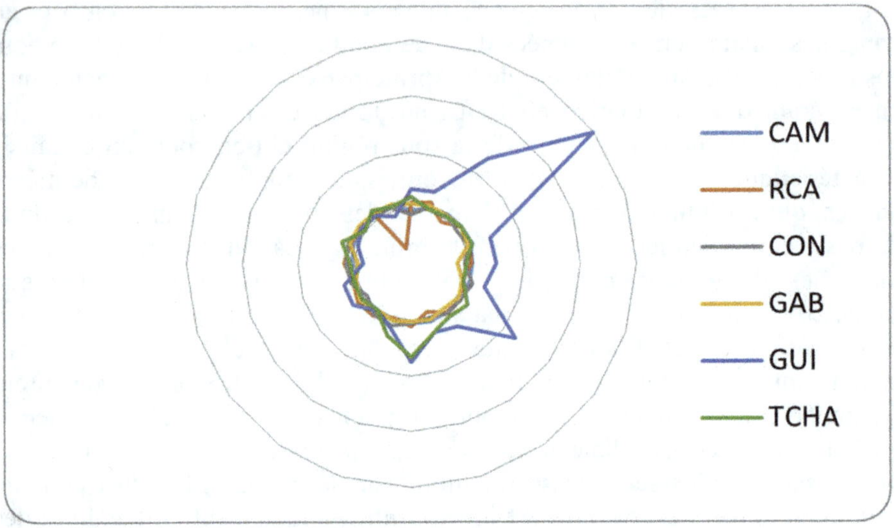

Source : construit par l'auteur.

Hors pétrole, la croissance du groupe des pays producteurs de pétrole a stagné au même niveau que 2010 avec 7,1 %. Cette situation montre bien l'intérêt des autorités à promouvoir ces secteurs, source réelle de transformation et de diversification des économies.

Comme depuis plusieurs années, la performance sous-régionale cache de fortes disparités. Par exemple, la RCA et le Tchad ont eu la croissance la plus faible avec respectivement 3,3 % et 1,6 %. Du côté de l'offre, les trois secteurs, primaire, secondaire et tertiaire ont contribué positivement à la croissance du PIB sous-régional. Au niveau du secteur primaire, la croissance a été soutenue par la branche « agriculture, élevage, chasse et pêche ». Elle a bénéficié de l'évolution favorable des cultures vivrières grâce à l'appui des gouvernements aux agriculteurs, appui destiné à relancer la production agricole afin de créer les conditions de l'autosuffisance alimentaire dans la zone. Cette branche a profité également des conditions climatiques favorables marquées par une bonne répartition pluviométrique dans la plupart des États membres. Ce dynamisme de l'agriculture vivrière est aussi lié à la mise en œuvre des programmes par les autorités nationales pour accroître la production. Ainsi, la poursuite des programmes d'appui au développement des filières agricoles (maïs, riz, banane, etc.) a contribué à l'amélioration des capacités de production nationales. Dans le secteur secondaire, les industries manufacturières ont positivement contribué à la croissance, suite à l'intensification des activités dans les industries de transformation de bois, textiles et agro-industrielles. En effet, l'évolution positive des activités agro-industrielles s'explique par la bonne tenue des industries agroalimentaires tirées principalement par les industries brassicoles dans la plupart des États membres. Les industries manufacturières ont également bénéficié d'une amélioration de l'offre énergétique. L'apport de la branche des « BTP » a été positif grâce à l'accroissement des investissements réalisés dans les infrastructures publiques et privées des États membres. Aussi, l'exécution des travaux en vue de la coupe d'Afrique des nations de football (CAN) 2012 au Gabon et en Guinée équatoriale a-t-elle soutenu la croissance de ce secteur. Enfin, le secteur tertiaire a bénéficié des effets induits des secteurs primaire et secondaire, ainsi que du développement des infrastructures de transport et de télécommunication. Dès lors, la branche des services marchands a-t-elle soutenu la croissance suite à une demande accrue en services rendus aux entreprises, conséquence de la reprise économique dans les États membres. Les services non marchands ont également contribué positivement à la croissance en liaison avec l'augmentation des effectifs dans l'administration publique, notamment en Guinée Equatoriale, au Cameroun, au Gabon et au Tchad. S'agissant de la demande, la croissance a été principalement tirée par la demande intérieure. Cette évolution de la demande intérieure est due au dynamisme de la consommation globale et au renforcement des investissements. En effet, l'amélioration des revenus suite à la bonne tenue des cours des matières premières et à la reprise de l'activité économique dans les États membres, a permis d'augmenter la demande intérieure.

L'inflation en 2010 pour l'ensemble des pays de la CEMAC s'est établie à 1,9 %, poursuivant la décrue amorcée depuis 2007. La poursuite de cette évolution est le résultat de la progression de l'offre et surtout de la maîtrise des dépenses publiques et de la masse monétaire. Le taux d'inflation sous-régional est ainsi inférieur à la moyenne de l'Afrique subsaharienne et de certaines sous-régions du contient (graphique 2.4).

Graphique 2.4. Évolution de l'inflation dans les pays de la zone CEMAC de 1980 à 2012.

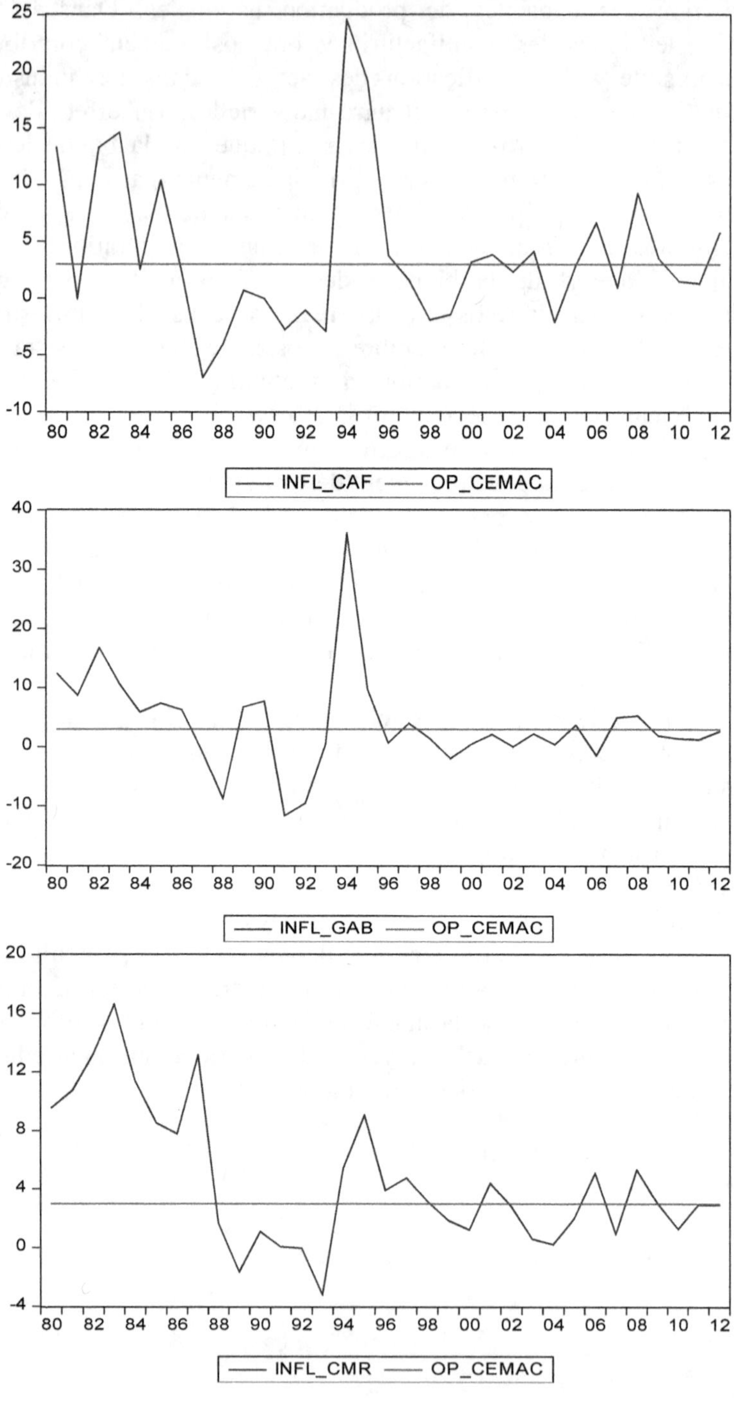

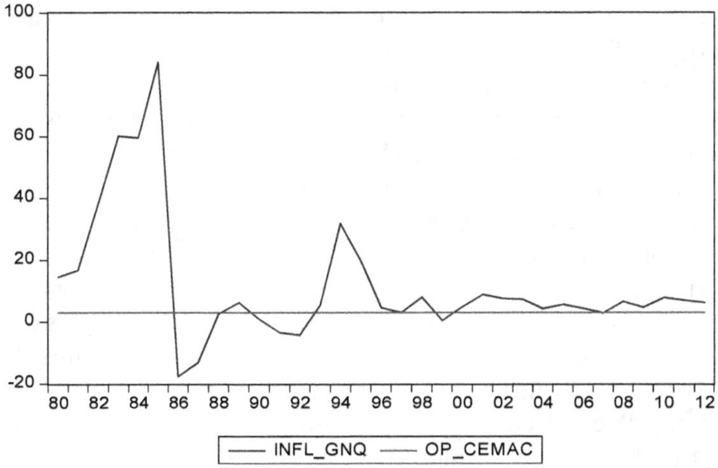

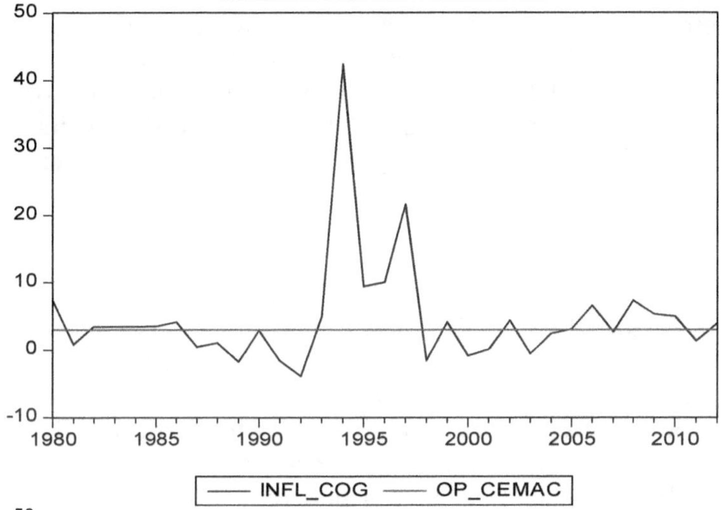

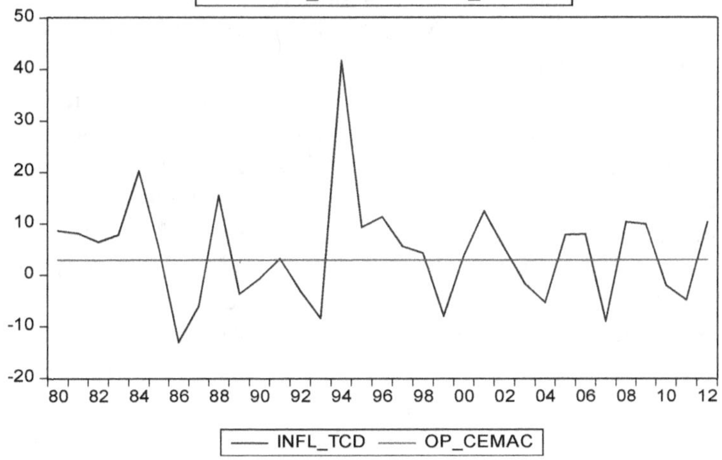

Source : construit par l'auteur.

La lutte contre l'inflation par la maîtrise de la masse monétaire, a été le principal objectif de la politique monétaire dans les pays de la CEMAC pour l'année 2010. C'est ainsi que dans les pays pétroliers, la masse monétaire au sens large (M2) a représenté en 2010, 20,4 % du PIB contre 19,6 % en 2009. Le même profil est généralement observé dans les pays à faible revenu ou fragiles, notamment en RCA où le poids de la masse monétaire par rapport au PIB n'a représenté que 16,6 % en 2009 contre 16,5 % en 2010.

Dans la zone CEMAC qui a en partage une union monétaire commune à six pays, la politique monétaire, définie par les États, est conduite par la Banque des États d'Afrique centrale (BEAC). Les instruments de régulation utilisés par la BEAC sont le taux d'intérêt directeur, la politique de marché libre et les réserves obligatoires. Avec la libéralisation de la politique des taux d'intérêt, l'action de la politique monétaire s'exerce davantage sur le plan quantitatif, à travers la modification du taux de réserves obligatoires. Dans la pratique, en raison de la nature importée de l'inflation, la Banque centrale dispose de peu d'influence sur l'évolution des prix, l'État jouant mieux ce rôle. L'évolution des principaux agrégats de la CEMAC au 31 décembre 2011, a été marquée par un accroissement des avoirs extérieurs nets, des crédits à l'économie et de la masse monétaire. En effet, les avoirs extérieurs nets se sont inscrits en hausse de 18,1 %, pour s'établir à 8280 milliards à fin décembre 2011, résultant de la reprise de l'activité économique mondiale, qui s'est traduite par la hausse des principaux cours des produits d'exportation. Les crédits à l'économie ont progressé de 14,8 % à 3989 milliards au 31 décembre 2011, reflétant la reprise économique dans presque tous les pays de la CEMAC. Les concours bancaires ont bénéficié essentiellement aux secteurs des télécommunications, ainsi que des bâtiments et travaux publics. La position nette créditrice des États de 2201,3milliards en 2010, s'est renforcée à 3053,5 milliards en 2011, en raison de la bonne tenue des cours des matières premières et en particulier le pétrole. En conséquence de l'évolution des agrégats ci- dessus, la masse monétaire de la zone CEMAC a augmenté de 13,6 %, pour se fixer à 8217,9 milliards au 31 décembre 2011 contre 7231,8 milliards une année plus tôt.

En ce qui concerne les finances publiques, on observe une amélioration des soldes budgétaires des pays de la CEMAC en 2010 à la suite de la reprise économique mondiale, qui a eu pour conséquence le relèvement des prix des principaux produits d'exportation de la sous-région. Les soldes hors dons se sont par conséquent établis à 1,0 % du PIB pour les pays de la zone CEMAC. Cette amélioration découle des bonnes performances observées dans les pays pétroliers, notamment le Congo dont le solde budgétaire hors dons est passé de 4,7 % du PIB en 2009, à environ 23% en 2010. C'est du côté des pays à faible revenu et fragiles que persistent des déficits en 2010.

Le niveau d'endettement de la sous-région reste modéré. Il est à l'image de ce qui prévaut en Afrique, où presque tous les pays ont bénéficié des mesures d'annulation grâce aux Initiatives PPTE et IADM. Pour l'ensemble de la CEMAC, l'encours de la dette a représenté 18,7 % du PIB. La part du service de la dette dans les exportations des pays de la CEMAC s'est établie à 9,2 % en 2010, en augmentation par rapport à 2009 avec 5,6 %, Pour l'ensemble du groupe des pays pétroliers, la dette publique n'a représenté que 27,2 % du PIB. Concernant les pays à faible revenu ou fragiles, le poids de la dette publique est égal ou dépasse la moitié de leur PIB. En zone CEMAC en 2010, après l'apurement des arriérés intérieurs et extérieurs de 478,6 milliards, le paiement de l'amortissement de la dette extérieure de 1706,1 milliards et le désengagement vis-à-vis du système non bancaire de 1234,9 milliards, le besoin de financement global de la CEMAC est ressorti à 2836,1 milliards. La mobilisation des ressources extérieures au titre des dons de 1543,6 milliards, des tirages de 581,1 milliards, des allègements de la dette extérieure de 152 milliards et de l'engagement vis-à-vis du système bancaire de 559,3milliards, a permis de couvrir entièrement ce besoin.

La reprise économique mondiale notée en 2010, a relancé les exportations des pays de la CEMAC. Les recettes d'exportations se sont fortement améliorées avec la montée des prix des matières premières. Les exportations de biens et services ont fini par représenter 56,9 % du PIB contre 49,4 % en 2009. Ainsi, les pays de la CEMAC ont vu progresser leurs exportations de 45,5 % du PIB en 2009, à 50,6 % du PIB en 2010.

Du côté des importations, il est observé une baisse pour l'ensemble des pays de la CEMAC, avec un taux reculant de 26,1 % du PIB en 2009, à 25,1 % du PIB en 2010, en raison principalement d'un recul des importations au Cameroun et en Guinée Equatoriale.

Le déficit du compte courant pour la zone CEMAC s'est réduit à – 4,6 % du PIB en 2010 contre – 6,3 % en 2009.

Avec une croissance économique de 4,9 % en 2011 et une croissance démographique annuelle de l'ordre de 2,8 %, les pays de la CEMAC continuent de progresser lentement en matière de réduction de la pauvreté, comparativement aux autres régions en développement du monde. Il existe plusieurs raisons à cette situation. Premièrement, l'Afrique centrale n'a connu une croissance économique relativement forte et soutenue que depuis le début de la décennie 2000, alors que les taux enregistrés au cours de la décennie 1990 n'étaient pas suffisants pour avoir un impact significatif sur la pauvreté. Deuxièmement, les données agrégées de la croissance sous-régionale cachent de fortes disparités entre les pays. Pour beaucoup de pays de la sous-région, le sentier de croissance emprunté est loin de celui édicté par le NEPAD, qui propose un taux annuel de 7% comme minimum requis pour accélérer la réduction de la pauvreté, et créer les conditions de l'atteinte des Objectifs du Millénaire pour le développement. Troisièmement, la croissance en Afrique centrale n'a pas été suffisamment forte dans les secteurs où les pauvres travaillent et là où ils vivent. L'expansion de la valeur ajoutée a été principalement le fait du secteur extractif, un secteur n'entretenant que des liens distendus avec le reste de l'économie, et n'ayant par conséquent que des retombées limitées sur la création d'emplois et la réduction de la pauvreté. En examinant l'indice de développement humain (IDH), qui permet de mesurer le développement non seulement en termes de croissance économique, mais aussi en termes de progrès dans les domaines de la santé et de l'éducation, les pays de la CEMAC font partie de ceux qui occupent le dernier rang du classement mondial. Le tableau 2.1 ci-après nous montre le niveau de l'IDH pour les pays de la CEMAC.

Tableau 2.1. Classement IDH des pays de l'Afrique centrale en 2011

Pays	IDH	RNB/Habitant	Ecart IDH – RNB/Habitant
GABON	106	66	40
GUINEE E.	136	45	91
CONGO	137	131	6
CAMEROUN	150	146	4
RCA	179	181	-2
TCHAD	183	171	12

Source : Rapport sur le développement humain 2011, PNUD.

1.2. Evolution et Configuration du système bancaire de la CEMAC

Avant de présenter la configuration du système bancaire de la CEMAC aujourd'hui, il est important de revenir sur son évolution historique dont dépend largement sa structuration actuelle.

1.2.1. Faits saillants et évolution historique

Afin de mieux comprendre la structure actuelle du système bancaire de la CEMAC, il est intéressant de revisiter son évolution historique qui est marquée par une profonde crise à la fin des années 1980 à laquelle a succédé une série de restructurations.

1.2.1.1. Le système bancaire avant la crise de la fin des années 1980

Avant la crise, l'activité bancaire de la CEMAC a été marquée par deux générations de banques, et a bénéficié d'un encadrement de la part des autorités monétaires.

- La première génération bancaire regroupe les premières banques établies dans la sous-région à l'époque coloniale. Elles étaient des filiales des banques occidentales. Elles dépendaient de leurs maisons mères et étaient rigoureusement gérées. Cependant, celles-ci ne s'impliquaient pas activement au processus de développement des économies de la communauté. Face à cette situation, des politiques volontaristes avaient été mises en place dès les indépendances. Durant les années 70 en effet, la communauté a connu un boom des produits de base. De 1975 à 1987, le taux de croissance moyen annuel des exportations de marchandises atteignait 10,68 % pour les six pays de la CEMAC, avec des pics de 22,9 % au Congo et 18,2 % au Cameroun. Cette croissance vertigineuse des exportations des marchandises a provoqué une euphorie qui s'est traduite par des programmes d'investissements ambitieux avec des projets mal conçus, et des dotations trop généreuses à des entreprises publiques devenues des organismes budgétivores. Au Cameroun et au Tchad par exemple, l'Etat a injecté près de 1550 milliards et 129,76 milliards de FCFA respectivement aux entreprises publiques en difficulté. Ce qui expliquait la volonté de développement des Etats de la CEMAC en cette période. Pour soutenir l'envolée, une importante réforme avait été engagée dès 1973. Celle-ci traduisait le renforcement de la tutelle de l'Etat sur les banques à travers des prises de participation dans le capital social des banques. Quelques banques de développement voient le jour avec notamment l'aide des bailleurs de fonds. On avait alors la Banque Camerounaise de Développement (BCD) créée en 1960, la Banque Gabonaise de Développement (BGD) en 1977 entre autres.

- La deuxième génération bancaire, celle de la deuxième moitié de la décennie 70, pratiquait des taux d'intérêt négatifs et différenciés en faveur de certains secteurs pour aider des politiques industrielles sélectives. Les lignes de crédit ouvertes permettaient aux bailleurs de fonds de financer le secteur privé et des investissements comme le logement social ou les équipements à des taux concessionnels. Mais lorsque les prix des produits de base en dehors du pétrole ont baissé à la fin des années 70 et début des années 80, la majorité des gouvernements n'ont pas voulu réduire leurs programmes d'investissement. Ils ont plutôt continué à emprunter auprès des banques désireuses de recycler l'argent du pétrole. La production pétrolière du Cameroun et du Congo avait en moyenne doublé, atteignant 81,5% de la production sous-régionale pour le Cameroun et 12,2% pour le Congo (Tamba et Tchamambe, 1995). Par ailleurs, les banques ont pratiqué des opérations non-conformes à leur vocation de départ. Ceci étant dû au fait que les dirigeants nommés par les pouvoirs publics, étaient moins qualifiés. Des crédits étaient accordés sous la pression des hommes politiques influents (Mathis, 1992) ou des hauts fonctionnaires (Sandretto et Tiani, 1993). Les prêts étaient signés en blanc, c'est-à-dire sans contrepartie et le plus souvent sans une étude préalable de la rentabilité du projet.

Ainsi, le trait caractéristique majeur du système bancaire des pays de la CEMAC, à la fin des années 1980, a été incontestablement la très forte présence de l'État dans de multiples aspects de son organisation et surtout de son fonctionnement (Avom et Eyeffa Ekomo, 2007).

La manifestation la plus visible de cette présence étatique a été l'importance du secteur bancaire public. En effet, la plupart des législations bancaires nationales faisaient apparaître une obligation aux banques de réserver à l'État, ou à certains de ses organismes publics, une part plus ou moins importante de leur capital. Ainsi, par exemple au Cameroun, l'ordonnance du 30 août 1973, complétée par celle n° 85/002 du 31 août 1985 relative à l'exercice de l'activité bancaire, en son article 5, spécifie clairement que « la structure du capital social des banques doit faire apparaître la présence des intérêts publics qui ne peuvent être inférieurs au tiers des actions souscrites ». Au Congo et en République centrafricaine, cette participation plus importante était portée à 51 % au minimum. Cette obligation faite aux banques d'accorder une place prépondérante à l'État dans leur capital social, va se traduire par sa forte représentation dans le conseil d'administration et un droit de regard sur leur direction. Cette présence a généré deux effets pervers au moins. D'un côté, la présence de l'État dans l'actionnariat des banques a favorisé le développement des conflits d'objectifs et le laxisme dans la gestion, en développant un comportement opportuniste sous forme d'aléa moral du type décrit par Stiglitz et Weiss (1981). Celui-ci, combiné à la myopie au désastre, pour reprendre Guttentag et Herring (1986), s'est matérialisé sous la forme de nombreuses dettes bancaires publiques et privées qui bénéficiaient d'une garantie implicite de l'État et/ou de celle des débiteurs, qui occupaient des postes importants dans les sphères du pouvoir. D'un autre côté, les banques vont interpréter la présence de l'État dans leur capital social, comme une assurance tout risque, en sous-évaluant le défaut de remboursement des débiteurs. L'idée était de dire que l'État ne ferait pas faillite et par conséquent en cas de difficulté, il interviendrait en dernier ressort par l'intermédiaire de la banque centrale pour assurer la stabilité du système financier.

Cette omniprésence de l'Etat s'est également traduite par le fait que le secteur public détenait une part importante de dépôts dans les banques et une proportion croissante des crédits. Les dépôts ont augmenté de 21,3 milliards de FCFA pour la zone en 1975, à 253,1 milliards en 1985 ; même constat sur les créances du secteur public comme le montre le graphique ci-dessous.

Graphique 2.5. Créances de l'Administration centrale dans les banques commerciales (en milliards de FCFA)

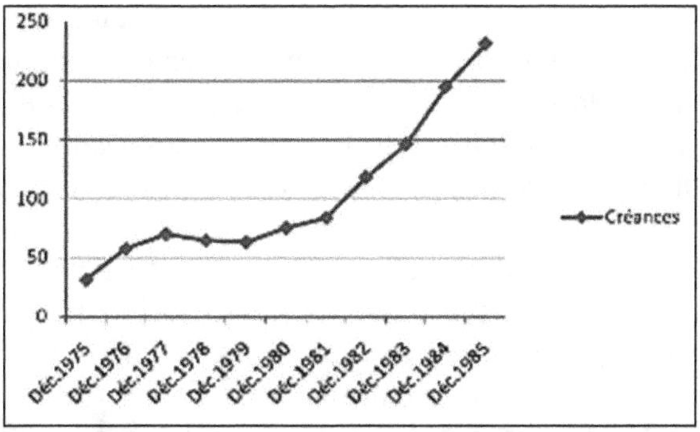

Source : construit par l'auteur à partir des rapports d'activité de la COBAC.

Les créances douteuses du Cameroun par exemple, ont continué à augmenter jusqu'à se chiffrer à 253 milliards de FCFA au 30/06/1988. Ces pratiques ont provoqué un surendettement des Etats et les entreprises publiques financièrement déséquilibrées, ont bénéficié des concours bancaires afin d'assurer leur survie. Dans la même période, on a aussi noté un encadrement défaillant de l'activité bancaire par les autorités monétaires.

Avant la fin des années 1980, la supervision bancaire et la politique monétaire de la BEAC ont encadré l'activité bancaire en zone CEMAC. L'idée d'harmoniser les conditions d'exercice et de contrôle de la profession bancaire existe depuis 1972, lorsque les chefs d'Etat d'Afrique centrale ont décidé de confier à la BEAC des compétences en la matière. Or, la mise en place du système de contrôle sur document était très limitée et la cellule de contrôle des banques créée en 1979, était inefficace à cause de la réticence des Etats à céder à la BEAC un pan de leur souveraineté sur le contrôle bancaire. C'est pourquoi avant 1990, la surveillance incombait conjointement à la BEAC pour la conduite des enquêtes sur place et le contrôle sur pièce, et aux Commissions Nationales de Contrôle des Banques pour la prise de décision. Les différents pays de la sous-région disposaient chacun d'un corps de texte régissant l'activité bancaire. De 1960 à 1990, des lois, des ordonnances et des décrets, souvent d'inspiration française, ont été publiés sur le problème dans ces pays. Ces textes sont demeurés sommaires et souvent divergents quant à la disposition d'ordre prudentiel (Ikori, 2004). Donc, l'efficacité de ce dispositif supposait que les constats dressés par la BEAC, donnent lieu à des sanctions justifiées par la gravité des anomalies et autres infractions relevées.

S'agissant de la politique monétaire de la BEAC, Bekolo Ebe (2001) fait quatre constats ayant caractérisé le fonctionnement de la politique monétaire de cette période. Le premier est ce que l'auteur appelle le statisme de la politique monétaire. Celui-ci a eu pour objectif de développer une économie de production de culture de rente ou d'exploitation minière, et de favoriser les importations des produits manufacturés. Le second fait référence au contrôle de l'activité des banques et des établissements de crédit dont les mécanismes s'avèrent inefficaces, caractérisés par un manque d'indicateurs permettant d'évaluer la santé des banques. Le troisième constat concerne le poids important de l'Etat dans les ressources des banques commerciales dont, la conséquence directe a été de graves tensions de trésorerie et des baisses sévères de la rentabilité enregistrées par ces dernières au fur et à mesure que les tensions de liquidité se faisaient sentir au niveau des finances publiques. Le quatrième constat enfin, est relatif à la structure des créances de l'économie dominée par des activités d'intermédiation et de spéculation au détriment des activités de production.

Au total, avant l'éclatement de la crise bancaire au milieu des années 1980, la présence de l'État est manifeste : les banques spécialisées et les institutions financières non bancaires sont sous la tutelle du ministre en charge des finances et de l'économie, à travers les comités monétaires nationaux qui en assurent en même temps le contrôle (Bekolo Ebe, 1998). Cependant, leur rôle s'est révélé fortement inopérant pour assurer le respect de la réglementation. De plus, les marchés financiers sont demeurés inexistants. Finalement, les banques dans leur majorité vont se révéler, au courant des années 1980, illiquides et insolvables, résultat d'une dégradation rapide de leurs portefeuilles. Des réformes sont devenues dès lors nécessaires et urgentes, pour mettre fin à la dégradation du système bancaire de la zone.

1.2.1.2. Le système bancaire depuis le début de la décennie 1990

La restauration de la solvabilité et de la rentabilité des banques va constituer le principal objectif de la restructuration bancaire. Pour remédier à la crise du système bancaire de la CEMAC, les autorités monétaires vont procéder à deux vagues de restructurations entrant dans l'une des trois catégories suivantes : le traitement des banques en difficultés, les mesures spécifiques à l'ensemble du secteur bancaire et les mesures de politique économique générale (Mathis J., 1992).

La première phase de restructuration qui va de 1989 à 1992, consistait essentiellement à liquider les établissements gravement touchés par la crise et à restaurer la liquidité, la solvabilité, et la rentabilité de ceux restés en activité. Les autorités monétaires ont procédé à la liquidation de l'actif des banques en situation d'insolvabilité profonde, et au financement de celles dont la viabilité à terme paraissait certaine. Certains créanciers des banques, en particulier les petits déposants, se sont vus rembourser par le biais des structures de liquidation (la Société de Recouvrement des Créances dans le cas du Cameroun). L'Etat qui était le principal débiteur des banques en liquidation, s'est engagé à rembourser une partie des dépôts des entreprises publiques, des particuliers, ainsi que le refinancement consenti par la banque centrale à ces banques. Les bilans des banques ont été corrigés, afin de pallier aux erreurs de gestion du passé. La comparaison des bilans avant et après corrections, fait apparaître une accumulation des déficits de gestion correspondant à d'importants besoins de financement. Le tableau ci-dessous donne la répartition des besoins de financement du système bancaire dans son ensemble et par Etat. Le total s'élevait à plus de 540 Milliards de FCFA en 1990.

Malgré ces mesures, le système bancaire de la CEMAC connaîtra de nouvelles secousses qui conduiront les autorités monétaires à entreprendre une deuxième restructuration.

Tableau 2.2. Besoins de financement du système bancaire par Etat en 1990 (en milliards de Fcfa)

Pays	Cameroun	RCA	Tchad	Gabon	Guinée Equatoriale	Congo
Banque à liquider	185,1			1,3		15
Banque à réhabiliter	305,3					
Banque en liquidation		2,5				17
Banque à restructurer		7,6				2,5
Banques inactives			1,8		3,5	
Banques à assainir			4,2			
Total	**490,4**	**10,1**	**6**	**1,3**	**3,5**	**34,5**

Source : construit par l'auteur à partir des rapports de la COBAC.

Tableau 2.3. Structure simplifiée du système bancaire de la CEMAC au terme de la première restructuration

Pays	Nombre de banques en activité	Nombre de banques en situation confortable	Nombre de banques ayant une situation fragile*	Ratio de couverture de risque (<5%) **	Ratio de liquidité (<100%) **
Cameroun	9	2	7	10%	196%
Congo	3	1	2	9%	333%
RCA	3	1	2	10%	258%
Gabon	9	6	3	9%	152%
Tchad	5	2	3	12%	162%
Guinée Eq.	2	1	1	8%	150%

* Insuffisance des fonds propres. ** Minimum COBAC entre 1994 et 2000.
Source : construit par l'auteur à partir des données de la COBAC.

Ainsi, sur les 31 banques en activité, 18 étaient dans une situation moins luisante et même parmi les 13 qui présentaient une situation confortable, seulement 3 respectaient les normes prudentielles (une au Cameroun : la Société Générale, une au Gabon : la Banque Gabonaise et Française Internationale et une au Congo : la Banque Gabonaise et Française Internationale-Congo). En somme, le système bancaire de la CEMAC restait fragile au terme de cette restructuration.

La deuxième phase de restructuration qui débute en 1992, consistait essentiellement en l'adoption de mesures visant la transformation du secteur bancaire, notamment la mise en place de la Commission Bancaire de l'Afrique Centrale (COBAC) pour assurer un meilleur contrôle de la liquidité, de la solvabilité et de la rentabilité des banques. Cette phase a abouti d'une part, à la liquidation de certaines banques qui malgré la dernière restructuration, demeuraient en situation très critique, et d'autre part, à la réhabilitation et à la privatisation des autres.

Plusieurs évolutions ont marqué le cadre institutionnel en matière de réglementation et de contrôle bancaires des établissements de crédit dans la zone CEMAC, après les restructurations bancaires des années 1990 (Avom et Eyeffa Ekomo, 2007).

La première évolution concerne la redéfinition de nouvelles conditions d'exercice de l'activité bancaire. Désormais et plus qu'avant, l'accès au marché bancaire communautaire est soumis à l'obtention d'un agrément préalable. Ces conditions constituent en réalité les barrières à l'entrée de la profession, et visent principalement à protéger les banques (ainsi que leur clientèle) en leur imposant une assise financière suffisante et le respect d'une éthique bancaire appropriée. Ces conditions concernent la redéfinition de nouveaux seuils minima en matière de capital social requis pour la création d'une banque ou d'un établissement de crédit. L'évolution s'est plutôt opérée dans le sens d'une augmentation des seuils par rapport à ceux qui existaient auparavant. Ils diffèrent toutefois selon les pays et sont plus élevés au Cameroun et au Gabon, moins au Tchad et en Guinée Equatoriale. De plus, une étape importante dans le désengagement de l'État a été franchie, avec l'abrogation de l'obligation faite à tous les établissements de crédit et des banques de réserver une part importante de leur capital social à l'État. La deuxième évolution semble être celle qui a marqué la mutation la plus importante, en ce sens qu'elle a consacré le transfert du pouvoir de contrôle des établissements de crédit à une institution communautaire : la Commission bancaire de l'Afrique centrale (COBAC) qui est créée par la convention du 16 Octobre 1990. La COBAC est seule habilitée à accorder les agréments aussi bien pour l'ouverture que pour la fermeture des banques. Elle donne également un avis sur le recrutement des dirigeants, même si formellement, c'est le ministre en charge des finances de chaque pays qui se prononce en dernier ressort. Par ailleurs, elle assure le contrôle et la supervision des banques et établissements de crédit à travers cinq nouveaux ratios prudentiels :

- 1. le ratio de fonds propres nets qui doit être positif ;
- 2. le ratio de solvabilité (minimum 5 %) ;
- 3. le ratio de couverture des immobilisations (minimum 100 %) ;
- 4. le ratio de liquidité (minimum 100 %) ;
- 5. le ratio de transformation à long terme (minimum 50 %).

En plus de ces ratios, la COBAC a mis en place un système automatisé de cotations des établissements de crédit dit « SYSCO ». Il est basé sur une évaluation de la santé individuelle des banques, qui s'appuie sur le calcul des scores et cotes permettant d'apprécier périodiquement la situation de chaque établissement de crédit, par rapport au respect des normes réglementaires et des dispositifs de gestion interne. Les ratios prudentiels et le système « SYSCO » sont destinés à préserver d'une part, la liquidité et la solvabilité des banques et d'autre part, l'équilibre de leurs ressources par rapport aux emplois, ainsi que la qualité des engagements qu'elles peuvent souscrire, de manière à garantir la crédibilité et la stabilité de l'ensemble du système bancaire et financier.

A côté de la COBAC, la Bourse des Valeurs Mobilières d'Afrique Centrale (BVMAC) a vu le jour. Elle vise à faciliter le financement des économies à long terme à travers les actions et obligations : c'est la projection d'une transformation de ressources en emplois longs. Pour assurer son fonctionnement, la Commission de Surveillance du Marché Financier de l'Afrique Centrale (COSUMAF) fut créée. L'objectif final de la politique monétaire est désormais clairement défini et inscrit dans les statuts de la Banque Centrale. Ainsi, la BEAC a pour objectif de garantir la stabilité intérieure et extérieure de la monnaie qu'elle émet.

Il convient toutefois de relever que ces différentes mesures sont d'abord des règles de gestion. Par conséquent, elles n'éliminent pas totalement les risques de défaillance qui sont intrinsèquement liés à l'exercice de l'activité bancaire, et ne protègent pas entièrement les déposants. De plus, dans sa quête d'indépendance vis-à-vis des gouvernements nationaux, la BEAC a également amorcé des mutations institutionnelles importantes. Même s'il paraît prématuré et mal aisé de pouvoir apprécier empiriquement ces mutations, une simple comparaison des statuts de 1972 avec ceux de 1998 permet de constater des avancées remarquables (Avom, 2006). Ces réformes restent en phase avec les évolutions récentes observées dans la plupart des pays industriels qui s'appuient largement sur les résultats des travaux novateurs de Kydland et Prescott (1977), puis de Barro et Gordon (1983). Ces deux derniers auteurs ont particulièrement mis l'accent sur la crédibilité de la politique monétaire comme fondement de l'indépendance de la banque centrale. Efficacement appliquées, ces différentes mutations viendraient sans doute renforcer quelques acquis antérieurs. En effet, le caractère multinational de la banque et ses importantes ressources financières la mettent déjà à l'abri de décisions unilatérales d'un gouvernement et des pressions politiques.

A la fin de la deuxième vague de restructuration bancaire, un constat général se dégage : les banques sont devenues plus liquides, plus solvables et évidemment plus stables. En ce qui concerne par exemple l'évolution des fonds propres, ceux-ci ont connu une nette augmentation dans la sous-région en général comme l'illustre le graphique ci-dessous.

Graphique 2.6. Évolution des fonds propres des banques dans la CEMAC, à la fin de la 2ème vague de restructuration.

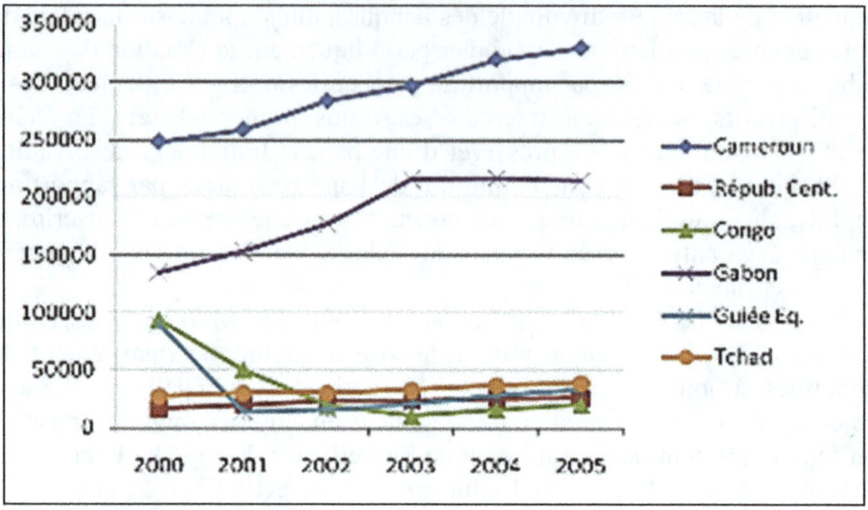

Source : construction par l'auteur à partir des données de la BEAC, 2002.

1.2.2. Configuration du système bancaire de la CEMAC aujourd'hui

Au 30 juin 2011, le système bancaire de la Communauté Economique et Monétaire de l'Afrique Centrale (CEMAC) comptait 44 banques en activité, à savoir 13 au Cameroun, 4 en Centrafrique, 6 au Congo, 9 au Gabon, 4 en Guinée Equatoriale et 8 au Tchad.

Tableau 2.4. Évolution du nombre de banques en activité dans la zone CEMAC.

	2008	*2009*	*2010*	*2011*
Cameroun	13	12	12	13
Centrafrique	4	4	4	4
Congo	6	6	6	6
Gabon	7	7	9	9
Guinée E.	4	4	4	4
Tchad	7	7	8	8
TOTAL	41	43	43	44

Source : COBAC 2011.

Graphique 2.7. Répartition des banques suivant la région ou le pays d'origine du principal actionnaire

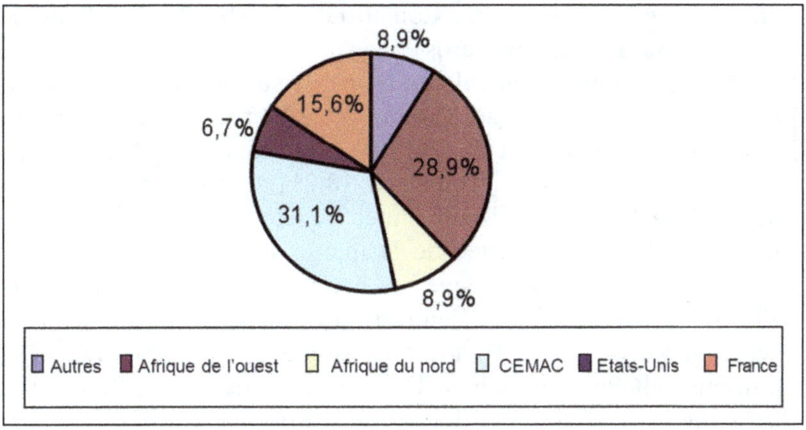

Source : COBAC 2011.

1.2.2.1. L'activité cumulée des banques

Au 30 juin 2011, le total agrégé des bilans de l'ensemble des banques de la CEMAC ressortait à 7 436 Mds FCFA, en progression de 14,8 % par rapport au 30 juin 2010. Les dépôts collectés s'élèvent à 6 628 Mds FCFA (89,1 % du total du bilan). Ils se sont accrus de 17,2 % en variation annuelle par rapport à juin 2010 (5 657 Mds FCFA).

Sur la période, l'encours des crédits bruts à la clientèle a enregistré une hausse de 19,9 % par rapport à fin juin 2010. Il s'est élevé à 4 288 Mds FCFA contre 3 578 Mds FCFA un an auparavant. Les provisions pour dépréciation des comptes clientèle se sont accrues de 3,9 % par rapport au niveau atteint l'année précédente à la même date. Elles s'établissent à 310 Mds FCFA. En conséquence, les crédits nets se fixent à 3 979 Mds FCFA (53,5 % du total du bilan), soit une croissance annuelle de 21,3 %.

Les créances en souffrance s'élèvent à 409 Mds FCFA. Elles représentent 9,5 % des crédits bruts contre 10,4 % douze mois auparavant. Ainsi, la qualité apparente du portefeuille s'est améliorée, comparée à la situation qui prévalait en juin 2010. Le taux de couverture des créances en souffrance par les provisions se situe à 75,6 % contre 80,1 % en juin 2010.

1.2.2.2. Les résultats des banques

Pour l'exercice 2010, le produit net bancaire (PNB) de l'ensemble des pays de la CEMAC s'établit à 517,7 milliards. Il est en hausse de 8,2 % par rapport à 2009 où il ressortait à 478,2 milliards. L'analyse des composantes du produit net bancaire montre que cette performance tirait sa source :

- D'une poussée de la marge sur opérations avec la clientèle remarquable dans tous les six pays. En effet, elle s'accroit de manière plus significative en Guinée Equatoriale (+40% à 56,5 milliards) et au Congo (+30% à 28,5 milliards) ;
- D'un accroissement sensible de la marge sur opérations diverses dans tous les pays hormis au Gabon où elle recule de 34,7% à 42,5 milliards. Sa hausse est de 26,3% à 3,6 milliards en Centrafrique, de 21% à 20,6 milliards au Tchad, de 18,2% à 38 milliards au Congo et de 11,1% à 30,4 milliards en Guinée Equatoriale ;
- D'une évolution contrastée de la marge sur opérations de trésorerie suivant les pays. Elle s'élève à 3,6 milliards (+55%) au Congo et à 298 millions (+705%) en Centrafrique alors que dans le même temps cette marge chute à 2,7 milliards (-46,3%) au Cameroun et à 800 millions (-46,2%) au Gabon. Déjà négative de 292 millions en 2009, la marge sur opérations de trésorerie ressort à 351 millions en 2010 au Tchad. De même, en Guinée Equatoriale, elle apparait à -1,4 milliards en 2010 contre 2,6 milliards une année plus tôt ;
- Une marge positive significative des opérations financières bien que globalement en recul (-17%). Ces opérations financières regroupent l'activité du portefeuille des titres de participation et d'investissement. La marge qui en découle reste très insignifiante dans les quatre autres pays où elle s'établit à 837 millions au Congo, à 208 millions en Guinée Equatoriale, à 33 millions au Tchad et à 16 millions en Centrafrique.

Les frais généraux, évalués à 286,7 milliards en 2010, ont progressé de 9,7%. Ils absorbent 55,38% du produit net bancaire contre 54,66% une année auparavant. Le résultat brut d'exploitation, qui avait déjà accusé un repli de 4,3% entre 2008 et 2009, est une nouvelle fois en baisse de 5,2% à 222,7 milliards au terme de l'exercice 2010 contre 234,9 milliards en 2009.

Sous l'effet des évolutions décrites ci-dessus, le résultat courant, qui s'obtient en retranchant du résultat brut d'exploitation les dotations nettes aux provisions et les pertes nettes sur créances irrécouvrables, progresse de 10,5% pour s'établir à 130,7 milliards au 31 décembre 2010.

Le résultat net des banques de la CEMAC s'élève à 80,8 milliards principalement apporté par les banques du Congo (21,2 milliards), de Guinée Equatoriale (19 milliards), du Tchad (14,8 milliards) et du Cameroun (13,1 milliards). Les banques centrafricaines n'ont réalisé que 4 milliards, en hausse de 100% par rapport à 2009, tandis que celles du Gabon ont connu une chute de leurs bénéfices nets de 75% à 8,6 milliards.

Avec des résultats nets équivalant à 1,06% du total des actifs, le rendement des actifs procuré par les banques de la CEMAC en 2010 n'a pas sensiblement augmenté par rapport au niveau constaté en 2009. Ce rendement était à 0,95% l'année précédente.

Quant à la rentabilité des capitaux investis, elle est en hausse de 3,55 points par rapport à 2009. Ainsi, les résultats nets représentent 16,14% des fonds propres des banques, contre 12,59% enregistré l'année précédente. Le meilleur rendement du résultat par les fonds propres nets est réalisé par les banques du Tchad qui affichent un ratio de 50,86%.

1.2.2.3. Le respect des normes prudentielles

Au plan de l'analyse prudentielle, sur les 44 banques figurant dans le champ d'analyse (contre 43 banques l'année précédente à la même date), il ressort que : 38 banques sont en conformité avec les dispositions relatives à la représentation du capital minimum (contre 39 banques l'année précédente à la même date).

En matière de solvabilité, 35 banques extériorisent un ratio de couverture des risques pondérés par les fonds propres nets, supérieur ou égal au minimum de 8 %, comme l'année précédente à la même date. Dans le cadre des normes de division des risques, 36 banques parviennent à respecter la limite globale en maintenant en dessous de l'octuple des fonds propres nets, la somme des risques pondérés supérieurs à 15 % des fonds propres (contre 39 banques l'année précédente à la même date) et 23 banques en conformité avec la limite individuelle, en n'entretenant pas de risques pondérés encourus sur un même bénéficiaire excédant 45 % des fonds propres nets (contre 28 banques l'année précédente à la même date). S'agissant de la couverture des immobilisations par les ressources permanentes, 34 banques réalisent un ratio supérieur ou égal au minimum de 100 % (contre 35 banques l'année précédente à la même date).

En ce qui concerne le rapport de liquidité, les disponibilités à vue ou à moins d'un mois, sont supérieures ou égales au minimum réglementaire de 100 % des exigibilités de même terme pour 37 banques (contre 40 banques l'année précédente à la même date). Quant au respect du coefficient de transformation à long terme, 35 banques parviennent à financer à hauteur de 50 % au moins (minimum réglementaire) leurs emplois à plus de cinq ans de durée résiduelle par des ressources permanentes (le nombre de banques en conformité était de 38 l'année précédente à la même date). Enfin, 32 banques maintiennent la somme des engagements sur les actionnaires, administrateurs et dirigeants ainsi que sur le personnel en dessous du plafond réglementaire de 15 % des fonds propres nets (le nombre banques en conformité était de 36 l'année précédente à la même date).

Au total, à fin juin 2011, 21 banques seulement disposaient de fonds propres nets suffisants pour honorer l'ensemble des normes prudentielles assises sur cet agrégat (contre 27 banques l'année précédente à la même date). La norme prudentielle respectée par le plus grand nombre d'établissements est celle se rapportant à la représentation du capital minimum. La norme relative à la limitation des risques encourus sur un même bénéficiaire, constitue celle à l'égard de laquelle on observe le plus grand nombre de banques en infraction.

Au 31 décembre 2010, la COBAC a adopté des textes réglementaires et des normes prudentielles modifiant les pondérations applicables aux engagements sur les Etats.

1°) – Ainsi, une nouvelle pondération des créances et engagements sur les Etats de la CEMAC en fonction du respect des critères de convergence définis dans le cadre de la Zone Franc, est adoptée avec notamment le tableau ci-après :

Tableau 2.5. Pondération des créances sur les Etats dans la zone CEMAC.

Critères	Poids relatif
Solde budgétaire de base rapporté au PIB nominal ≥ 0	20 %
Encours de la dette intérieure et extérieure / PIB $\leq 70\%$	10 %
Taux d'inflation annuel moyen (en %) $\leq 3\%$	5 %
Accumulation des arriérés de paiements intérieurs et extérieurs (en XAF) = 0	65 %

Source : COBAC

2°) - les créances et engagements sur les Etats autres que ceux de la CEMAC et de l'UEMOA seront pondérés, sur décision de la Commission Bancaire, en fonction des éléments d'appréciation disponibles. Les établissements de crédit adressent à la Commission Bancaire une demande de pondération des signatures souveraines concernées sur lesquelles elles comptent s'engager.

3°) – les titres publics, inscrits au bilan comme titres de transaction, sont exclus de la détermination des normes de couverture et de division des risques durant le délai d'inscription au bilan dans cette catégorie de titres, délai qui ne saurait excéder six mois conformément au Règlement COBAC R-2003/03 relatif à la comptabilisation et au traitement prudentiel des opérations sur titres réalisées par les établissements de crédit. L'article 24 dudit Règlement est modifié en conséquence. La COBAC a élaboré un règlement relatif au traitement des établissements en difficulté. Ce règlement est entré vraisemblablement en vigueur en 2012 après l'avis conforme du Conseil d'Administration de la BEAC et son adoption par le Comité Ministériel de l'Union Monétaire de l'Afrique Centrale (UMAC). Avant de conclure cette section, nous présentons un encadré qui résume les raisons souvent avancées pour expliquer les difficultés liées à la mobilisation de l'épargne et à l'octroi de crédit en Afrique.

Encadré 2.1. Difficultés liées à la mobilisation des ressources bancaires

L'incapacité des institutions financières officielles à mobiliser efficacement l'épargne et à l'allouer tout aussi efficacement des crédits tient à un certain nombre de facteurs :

1. En matière de politique, les banques commerciales ne s'efforcent pas, dans certains pays, à encourager les dépôts des populations rurales, des citadins pauvres et d'autres segments de la population qui sont considérés comme disposant de peu de ressources financières ;
2. Dans un certain nombre de pays, les banques commerciales ne disposent pas de réseaux solides en zone rurale, ce qui rend l'accès aux banques difficile pour les clients ;
3. Les procédures des banques sont parfois considérées comme trop complexes par les segments inexpérimentés de la population ;
4. Les banques commerciales ont généralement un nombre limité d'instruments et de produits financiers adaptés aux besoins de financement d'un petit segment de la population ;
5. Les taux de rémunération de l'épargne sont trop faibles alors que les taux d'intérêt appliqués pour les prêts sont trop élevés ce qui décourage aussi bien l'épargne que l'emprunt ;
6. Les frais prélevés par les banques commerciales pour les opérations bancaires sont trop élevés dans certains pays, ce qui ne milite pas en faveur des transactions bancaires.

Source : CEA/BSR-AC (2011)

SECTION II. EFFICIENCE TECHNIQUE DES BANQUES DE LA CEMAC : L'EVIDENCE EMPIRIQUE

Ces dernières années, les banques de la zone CEMAC ont fait l'objet de nombreuses récriminations qui soulignent qu'elles participent relativement peu au financement de l'économie ; qu'elles n'offrent pas de services de qualité alors qu'elles perçoivent de leurs clients des commissions, agios et intérêts excessifs ; qu'elles ne ressemblent même pas à des caisses d'épargne, car elles n'assurent pas bien leur rôle de gardiennes des épargnes des populations surtout les plus vulnérables. Bref, qu'elles ne contribuent pas à la croissance économique des pays de la CEMAC (Hugon, 2007).

Si tous ces griefs portés à l'endroit des banques et leurs répliques ne paraissent peut-être pas toutes infondées, il y a lieu de reconnaître qu'il se pose bien un problème d'évaluation de l'efficacité du système bancaire de la CEMAC, des années après sa restructuration. La majorité des banques de la sous-région semblent solvables, rentables et liquides mais elles ne parviennent pas à satisfaire les énormes besoins de financement de l'économie, et n'offrent pas tous les services financiers demandés par les populations. Dans un tel contexte, peut-on estimer efficace le système bancaire de la CEMAC ?

Pour répondre à cette interrogation, nous allons procéder à une quantification des scores d'efficacité technique des banques de la CEMAC, en utilisant comme méthodologie l'approche non paramétrique d'Analyse par Enveloppement des Données ou Data Envelopment Analysis (DEA). Comme nous l'avons souligné au chapitre précédent, l'avantage de cette méthode réside dans le fait qu'elle fournit une mesure agrégée unique pour chaque unité de décision (DMU- Decision Making Units), et qu'elle met l'accent sur « les meilleures pratiques » étudiées dans une perspective comparative. Une unité de décision étant définie de manière générale, comme une entité dont la mission principale est de convertir les inputs en outputs, et dont la performance est à évaluer.

2.1. Détermination des scores d'efficacité

L'objectif de cette sous-section est de mesurer l'efficacité technique des banques commerciales de la CEMAC. Cette mesure de l'efficacité technique des banques commerciales nécessite au préalable que soit clairement défini ce qui constitue les inputs et les outputs bancaires. Ainsi, après avoir défini les inputs et les outputs retenus dans le cadre de cette étude, et présenté le modèle empirique utilisé pour l'estimation des scores d'efficacité technique, nous analyserons les résultats obtenus.

2.1.1. Modèle, variables et des données

La méthode DEA retenue pour mesurer la performance productive des banques de la CEMAC étant déjà présentée, nous décrivons dans cette section notre échantillon, ainsi que les variables retenues pour notre application.

Nous allons utiliser le logiciel Win4DEAP (version 1.1.2) développé par Michel Deslierres (2006) sous Windows 1995, afin d'estimer les scores d'efficacité. C'est la version DEAP sous DOS de Tim Coelli (1996).

2.1.1.1. Echantillon et données utilisées

Les données utilisées sont extraites du système CERBER (Collecte, Exploitation et Restitution aux Banques et Établissements financiers des États Réglementaires) de la COBAC. Les données des bilans disponibles portent sur toutes les banques commerciales en activité de la CEMAC, et couvrent la période de 1993 à 2011, avec une fréquence mensuelle, alors que les comptes de résultats sont disponibles annuellement. Ainsi, l'étude sera réalisée sur une base annuelle : un score d'efficacité sera chaque année pour les banques considérées. Au final, nous disposerons d'un panel sur la période 1993 à 2011, soit 19 périodes pour 6 pays.

Les données de la base *World Development Indicators 2012* de la Banque Mondiale, sont également mobilisées. Le nombre de banques varie d'une année à l'autre, il en va de même du nombre de guichets. En 1993, il était dénombré 30 banques pour un total de 178 guichets. En 2011, la zone compte 45 banques pour 368 guichets.

Malheureusement, la COBAC présente en général des données agrégées par pays. Ainsi, il ne nous est pas possible de disposer du volume de crédits accordés par chaque banque, ou encore du nombre de comptes et du montant des dépôts auprès de chaque établissement de crédit. Pour les raisons évoquées ci-haut, ce sont des données par pays qui sont collectées et les estimations vont mesurer les scores d'efficacité des banques par pays et non entre les banques.

Tableau 2.6. Réseau et capital social des banques en activité au 31 décembre 2011.

	Nombre de banques	*Nombre de guichets*	*Capital social (en millions)*
Cameroun	13	185	123 766
Centrafrique	4	22	31 377
Congo	7	51	51 261
Gabon	9	58	147 084
Guinée Equatoriale	4	15	32 220
Tchad	8	37	47 796
TOTAL	45	368	433 504

Source : COBAC (2011).

2.1.1.2. Définition des variables

Selon l'approche production, le rôle des banques est de fournir des services à leur clientèle. L'output de la banque est le volume des services fournis aux épargnants et aux emprunteurs. Les inputs sont le capital physique et le travail. Dans l'approche d'intermédiation, le rôle de la banque est de collecter les fonds pour les transformer en crédits. Les inputs sont alors les dépôts collectés et les fonds empruntés, alors que le volume de crédits accordés constitue le principal output. Dans l'approche moderne, les théoriciens incorporent les éléments de la théorie de l'information dans l'activité des banques, la gestion des risques.

C'est surtout l'efficacité dans le cadre de l'intermédiation financière qui est le plus souvent évaluée. Au sein de cette étude, nous évaluerons l'efficacité selon les deux approches. Ce choix est guidé par la structure du compte des résultats des banques de la CEMAC : les poids des marges sur l'intermédiation et sur les autres services bancaires sont très proches. Il serait donc réducteur de limiter la mesure de l'efficacité uniquement à l'intermédiation, en ignorant l'efficacité de production plus proche de l'objectif poursuivi par les dirigeants et détenteurs des banques.

Les valeurs du score d'efficacité sont comprises entre 0 et 1, cette variable capture la capacité d'une banque à minimiser le niveau de l'input étant donné le niveau actuel des outputs. Une banque pleinement efficace a un score d'efficacité de 1, tandis qu'une banque totalement inefficace a un score de 0. Les valeurs de score d'efficacité inférieures à 1 reflètent un gaspillage de ressources qui pourraient être optimisées.

Pour l'estimation des scores d'efficience du système bancaire, nous allons considérer deux groupes de variables à savoir : les inputs et les outputs.

Les Inputs

Nous retiendrons comme intrants dans la fonction de production des banques :

Dépôts de la clientèle (DC)

Il s'agit du principal input dans l'activité bancaire. Ils sont constitués des dépôts des clients, mais aussi des dépôts interbancaires.

Fonds propres (FP). Les inputs généralement introduits en tant que variables explicatives du niveau du coût total, Mester (1996) suggère d'incorporer le niveau des fonds propres dans la frontière de coût, afin de pouvoir prendre en compte les différences dans les préférences en termes de risque. Pour pallier au problème lié à l'hétérogénéité des tailles de bilan des banques de notre échantillon, nous préférons utiliser le ratio de fonds propres.

Charges d'exploitation bancaire (CEB). Elles captent toutes les autres charges que supportent les banques dans la conduite de leur activité.

Charges de personnel (CP). Il s'agit des charges liées à la rémunération directe et indirecte du personnel.

Provisions (PROV). Elles sont constituées pour faire face aux crédits dont le remboursement est compromis.

Autres charges (AC). Ce sont des charges auxquelles les banques font face dans le cadre de leur activité en dehors des charges de personnel.

Les Outputs

Les outputs de la fonction de production sont :

Les crédits bruts à la clientèle (CB)

Ils sont mesurés par le total des réemplois bruts, c'est-à-dire sans déduire les provisions sur crédits.

Titres de placement et de transaction (TRT). Ces titres sont valorisés, pour chaque titre séparément, à la valeur de marché pour les titres cotés et à la juste valeur pour les titres non cotés. Il ne peut y avoir de compensation entre les plus-values latentes de certains avec les pertes latentes sur d'autres titres. La moins-value latente ressortant de la différence entre la valeur comptable et la valeur de marché, donne lieu à la constitution de provisions, contrairement aux plus-values latentes qui ne sont pas constatées.

Produit d'exploitation bancaire (PEB). Il s'agit des produits commercialisés par la banque dans le cadre de son activité principal qui est l'intermédiation financière.

Reprises de provisions (RPRV). Ce sont des reprises effectuées sur des provisions préalablement constituées sur des crédits compromis qui sont revenus à bonne fortune.

Autres produits (AP). Il est question des produits générés par les activités secondaires des banques.

Le tableau ci-après synthétise ces variables selon les deux approches de calcul retenues :

Tableau 2.7. Tableau synoptique des variables utilisées pour la mesure de l'efficacité.

Approche	Approche Production	Approche Intermédiation
Inputs	Charges d'exploitation bancaire Charges de personnel Provisions Autres charges	Dépôts de la clientèle Fonds propres
Outputs	Produit d'exploitation bancaire Reprises de provisions Autres produits	Crédits bruts à la clientèle Titres de placement et de transaction

Source : construit par l'auteur.

Les statistiques descriptives des variables utilisées pour les deux approches sont présentées dans les tableaux ci-dessous :

Tableau 2.8. Statistiques descriptives des variables de mesure des indices d'efficacité.

Variables	Définition des variables	Moyenne	Ecart-type	Minimum	Maximum
CB	Crédits Bruts à la clientèle	1538330,88	536942,964	926538	2897633
DC	Dépôts de la clientèle	2063835,69	1212319,89	804188	4684928
CP	Charges de Personnel	54426,875	19517,6054	33098	96383
FP	Fonds propres	491 081	22517,417	389 587	528 997
CEB	Charges d'exploitation bancaire	256 610	24 198,551	238 293	323 564
AC	Autres charges	152 471	19845,641	134 674	205 439
PROV	Provisions	70 336	9275,8247	65 875	86 498
TRT	Titres de placement	155 873	53631,854	120 574	181 216
AP	Autres produits	14 803	1214,554	12 524	18 070
RPRV	Reprise de provisions	1 482	214,4567	925	1 994
PEB	Produit d'exploitation bancaire	483 548	1911,684	478 191	605 305

Source : construit par l'auteur à partir des rapports annuels de la COBAC 1993 à 2011.

2.1.2. Résultats et analyse

Ici, nous allons considérer deux hypothèses à savoir l'hypothèse des rendements d'échelle constants (CRS) et l'hypothèse des rendements d'échelle variables (VRS).

2.1.2.1. Hypothèse de Rendements d'Echelle Constants (CRS)

Dans ce paragraphe, nous présentons les résultats obtenus. Les tableaux 2.9 et 2.10 font voir les niveaux moyens d'efficacité des banques de la CEMAC estimés de 1993 à 2011. Le niveau moyen sur la période se situe à 0,81 suivant l'approche production et à 0,51 suivant l'approche intermédiation. Ces résultats signifient qu'en moyenne, sous l'hypothèse de rendements d'échelle constants, les banques de la CEMAC n'ont produit que 81 % de la quantité d'outputs qu'elles auraient pu produire à partir de leurs ressources suivant l'approche production et seulement 51% suivant l'approche intermédiation.

Tableau 2.9. Scores d'efficacité technique totale des banques de la CEMAC (approche production)

Années	Moyenne	Écart-type	Minimum
1993	0,35	0,16	0,27
1994	0,29	0,14	0,21
1995	0,33	0,13	0,29
1996	0,41	0,20	0,33
1997	0,52	0,20	0,41
1998	0,63	0,18	0,52
1999	0,78	0,16	0,63
2000	0,90	0,16	0,49
2001	0,91	0,14	0,48
2002	0,89	0,13	0,55
2003	0,86	0,20	0,27
2004	0,87	0,20	0,36
2005	0,84	0,18	0,46
2006	0,85	0,15	0,51
2007	0,89	0,15	0,57
2008	0,91	0,18	0,49
2009	0,90	0,16	0,48
2010	0,94	0,16	0,55
2011	0,92	0,14	0,53

Source : construit par l'auteur.

Tableau 2.10. Scores d'efficacité technique totale des banques de la CEMAC (approche intermédiation)

Années	Moyenne	Écart-type	Minimum
1993	0,64	0,22	0,24
1994	0,45	0,20	0,25
1995	0,63	0,18	0,32
1996	0,69	0,22	0,30
1997	0,71	0,22	0,26
1998	0,68	0,23	0,24
1999	0,74	0,22	0,25
2000	0,79	0,22	0,24
2001	0,86	0,20	0,25
2002	0,82	0,18	0,32
2003	0,72	0,22	0,30
2004	0,75	0,22	0,26
2005	0,81	0,23	0,18
2006	0,78	0,22	0,18
2007	0,77	0,25	0,10
2008	0,72	0,22	0,31
2009	0,75	0,20	0,30
2010	0,81	0,18	0,26
2011	0,78	0,22	0,32

Source : construit par l'auteur.

Graphique 2.8. Scores moyens de l'efficacité technique totale par pays en CEMAC (approche production)

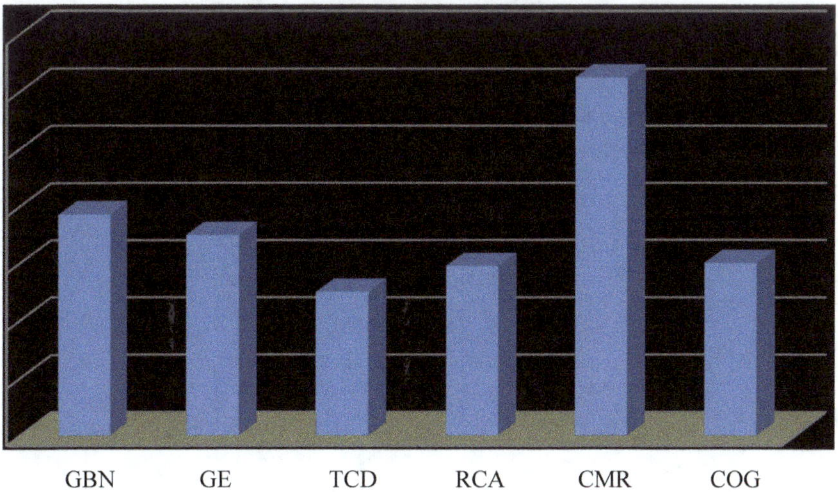

Source : construit par l'auteur à partir des scores d'efficience obtenus du logiciel DEAP.

Graphique 2.9. Scores moyens de l'efficacité technique totale (ETT) en zone CEMAC (approche intermédiation)

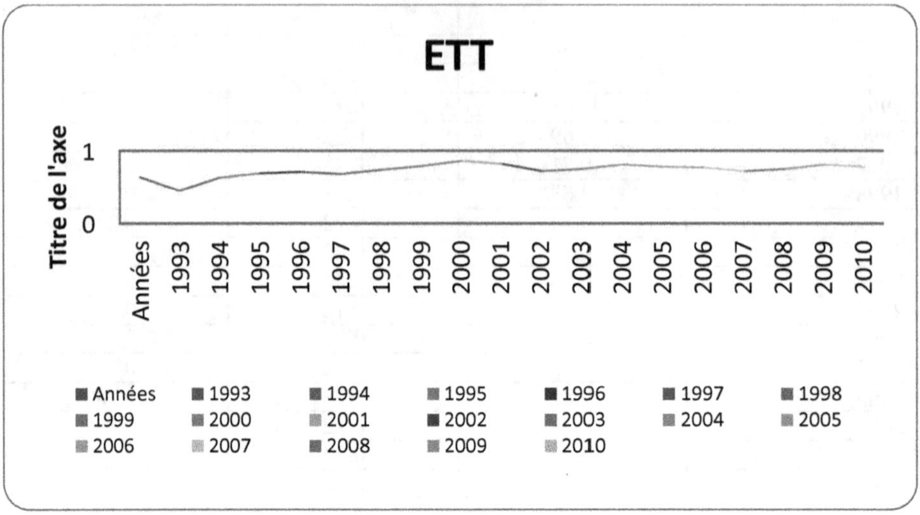

Source : construit par l'auteur à partir des scores d'efficience obtenus du logiciel DEAP.

2.1.2.2. Hypothèse des Rendements d'Echelle Variables (VRS)

Ce modèle est une extension du modèle CRS qui ne tient pas compte des rendements d'échelle constants. On y ajoute une contrainte de convexité au programme linéaire de type CRS. Selon Coelli et al. (1998), « l'hypothèse de rendements d'échelle constants n'est appropriée que si toutes les unités de production opèrent à un niveau d'échelle optimal. L'imperfection de la concurrence, les contraintes financières diverses, etc., pourraient faire en sorte qu'une unité de production n'opère pas à un niveau d'échelle optimal ». L'hypothèse de rendements d'échelle variables permet de calculer l'efficacité technique pure.

Tableau 2.11. Scores d'efficacité technique pure des banques de la CEMAC (approche production)

Années	Moyenne	Écart-type	Minimum
1993	0,69	0,13	0,48
1994	0,70	0,20	0,55
1995	0,65	0,20	0,27
1996	0,72	0,18	0,36
1997	0,76	0,15	0,46
1998	0,81	0,13	0,51
1999	0,89	0,20	0,55
2000	0,90	0,16	0,49
2001	0,91	0,14	0,48
2002	0,89	0,13	0,55
2003	0,86	0,20	0,27
2004	0,87	0,20	0,36
2005	0,84	0,18	0,46
2006	0,85	0,15	0,51
2007	0,89	0,15	0,57
2008	0,90	0,13	0,46
2009	0,91	0,20	0,51
2010	0,89	0,20	0,57
2011	0,91	0,14	0,58

Source : construit par l'auteur.

Tableau 2.12. Scores d'efficacité technique pure des banques de la CEMAC (approche intermédiation)

Années	Moyenne	Écart-type	Minimum
1993	0,45	0,18	0,16
1994	0,38	0,22	0,14
1995	0,49	0,22	0,26
1996	0,54	0,20	0,18
1997	0,58	0,18	0,24
1998	0,63	0,22	0,25
1999	0,68	0,22	0,32
2000	0,79	0,22	0,24
2001	0,86	0,20	0,25
2002	0,82	0,18	0,32
2003	0,72	0,22	0,30
2004	0,75	0,22	0,26
2005	0,81	0,23	0,18
2006	0,78	0,22	0,18
2007	0,77	0,25	0,10
2008	0,79	0,22	0,24
2009	0,86	0,20	0,25
2010	0,82	0,18	0,32
2011	0,81	0,22	0,34

Source : construit par l'auteur.

Graphique 2.10. Scores moyens de l'efficacité technique pure par pays en CEMAC (approche production)

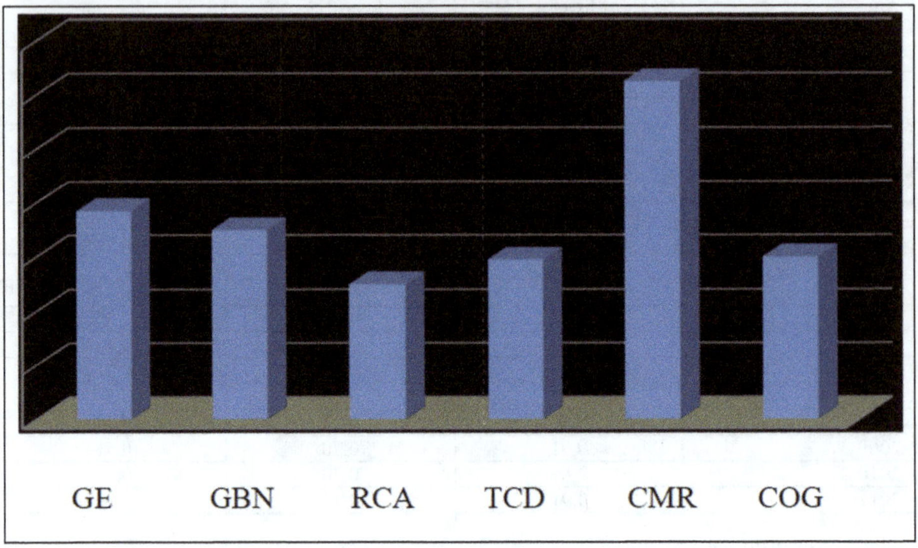

Source : construit par l'auteur à partir des scores d'efficience obtenus du logiciel DEAP.

Graphique 2.11. Scores moyens de l'efficacité technique pure (ETP) en zone CEMAC (approche intermédiation)

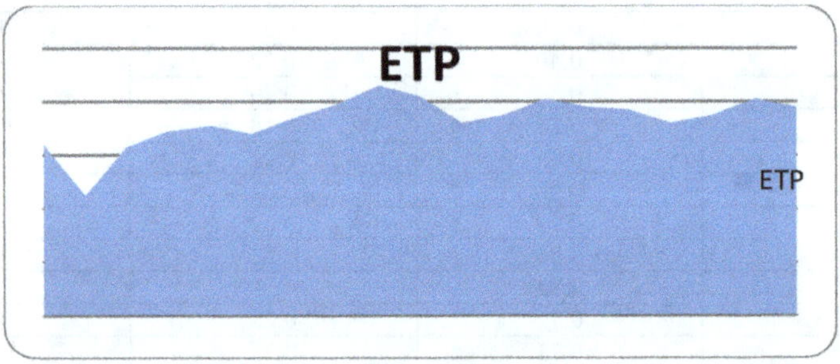

Source : construit par l'auteur à partir des scores d'efficience obtenus du logiciel DEAP.

On constate que sous la technologie rendements d'échelle variables, le nombre des banques déclarées efficientes est plus élevé qu'en rendements d'échelle constants. Ce qui dénote l'existence de l'inefficience d'échelle. En effet, selon Coelli et al. (1998), la différence entre l'indice d'efficacité technique obtenu par le biais de la DEA du type CRS et celui de la même firme obtenue par la DEA du type REV, constitue une bonne mesure de l'efficacité d'échelle de cette firme. Pour obtenir une telle mesure, les auteurs suggèrent d'effectuer, sur la même base de données, une DEA du type CRS et du type VRS. Si pour une firme donnée, il y a une différence dans les scores d'efficacité mesurés par ces deux types de DEA, ceci indique

que la firme n'opère pas à une échelle optimale. L'inefficacité d'échelle est alors donnée par la différence entre l'inefficacité technique CRS et l'inefficacité technique pure VRS.

Graphique 2.12. Synthèse des résultats par type de technologie.

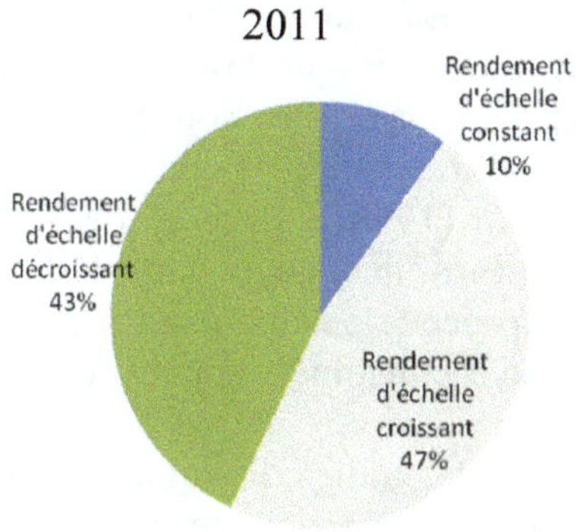

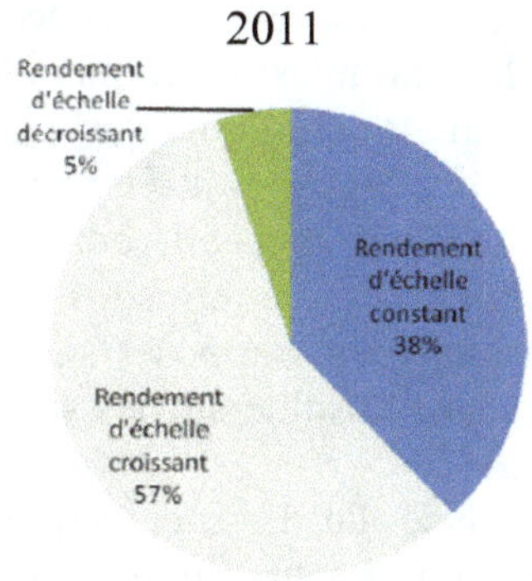

Source : construit par l'auteur.

2.2. Mesure et test de convergence

La notion de convergence a été l'un des principaux sujets de la littérature sur la croissance pendant de nombreuses années. Il s'agissait de déterminer si les économies des pays moins développées pouvaient rattraper le niveau de revenu par tête des économies plus riches. Ce concept a été formalisé par Barro et Sala- i-Martin (1991,1992, 1995) aboutissant à deux notions fondamentales : la β- convergence et la σ-convergence.

Le test de β-convergence étudie le comportement de retour à la moyenne d'un ensemble de variables. Il traduit le fait que les pays pauvres croissent plus vite que les pays riches. L'approche de la β-convergence apparaît dans la théorie économique, comme la mesure la plus courante de ce phénomène puisqu'elle permet de quantifier et de mesurer le concept de vitesse de convergence. La β-convergence peut être absolue ou conditionnelle. Elle est absolue, lorsqu'elle ne prend pas en compte les conditions initiales des variables, supposant implicitement une similarité dans leurs caractéristiques (structures, technologies, ……). Tous les pays de l'échantillon convergent dans ce cas, vers un état stationnaire. Cette hypothèse se formalise par la régression simple du taux de croissance de la variable étudiée à son niveau initial. La convergence absolue est testée habituellement sur le modèle en coupe transversale (Voir Barro R. et Sala-i-Martin X. op. cit). On conclut qu'il y'a β-convergence absolue lorsque l'on observe une corrélation négative entre le niveau initial de l'efficacité productive et son taux de croissance dans notre cas.

La β-convergence conditionnelle se différencie de la précédente par la prise en compte des particularités des pays. Elle repose sur l'homogénéisation des taux de croissance plutôt que des niveaux de richesses. On introduit des variables explicatives supplémentaires (structurelles) dans la régression pour capter l'hétérogénéité des états stationnaires. La β-convergence absolue suppose une égalisation à long terme des variables à une même valeur unique, alors que la β-convergence conditionnelle implique que chaque pays converge vers son propre état stationnaire, lequel peut être différent de celui des autres. Pour résoudre le problème d'hétérogénéité entre les pays, Galor (1996) a proposé de diviser l'échantillon étudié en sous-groupes constitués des pays dont les états stationnaires sont supposés semblables. On procède ensuite à un test de β-convergence absolue sur les sous-groupes ainsi constitués, appelés clubs de convergence.

L'analyse de la σ-convergence consiste à étudier l'évolution de la dispersion de l'échantillon. Pour la mesure de la dispersion, certains auteurs utilisent l'écart-type de l'échantillon au début et à la fin de la période choisie ou le coefficient de variation. Le coefficient de variation est une mesure plus appropriée de la dispersion pour les variables à tendance, car elle ne dépend pas de l'unité de mesure. L'écart-type sous-évaluera la σ-convergence dans le cas des séries croissantes. On conclut à la convergence de l'ensemble de l'échantillon, lorsque la dispersion diminue dans le temps. Bien que la σ-convergence constitue une mesure de consolidation, l'existence de la β-convergence ne l'entraîne pas automatiquement. La β-convergence est une condition nécessaire mais pas suffisante pour qu'il y ait σ-convergence (Quah, 1993). En effet, Hénin et Le Pen (1995) ont montré que cette σ-divergence peut résulter de l'occurrence de chocs aléatoires qui maintiennent constante ou croissante la dispersion de la distribution.

Nous évaluons dans notre étude la convergence des scores d'efficacité productive des banques de notre échantillon pour une période allant de 1993 à 2011. Il s'agira de tester l'hypothèse de convergence par les tests de β-convergence et de σ-convergence sur l'ensemble de l'échantillon.

2.2.1. Le test de β-convergence

Nous allons nous en tenir dans notre évaluation au test de β-convergence absolue. En se référant à la définition de la convergence de Barro R. et Sala-i- Martin (op.cit.) dans leur ouvrage sur la théorie de la croissance, il y'a convergence, si au fil du temps les scores d'efficacité tendent vers la frontière de production. L'équation de la régression ci-dessous relie les taux de croissance moyens annuels des scores d'efficacité des pays avec les niveaux initiaux de leurs efficacités productives. Elle permet de déceler le phénomène de convergence. L'équation du modèle 1 se présente comme suit :

$[\ln(Si, 2006) - \ln(Si, 1980)]/N = \alpha + \beta\,(Si, 1980) + \varepsilon i$,

où : Si = scores d'efficacité technique totale, technique pure et efficacité d'échelle. i = indices des pays, i = 1,............38 ;

N= période d'observation, N= 26 ; α = constante ; εi = terme aléatoire,

Le processus de convergence peut être complété par deux indicateurs informationnels additionnels dont les mesures sont inspirées des estimations de β. Tout d'abord, la vitesse de convergence ϕ qui définit le rythme annuel auquel les pays convergent vers le benchmark, peut être calculée à partir de l'équation :

$\beta = (e\text{-}\Pi N+1)/N$. Après transformation, la vitesse de convergence $\Pi = -[\ln(1 + \beta N)]/N$,

Avec β le coefficient estimé. Plus β est grand, plus le processus de convergence est rapide. La deuxième mesure est la demi-vie τ qui permet, quant à elle, d'évaluer le temps nécessaire pour que les pays réduisent de moitié l'écart qui les sépare de leur état stationnaire. Elle est définie par la formule $\tau = -\ln(2)/\ln(1+\beta) \approx \ln(2)/\Pi$ ou $-\ln(2)/\ln(1-\Pi)$. Le logiciel STATA 12 a été utilisé pour les régressions linéaires (Moindres Carrés Ordinaires).

Tableau 2.13. Résultats de la β-convergence des différentes formes d'efficacité pour le modèle 1.

Eléments	Coefficients (β)	Robust Std-error (β)	t (β)	Vitesse de convergence ϕ (%)	R2	Demi-vie τ
Efficacité technique totale (rendements constants)	-0,0072	0,0010	-6,57*	0,79	0,3500	87 ans
Efficacité technique pure (rendements variables)	-0,0127	0,0017	-7,21*	1,54	0,5917	45 ans
Efficacité d'échelle	-0,0094	0,0020	-4,66*	1,08	0,5065	64 ans

Source : calculs de l'auteur.

Note : * coefficient estimé significatif au seuil de 1%.

De façon générale, nous observons un mouvement de convergence absolue pour tous les pays de l'échantillon pour les trois formes d'efficacité. Les coefficients β sont négatifs et significativement différents de zéro. Le test d'hypothèse H0 : β = 0 contre H1 : β>0 amène à rejeter l'hypothèse nulle. Nous pouvons conclure à la convergence absolue des pays les moins efficaces vers la frontière de production formée par les plus compétitifs. Cependant, les vitesses de convergence sont différentes.

Pour l'estimation relative à la frontière de production à rendements constants (l'efficacité technique totale), le rythme de convergence vers l'état stationnaire est très lent avec une vitesse annuelle de 0,79%. La demi-vie calculée vient renforcer cette lenteur. En effet, avec $\tau = 87$ ans, cela veut dire qu'il faudrait 87 ans pour réduire de moitié l'écart qui sépare les scores d'efficacité technique totale et le benchmark. La régression sur les scores d'efficacité technique pure de tout l'échantillon indique un effet significatif de convergence vers la frontière de production. La vitesse de convergence annuelle vers la frontière est de 1,54% avec une demi-vie de 45ans. En effet, il faudrait 45 ans pour éliminer de moitié l'écart entre les efficacités techniques pures et l'état stationnaire. Enfin, l'estimation de l'efficacité d'échelle est statistiquement significative avec une vitesse de convergence de 1,08% par an des producteurs du coton vers leur taille optimale. Remarquons que la vitesse de rattrapage est moins lente par rapport à celle de rendements variables. La demi-vie calculée est 64 ans. Il faut donc 64 ans pour réduire l'écart de moitié entre les scores d'efficacité d'échelle et la taille optimale. Ainsi, la lenteur de la convergence de l'efficacité technique totale est attribuable à la lenteur de convergence de l'efficacité d'échelle.

2.2.2. Le test σ-convergence

Le test de σ-convergence permet d'analyser l'évolution de la dispersion des niveaux de performances au cours du temps de l'ensemble de l'échantillon. Il permet de faire ressortir des chocs éventuels sur le mouvement de convergence. L'hypothèse de σ-convergence des performances de l'ensemble de l'échantillon est retenue, lorsque la dispersion diminue au fil du temps. Plusieurs procédures permettent de tester la σ-convergence. Nous retenons le coefficient de variation (CV) des scores d'efficacité pour le test de σ-convergence. Nous présentons l'évolution des coefficients de variation dans notre échantillon selon la technologie.

Graphique 2.13. Évolution des disparités entre l'efficacité de production et d'intermédiation (CRS)

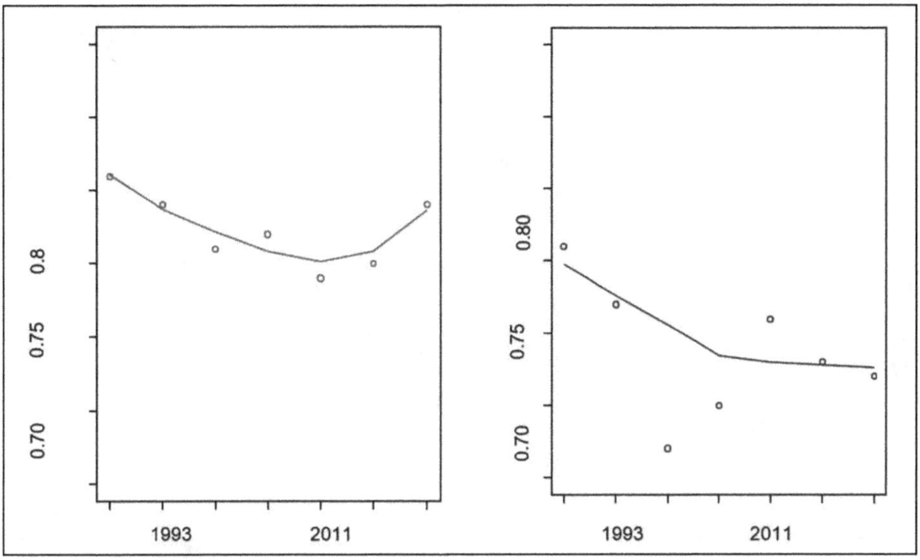

Source : construit par l'auteur

La variabilité de l'efficacité est assez importante avec des coefficients de variation supérieurs à 15%. La variabilité est plus forte, et s'accentue en termes d'intermédiation. En termes de production, après une légère augmentation, les écarts entre les banques de la CEMAC ont reculé depuis 2004. Même si les banques tendent à avoir une convergence du point de vue de la production, elles divergent en termes d'intermédiation.

L'évolution des deux courbes affiche une tendance à la baisse au cours de certaines périodes, ensuite les écarts se creusent. La série est marquée par une discontinuité structurelle entre (1980-1990, 1990-1995, 1995-1998 et 1998-2006), et il est difficile de déterminer avec exactitude quand le phénomène de σ- convergence s'est produit de façon continue. On assiste à des phénomènes de σ- convergence et de σ-divergence dus à des chocs exogènes spécifiques. Ces chocs aléatoires limitent considérablement la diminution de la dispersion, expliquant ainsi la résistance à la σ-convergence des indicateurs d'efficacité (Boussemart et Saidine, 2003, op.cit). L'évolution des coefficients de variation des deux groupes sous la technologie VRS, est présentée sur le graphique ci-dessous :

Graphique 2.14. Sygma Convergence de l'efficacité VRS

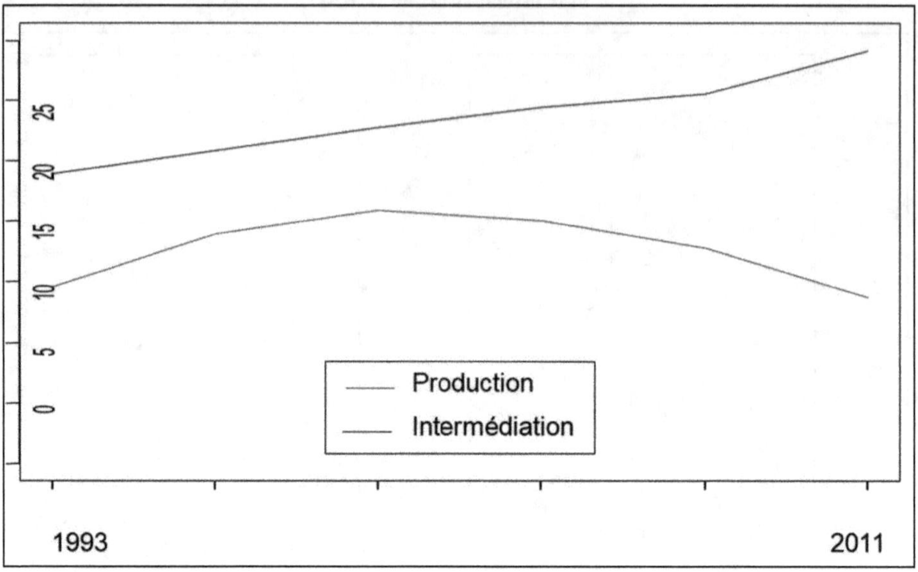

Source: construit par l'auteur.

La variabilité de l'efficacité est assez importante avec des coefficients de variation supérieurs à 15%. La variabilité est plus forte, et s'accentue en termes d'intermédiation. En termes de production, après une légère augmentation, les écarts entre les banques de la CEMAC ont reculé depuis 2004. Même si les banques tendent à avoir une convergence du point de vue de la production, elles divergent en termes d'intermédiation.

CONCLUSION DU CHAPITRE

Ce chapitre avait pour objectif d'évaluer l'efficacité technique des banques de la zone CEMAC. Pour atteindre cet objectif, la première section a commencé par présenter les économies de la CEMAC dans l'environnement économique international de l'heure, la configuration et les principales caractéristiques du système bancaire sous-régional, ainsi que son évolution. En effet, le paysage bancaire de la CEMAC reflète son histoire, c'est-à-dire de l'époque coloniale à nos jours en passant par la crise des années 1990, qui a entraîné de nombreuses faillites bancaires et une réforme du cadre réglementaire qui a présidé à la création du superviseur actuel. Il est donc important avant une étude approfondie de ce système bancaire de connaitre les éléments qui ont permis sa structuration. La deuxième section a, quant à elle, présenté la méthodologie utilisée avant de calculer les scores d'efficience technique des banques de la CEMAC. Globalement, il ressort que de 1993 à 2011, les banques de la zone CEMAC ont connu une progression de leur efficience technique. La décomposition de cet indicateur laisse apercevoir que cette progression est supportée principalement par l'efficacité technique pure. La mesure ces scores d'efficience marque l'atteinte des objectifs assignés à cette première partie.

CONCLUSION DE LA PREMIÈRE PARTIE

Cette partie avait pour objectif de mesurer l'efficience des banques de la zone CEMAC à travers le calcul des scores d'efficience et leur interprétation. A cette fin, le premier chapitre a passé en revue les développements sur l'analyse et l'évaluation de l'efficience des banques, avant de procéder à l'évaluation de l'efficience allocative des banques de la CEMAC. Les scores d'efficience technique ont été calculés dans le deuxième chapitre après une présentation des économies et du système bancaire de cette sous-région.

A la lecture des résultats obtenus, il ressort que de 1993 à 2011, les banques de la zone CEMAC ont connu une progression de leur efficience technique même si des inefficiences allocatives subsistent. La décomposition de l'efficacité technique laisse apercevoir que cette progression est supportée principalement par l'efficacité technique pure. On note également que les banques de la CEMAC sont plus efficaces selon l'approche production, que selon l'approche intermédiation et sous l'hypothèse des rendements d'échelle variables. Les résultats des tests de convergence laissent apparaître un effet significatif de convergence vers la frontière de production avec une vitesse de convergence annuelle vers la frontière de 1,54%. Par ailleurs, après une légère augmentation, les écarts entre les banques de la CEMAC ont reculé depuis 2004. Même si les banques tendent à avoir une convergence du point de vue de la production, elles divergent en termes d'intermédiation.

Ces résultats permettent d'apporter des éléments de réponse à notre première question spécifique qui était de savoir si les banques de la CEMAC sont efficientes. Ils mettent en lumière la nécessité d'approfondir la réflexion en s'intéressant aux facteurs endogènes et exogènes de l'efficacité des banques et en particulier de la règlementation bancaire.

DEUXIÈME PARTIE

LES EFFETS DISCUTÉS DE LA RÉGLEMENTATION SUR L'EFFICIENCE DES BANQUES DE LA CEMAC

INTRODUCTION DE LA DEUXIÈME PARTIE

Bien qu'il y ait une pression croissante pour renforcer la réglementation et la supervision des institutions financières, il n'existe toujours pas de consensus sur les avantages de cette approche. C'est ainsi que les partisans d'un renforcement de la réglementation soutiennent qu'une réglementation et une surveillance plus étroite permettront d'éviter les défaillances du marché, et favoriseront des pratiques bancaires saines. Par conséquent, il s'ensuivra une amélioration de l'efficacité des banques. Prenant le contre-pied de cette position, les opposants à un renforcement de la règlementation soutiennent que renforcer la réglementation et rendre plus stricte la supervision des banques, conduiront à une répartition sous-optimale du capital et des décisions de prêt qui servent principalement les intérêts des organismes de réglementation. Par conséquent, le débat sur la façon dont la réglementation et la surveillance affectent l'efficacité de la banque, reste théoriquement irrésolu.

Cette partie a pour objectif de déterminer l'impact de la réglementation sur l'efficience des banques de la CEMAC, ceci en répondant à la deuxième question spécifique de cet ouvrage à savoir : *quel est l'impact de la règlementation sur l'efficience des banques en zone CEMAC ?*

Cette seconde partie du présent travail s'ouvre sur le troisième chapitre intitulé : « *La Règlementation micro-prudentielle : une condition nécessaire mais non suffisante à efficience bancaire dans la CEMAC* ». Ce chapitre commence par présenter l'évolution de l'environnement règlementaire de l'activité bancaire dans le monde. Après ceci, nous procédons à l'évaluation empirique de l'incidence de la règlementation micro-prudentielle sur l'efficience des banques de la CEMAC.

C'est au chapitre quatre, intitulé : *« La Règlementation macro-prudentielle : un facteur déterminant de l'efficience bancaire dans la CEMAC »*, que revient la tâche d'évaluer l'impact de la règlementation macro-prudentielle sur l'efficience des banques de la CEMAC. Pour cela, nous commençons par passer en revue les approches théoriques en jeu, ainsi que les travaux empiriques portant sur l'impact de la règlementation sur l'efficience bancaire. Ce chapitre se termine sur l'évaluation empirique de l'impact de la règlementation macro-prudentielle sur l'efficience des banques de la CEMAC.

CHAPITRE 3

La règlementation micro-prudentielle : une condition nécessaire mais non suffisante à l'efficience bancaire dans la CEMAC

INTRODUCTION

La place particulière qu'occupent les banques dans l'économie et la nécessité de préserver la stabilité financière, a fait de l'industrie bancaire, une industrie fortement réglementée et supervisée.

Dans la perspective de l'interaction entre la macroéconomie et la régulation des fonds propres, deux aspects interdépendants suscitent un intérêt particulier. Le premier concerne la justification théorique de l'intervention gouvernementale dans le secteur bancaire. Le second consiste à étudier les implications pour le cycle économique, des exigences en capitaux propres prévues par les Accords de Bâle. L'objectif de cette étude est d'apporter une analyse modeste de ces deux aspects. N'étant pas possible d'évaluer exhaustivement la régulation particulière à chaque type d'établissement, son sujet principal est la banque au sens large. Les effets microéconomiques de l'intermédiation financière ne seront étudiés que dans une mesure limitée ici. Les thèses développées dans les deux parties de cette étude reposent sur les idées suivantes : premièrement, le système bancaire nécessite une régulation plus poussée que les autres secteurs non seulement pour produire de façon optimale la confiance du système bancaire intrinsèquement instable, mais aussi parce que le sophisme de la composition y joue un rôle déterminant (l'agent rationnel, en retirant ces dépôts bancaires, maximise son bien- être ; mais si tous les agents se précipitent aux guichets bancaires, le bien-être social se détériore). Deuxièmement, la régulation en matière de capitaux propres qui a lieu dans un cadre caractérisé par des banques sous-capitalisées et une situation économique précaire, risque d'accroître l'instabilité du système par le resserrement des crédits. En revanche, des ratios de capitaux propres supérieurs au minimum exigé, atténueraient les fluctuations cycliques.

Après l'essai de justification théorique de la réglementation de l'activité bancaire, les grandes évolutions de la réglementation bancaire sont présentées dans la première section. La deuxième section quant à elle, présente l'évaluation empirique de l'incidence de la règlementation micro-prudentielle sur l'efficience des banques de la CEMAC.

SECTION I. RÉGLEMENTATION MICRO-PRUDENTIELLE: UNE ANALYSE THÉORIQUE

Le souci d'une explication exhaustive et évolutive de la régulation impose l'étude des théories positives et des théories normatives. Selon les théories positives, la régulation résulte des interactions des agents avec les institutions, ce qui souligne l'importance des groupes d'intérêt, des contrats et des lois de la société. Dans le contexte bancaire, les institutions affectent l'offre et la demande de la régulation considérée, comme un bien public et privé. De leur côté, les théories normatives évaluent la régulation en tant qu'instrument de politique économique. La régulation bancaire est rapportée aux défaillances du marché telles que l'absence de concurrence et d'information imparfaite sur les marchés, ainsi que la présence des biens publics (monnaie et confiance). Une justification valable de la présence de la régulation est possible seulement en présentant ces deux groupes de théories s'inspirant des pensées économiques hétérogènes. Nous commençons donc par ressortir la justification théorique de la régulation bancaire, avant de présenter les grandes phases qui ont marqué son évolution.

1.1. La nécessité de réguler l'activité bancaire

Dans le souci d'expliquer la présence et l'évolution théorique de la régulation, deux groupes de théories seront analysées. Il s'agit des théories positives qui s'attachent surtout aux concepts généraux, et des théories normatives qui expliquent la régulation du système bancaire en particulier.

1.1.1. Les théories positives de la régulation

Selon les théories positives, la régulation est le résultat des interactions intervenues entre les agents et les structures institutionnelles. La régulation du système bancaire met en jeu différents groupes d'intérêt, à savoir les fonctionnaires, les politiciens, les managers, les actionnaires et les déposants des banques. La théorie de l'intérêt public et la théorie des groupes d'intérêt, tant du côté de l'offre que de la demande de régulation, essaient d'expliquer la formation des incitations des groupes d'intérêt et leurs interventions régulatrices. La théorie de l'agence faisant partie du courant de « New Institutional Theories », souligne le fait que la régulation est très influencée par les structures institutionnelles, les contrats et les procédures sociales. Cette approche dépasse le modèle de l'agent purement rationnel axé sur la maximisation du profit. Les actions d'un agent sont certes influencées par la maximisation rationnelle du profit, mais elles sont également affectées par les contrats et les lois de la société.

1.1.1.1. La théorie de l'intérêt public et ses reformulations

Il faudrait chercher les origines de la théorie de l'intérêt public dans les travaux sur l'économie de bien-être de Pigou (1932) et Samuelson (1947). Cette théorie a été élaborée d'une manière systématique et surtout critiquée ultérieurement par les économistes appartenant à la *Chicago School.*

La théorie de l'intérêt public souligne le rôle joué par le gouvernement pour chercher les imperfections du marché, dans le but de les corriger au moyen d'instruments régulateurs. Elle suppose que l'intervention du gouvernement par le biais de la régulation externe, se fait dans le but de servir l'intérêt public, et donc de maximiser la fonction du bien-être social. Les fonctionnaires ont de bonnes intentions qui définissent le vecteur des instruments (Kane, 1997).

Deux hypothèses se trouvent à la base de cette théorie. La première suppose que le marché libre est incapable d'opérer efficacement, car il est imparfait. La preuve est la présence des externalités négatives. Il en résulte une demande de régulation qui se dégage du côté du public, afin de remédier aux effets nuisibles de ces externalités. La deuxième hypothèse souligne que l'intervention du gouvernement, pour protéger les intérêts du public, se fait sans coût. Les coûts de l'offre de la régulation sont nuls. La loi inversée de Say est vérifiée, car la demande de régulation crée sa propre offre (Posner, 1974).

Malgré l'échec apparent dans la justification de la régulation, il apparaît clairement qu'à ce stade, la théorie de l'intérêt public se rapproche de la théorie des groupes d'intérêt.

1.1.1.2. La théorie des groupes d'intérêt

Stigler formule pour la première fois la théorie des groupes d'intérêt dans un article publié en 1971. Contrairement à la théorie de l'intérêt public qui fournit une « *consumer protection view* », elle s'intéresse à une « *producer protection view* », en évitant de traiter la régulation comme un bien libre. L'hypothèse de base de cette théorie est que les agents cherchent à faire valoir leurs propres intérêts dans le but de maximiser leur utilité. Ils exercent en conséquence une pression sur l'agence de régulation, soit en empêchant la présentation des intérêts des opposants, soit en promouvant les leurs (Stigler, 1971).

Les différents groupes d'intérêt, les banquiers, les entrepreneurs, mais aussi les associations de consommateurs, utilisent le pouvoir et les ressources de l'Etat, afin d'atteindre leurs objectifs. Ils procurent un schéma de demande de régulation, tandis que les politiciens et les fonctionnaires des administrations définissent l'offre. Il s'agit dans ce cas, d'une régulation à la fois externe et interne.

La régulation étant le produit d'une demande et d'une offre présentées dans le marché, l'objectif principal de la théorie des groupes d'intérêt est d'expliquer qui reçoit les profits ou supporte les coûts des mesures régulatrices, quelle forme prend la régulation, et quels sont ses effets dans l'allocation des ressources (Stigler, 1971). La question revient alors à expliquer quelle doit être la taille optimale du groupe d'intérêt qui demande la régulation. A ce sujet, Olson pense que, toutes choses égales par ailleurs, plus le groupe des bénéficiaires potentiels d'un bien collectif est petit, plus la part des gains qui reviendra à celui qui entreprendra une action dans l'intérêt du groupe, sera grande (Olson, 1983). C'est par exemple, lorsque la taille du groupe est petite, que l'incitation de ses membres d'affecter le produit de la régulation est grande. Il s'ensuit que les membres d'une branche, à l'instar des banquiers, sont plus incités à s'organiser pour défendre efficacement leurs intérêts, que le grand nombre des déposants. La montée en puissance des groupes d'intérêt réunissant les consommateurs, a probablement poussé Peltzman (1976) à considérer l'élu en politique comme un arbitre dans la confrontation entre les groupes d'intérêt. Il cherchera à maximiser son bien-être et à servir son intérêt par la maximisation du nombre des votes.

La régulation a surtout le mérite d'accroître la confiance dans le système bancaire, et de réduire les coûts des différentes parties contractantes, c'est-à-dire les coûts de l'agence. C'est justement sous cet angle que la théorie de l'agence traite la régulation.

1.1.1.3. La théorie des coûts d'agence

Jensen révèle les origines de l'Agency Cost Theory (ACT) dans le fameux livre « La Richesse des Nations » d'Adam Smith qui écrivait :

"*The directors of joint stock companies - being the managers rather of other people's money than their own – cannot be expected to watch over it with the same anxious vigilance with which the partners in a private company frequently watch over their own. Negligence and profusion, therefore, must always prevail, more or less, in the management of the affairs of such a company*". (Smith, 1776).

Adam Smith était sensible au conflit d'intérêt entre les managers et les actionnaires, qui aboutirait à la faillite des firmes, si la surveillance par les actionnaires n'était pas facilitée. Néanmoins, il ne voit pas l'émergence d'une théorie qui justifierait de nouvelles formes institutionnelles d'organisation minimisant les coûts de ces conflits, et assurant la survie de la firme.

L'ACT suppose que la poursuite de l'intérêt privé par les agents parfaitement rationnels, s'accompagne inévitablement de conflits. Puisque ces conflits d'intérêt causent des problèmes et des pertes, les agents sont fortement incités à trouver eux-mêmes des formes d'organisation (par exemple le contrat) pour minimiser leurs coûts (Jensen, 1995). Dans une formule dérivée, le terme de contrat sous-entend un accord explicite entre les agents aux intérêts divergents, visant à développer une politique d'action où chacune des parties trouve des avantages tout en étant bénéfique pour l'ensemble (Echaudmaison, 1996). Il ressort que cette théorie s'attache à l'autorégulation.

Trois types de coûts d'agence sont encourus dans un contrat entre le principal et l'agent : le coût du principal qui surveille et force l'agent à se comporter selon les termes du contrat, le coût du dommage que le principal subit à cause d'une surveillance imparfaite ou des restrictions imposées dans le contrat par l'agent, et le coût de l'agent essayant de réunir et de profiter des informations (Kane, 1997).

L'ACT explique la présence de l'autorégulation sur le marché financier par l'intérêt commun qu'ont les acteurs, d'une part à répondre de façon organisée aux turbulences du marché, et d'autre part, à réduire les coûts par des relations plus stables et anticipées sur le marché. Les banquiers s'organisent en créant des agences privées de la régulation qui perfectionnent des fonctions telles que les relations publiques, la collecte des données statistiques, la surveillance du marché, l'arbitrage des conflits, les compensations, les punitions des déviants, les systèmes de paiements, etc. Ces agences sont financées par leurs membres et défendent leurs intérêts.

La synthèse des théories positives de la régulation du système bancaire permet de comprendre l'évolution des comportements, et des rôles des institutions qui y sont impliquées. Au fil du temps, on est passé d'une régulation externe à une régulation à la fois externe et interne. Cela manifeste une prise de conscience par les banques, que la confiance et la monnaie sont des biens publics. Elles se nourrissent de la stabilité du système, et elles constituent les piliers de l'activité bancaire.

Grâce aux théories normatives, nous pourrions comprendre de manière exhaustive le rôle et la forme de la régulation du système bancaire.

1.1.2. Les théories normatives de la régulation

Les théories normatives évaluent des propositions en termes de « bon » ou de « mauvais ». Selon elles, l'intervention du gouvernement est rapportée aux défaillances du marché qui se présentent lorsque les marchés ne fonctionnent pas parfaitement, dans le sens qu'il y a d'un côté, l'absence de concurrence et d'information parfaite sur les marchés et de l'autre côté, l'existence de biens publics. Ces imperfections des marchés conduisent vers une mauvaise allocation des ressources. La régulation est considérée comme un instrument permettant d'y remédier, afin d'aboutir à un meilleur bien-être social.

L'intervention de l'Etat est plus poussée dans le système bancaire, que dans d'autres secteurs, et plusieurs arguments tentent d'élucider son acharnement. Le premier argument reconnaît le rôle pivot de ce système dans l'économie. Les banques, en tant qu'intermédiaires simples, fournissent les moyens de paiements et en tant qu'agents financiers de l'économie, créent de la monnaie dont profitent tous les agents. Selon Dow, la monnaie a les caractéristiques d'un bien public (non-rivalité dans sa consommation, non-exclusion dans l'échange) qui suffiraient à justifier la régulation étatique dans le secteur bancaire (Dow, 1996). Implicitement, cet argument s'attache à atteindre des objectifs de politique monétaire. L'argument suivant est lié à la protection du grand nombre des petits déposants qui détiennent les dettes bancaires. Une faillite bancaire aurait des conséquences graves sur un grand nombre d'agents à la fois, et l'Etat se donne pour but de les protéger. A ces deux arguments, il faudrait en ajouter un autre concernant la notion de l'incertitude liée à l'asymétrie d'information et le risque systémique.

La démarche proposée ici, est de présenter d'abord brièvement l'essentiel des théories de la production optimale des biens publics. Plus loin, on se concentrera sur le système bancaire en analysant brièvement la validité des objectifs de politique monétaire, ceux de protection des consommateurs et d'asymétrie d'information, souvent évoqués comme les « raisons d'être » de la régulation bancaire.

1.1.2.1. La production optimale des biens publics et l'intervention gouvernementale

Une allocation efficace des ressources au sens de Pareto, se définit par une situation dans laquelle une réallocation des biens et services ne peut pas augmenter le bien-être de tous les individus. Pour reprendre une autre formulation plus familière, une allocation de ressources est qualifiée d'optimale lorsque tout changement ne peut apporter une amélioration du bien- être de certains individus qu'aux dépens du bien-être d'un ou plusieurs autres individus (Villet, 1999).

Il existe une relation étroite entre l'efficacité parétienne et l'équilibre concurrentiel. En effet, nous savons qu'une situation d'équilibre concurrentiel se caractérise par une égalité entre l'offre et la demande des biens des agents. Au départ, tous les agents arrivent au marché avec des dotations initiales de ressources, et ils considèrent le vecteur des prix comme donné. Ensuite, leurs interactions annulent les offres et les demandes nettes et dirigent le marché vers l'équilibre. Selon le premier théorème de bien-être, chaque position d'équilibre de concurrence parfaite correspond à une allocation des ressources pareto-efficace. Le deuxième théorème de bien-être postule que, si une fonction sociale de bien-être existe, alors sa maximisation sera pareto-efficace (Varian, 1995). Or, les imperfections du marché empêchent d'aboutir à un équilibre concurrentiel, et par conséquent, elles portent atteinte au bien-être social. De ce point de vue, l'équivalence entre les états sociaux efficaces et les équilibres de concurrence parfaite, permet au gouvernement d'identifier les mesures utiles pour corriger les défaillances du marché, afin de maximiser le bien-être social. Pour cela, nous considérons la présence des biens publics, des monopoles bancaires, de l'asymétrie d'information et des externalités liées à l'instabilité du système, comme la preuve que les hypothèses de l'équilibre concurrentiel ne sont pas satisfaites, et que nous devrions nous interroger sur la nécessité de la régulation.

Il semble que les conclusions concernant l'action du gouvernement selon Samuelson et selon Coase, sont contradictoires. Cette opposition est pourtant seulement apparente, car dans un cas, on s'interroge sur la production optimale des biens publics, alors que dans l'autre, il s'agit de la production optimale des biens privés avec des caractéristiques différentes. Il s'ensuit alors que *la justification ou la non-justification de l'intervention gouvernementale dépend de la nature des biens que la régulation vise à produire*. Dans le cadre du système bancaire, les divergences d'opinions dans la nécessité ou l'inutilité de la régulation, trouvent souvent leur origine dans la difficulté d'accepter que la création monétaire et la confiance dans les affaires soient des biens publics.

1.1.2.2. Les objectifs de la politique monétaire comme justification de la régulation

Atteindre des objectifs de politique monétaire par la régulation externe du système bancaire, a été longtemps du domaine prioritaire pour les autorités. Il n'est pas alors surprenant que les formes d'intervention s'étendent des subventions aux réserves obligatoires et le seigneuriage.

Pour réduire ou accroître la monnaie centrale et par conséquent, contrôler le niveau général des prix, la Banque Centrale peut exiger des banques, qu'elles constituent des réserves minimales, c'est-à-dire obliger les banques de détenir un stock de monnaie centrale dans un compte ouvert auprès de la BC. Ces réserves obligatoires s'ajoutent aux billets et pièces en circulation pour former la base monétaire. La masse monétaire ne serait qu'une multiplication de cette base.

Ce prélèvement de réserves obligatoires trouve une première justification dans l'idée qu'elles seraient *un instrument d'action efficace de la politique monétaire pour contrôler la masse monétaire et par conséquent, le niveau des prix*.

La politique des réserves obligatoire (R) se base sur l'argument théorique que R sont inversement proportionnelles au volume des dépôts. Une modification du taux des R change les données du marché monétaire. Par exemple, une hausse du taux des réserves obligatoires par la BC, provoquerait un besoin de liquidités pour les banques secondaires. Comme elles ne peuvent pas renoncer à leur contrat de crédit en cours, et qu'elles doivent maintenir une certaine activité, les banques subissent dans un premier temps des effets sur leurs trésoreries. La BC peut alors pousser plus loin son action en augmentant les taux de manière à neutraliser la résistance des réserves excédentaires des banques, d'où la création d'un besoin net de liquidités pour le système bancaire. A terme, les banques secondaires sont incitées à réduire leur apport en crédits à l'économie et en conséquence, la masse monétaire ainsi que le multiplicateur vont diminuer.

La deuxième justification utilise *la notion des réserves obligatoires comme un moyen pour atténuer les conséquences des chocs exogènes*. Dans une période d'instabilité, une proportion élevée de ces réserves affronterait, au moins à court terme, une demande accrue de monnaie centrale du public. Si l'accroissement de la demande pour la monnaie centrale ne persiste pas, la banque ayant eu des réserves obligatoires élevées, éviterait de se trouver dans une position d'insolvabilité accompagnée d'effets négatifs sur la stabilité du secteur réel. Par conséquent, l'instabilité serait limitée seulement au secteur bancaire. Longtemps, les économistes ont préconisé des réserves élevées, et si possible à un taux de 100 % (⌉=1). L'idée était de minimiser l'influence des perturbations du secteur réel sur le secteur monétaire, en diminuant la valeur du multiplicateur de la base monétaire par la hausse du niveau des réserves obligatoires. Dans le cas extrême d'un taux de 100%, ce multiplicateur serait égal à l'unité. D'autres économistes, par contre, ont appuyé l'idée d'un abandon des réserves comme n'ayant aucun effet sur la masse monétaire. Les banques seraient certainement ravies d'un tel abandon, car elles perçoivent les réserves obligatoires comme une taxe de « production des dépôts » (Baltensperger, 1982).

De son analyse, il ressort qu'en fonction du choc considéré, le système des réserves obligatoires avec sa flexibilité, peut être un avantage ou un désavantage pour la stabilité économique. Il s'avère alors impossible de choisir entre un niveau bas ou élevé de réserves dans un souci de stabilité.

L'utilisation du seigneuriage au bénéfice du gouvernement n'est pas totalement exclue. Cependant, le montant reste limité en fonction des règlements ou de la législation, et il est insignifiant quant aux dépenses de l'Etat. Il faudrait peut-être chercher d'autres raisons qui tentent d'élucider l'intervention régulatrice de l'Etat.

1.1.2.3. La protection des consommateurs

Dans la littérature actuelle, le but de la régulation souvent cité est celui de protéger les consommateurs. Ceci principalement en raison d'une situation de monopole des banques et de l'incapacité d'un grand nombre de déposants à surveiller l'activité bancaire. Considérons ces deux aspects.

Le monopole naturel peut être défini comme la structure de marché dans laquelle une seule firme offre. L'accroissement de la quantité produite s'accompagne d'une baisse des coûts marginaux liés aux facteurs de la production et d'une hausse des profits pour le producteur. *La régulation, pour éviter les effets négatifs d'une industrie dans une situation de monopole naturel est bien connue par la théorie économique.* C'est justement cet argument emprunté aux autres branches qui prévaut aussi dans le secteur bancaire (Goodhart et al., 1998).

Les banques, seules institutions qui mettent en place et commandent la production de ces services, profitent des informations sur les consommateurs fournis par les services produits. En outre, elles se trouvent dans une situation de monopole qui génère naturellement des rentes considérables. L'objectif de la régulation est alors d'assurer que les banques n'abusent pas de ce pouvoir de monopole, en vendant leurs services hors de prix ou en exerçant des pressions sur les consommateurs. Une autre forme de pression que la régulation veut éviter, est celle de l'influence des banques dans la prise de décisions dans d'autres secteurs (obliger les entreprises à investir dans certaines activités) ou dans le secteur bancaire lui-même (limiter l'entrée de nouveaux concurrents) (Cecchetti, 1999).

Les auteurs du courant minoritaire de « free banking » rejettent l'idée qu'on puisse intervenir dans le système bancaire sous prétexte de la présence d'une structure monopolistique. Les banques ne sont pas dans une situation de monopole naturel.

Sous la même optique, d'autres auteurs ajoutent que c'est la régulation de l'Etat par le biais des restrictions géographiques et sectorielles, qui rend possible la domination d'une seule banque dans un marché spécifique. De plus, il n'y a pas d'évidence empirique de l'existence dans le système bancaire résultant d'une situation de monopole naturel (Benston et Kaufman, 1996). Il semble que même si ces économies d'échelle étaient présentes, il existerait une taille au-delà de laquelle elles disparaitraient.

Les tenants du *laisser-faire* ont une confiance absolue en la capacité autorégulatrice du marché. En l'absence de toute intervention, c'est le marché qui impose la discipline aux banques, et les pousse à maintenir des ratios de capitaux propres plus élevés (Dowd, 1996). Reste inexpliqué le fait que le marché génère des informations permettant aux banques de calculer la vraie valeur des actifs et la capacité des déposants de les interpréter. La justification de la régulation endogène des banques est aussi complètement ignorée. L'existence de l'asymétrie d'information est la condition nécessaire et suffisante pour développer ce modèle de la régulation prudentielle.

La question sera alors de savoir si ces déposants sont capables de surveiller et d'intervenir dans la banque. Dewatripont et Tirole (1993) supposent que, les déposants étant mal informés et de surcroît incapables d'éviter de se comporter « en passager clandestin », ne pourront pas assumer le rôle du régulateur de la banque. Ces petits déposants si nombreux, ont alors besoin d'être représentés par une réglementation publique. La régulation prudentielle est ainsi un substitut de la régulation des petits déposants.

Malgré cette justification élégante, l'existence d'une régulation particulière pour le système bancaire n'est pas convaincante.

Il semble donc difficile de conclure sur la justification de la régulation du système bancaire dans le but de protéger les consommateurs des services bancaires.

En général, les études théoriques et empiriques démontrent que des formes telles que les restrictions sectorielles ou géographiques non seulement ne protègent pas les consommateurs, mais elles portent encore atteinte au bien-être de ces mêmes consommateurs. Si on tient compte des externalités négatives d'un marché monopolistique et de l'impossibilité pour les déposants de surveiller et d'intervenir de manière efficace dans les banques, on pourrait imaginer une régulation publique. Cette régulation particulière pour le système bancaire, devrait toutefois s'exercer de manière que ses coûts ne dépassent pas les bénéfices, et se baser sur un argument théorique ne touchant que le système bancaire.

1.2. De Bâle I à Bâle III : quelques éléments clés de l'évolution de la règlementation micro-prudentielle

Un ratio approprié des capitaux propres est un instrument efficace contre la faillite bancaire. Les capitaux propres constituent un coussin qui absorbe les pertes avant qu'elles « mordent » le capital étranger, et mènent vers la défaillance bancaire. Leur aspect quantitatif résulte de l'estimation des risques bancaires par des méthodes de calcul élaborées. Par contre, l'aspect qualitatif de la surveillance bancaire est relatif aux formes d'organisation et à d'autres exigences au niveau de l'information. Dans ce sens, concevoir le lien entre la régulation et la stabilité du système, implique des interrogations sur la nécessité des capitaux propres et sur l'estimation des risques bancaires. De leur côté, la description et la critique du contenu pratique de Bâle I permettent de démontrer ses impacts microéconomiques, et de déceler les tendances générales de la régulation bancaire.

Du point de vue des banquiers, les capitaux propres ont essentiellement trois fonctions : financer les investissements, couvrir les pertes prévues ou imprévues, assurer la confiance des déposants ou des autres bailleurs de fonds. A ces trois fonctions principales, s'ajoutent aussi des fonctions plus pratiques, liées à l'exigence juridique d'un apport de fonds propres indispensable à la création d'une banque et à l'utilisation des capitaux propres par les propriétaires comme base de calcul de distribution des profits

(Mikdashi, 1998). Du point de vue de la régulation s'attachant au niveau macroéconomique, les capitaux propres ont deux fonctions : éviter le risque systémique et atténuer les inégalités concurrentielles existant entre les banques internationales (BIS, 1988).

1.2.1. Bâle I ou le triomphe du ratio de solvabilité de Cooke

Les exigences en matière de capitaux propres, définies par l'Accord de Bâle en 1988 (Bâle I), constituent un instrument préventif utilisé par les régulateurs, afin d'atteindre l'objectif de la stabilisation du système bancaire. Ce volet comprend des mesures qualitatives et quantitatives des risques, mesures conçues dans les années quatre-vingt-dix par le Comité de Bâle sur le contrôle bancaire.

Le Comité de Bâle pour la Supervision Bancaire est un organisme composé des superviseurs bancaires des pays du G10. Il a été créé en 1974 pour élaborer des normes minimales, et encourager les meilleures pratiques en matière de supervision bancaire. Son secrétariat est installé au sein de la Banque des Règlements Internationaux (BRI) à Bâle en Suisse. Le Comité se déploie à travers plusieurs groupes de travail, groupes de liaison, conférences internationales et régionales, circulation de documents, etc. C'est en définitive un forum de coopération internationale entre les superviseurs bancaires des pays du G10, et entre ces derniers et ceux des autres pays de la planète.

Avant l'entrée en vigueur de Bâle I en 1988, les régulateurs avaient opté pour un ratio minimum de capitaux propres *(minimum safe operating level)* qui, s'il n'était pas atteint, conduisait à la fermeture des banques. En revanche, après 1988, les régulateurs ont décidé à déterminer un ratio minimum de capitaux propres, en fonction de la composition du portefeuille bancaire. Si la banque avait un ratio inférieur, cela signifiait qu'elle serait sous- capitalisée à un point tel que, si elle continuait son activité, ses coûts de liquidation dépasseraient le montant des fonds propres. Ce ratio appelé *"backstop level"* détermine le niveau au-dessous duquel la banque n'est plus solvable et devrait être fermée par les régulateurs (Estrella et al. 2000). Ce niveau de capitaux propres, objectif et facilement vérifiable, joue donc le rôle d'un *warning bell* pour les autorités. Au fur et à mesure que le ratio s'accroît, la banque se trouve toujours sous l'œil attentif des régulateurs. Des ratios plus élevés que le minimum exigé, représentent une situation normale des activités bancaires. Et parmi ces ratios, il existe le ratio optimal de capitaux propres.

1.2.1.1. Le contenu de l'accord de Bâle I

Les grandes lignes de la réglementation bancaire concernant les capitaux propres, ont été définies par le Comité des règles et pratiques de contrôle des opérations bancaires en 1988. D'autres modifications complètent la réglementation de 1988, en reflétant à la fois l'importance de l'évolution des conditions économiques et les progrès techniques faits par les banques dans les calculs du montant des capitaux propres (Tartari, 2002).

Bâle I concède aux capitaux propres une définition qui sera prise sans modifications par les dispositifs suivants. Ainsi, les fonds propres d'une banque sont constitués :

- du capital de base (catégorie 1) qui représente un noyau formé par le capital social et les réserves publiées provenant des bénéfices après impôts non distribués. Ce capital doit représenter au moins 50 % des fonds propres.
- et du capital complémentaire (catégorie 2) qui comprend les réserves non publiées, les réserves de réévaluation et les provisions générales pour créances douteuses. On y ajoute aussi des instruments hybrides de dette et de capital et des dettes subordonnées. Ces composantes des fonds propres seront admises jusqu'à concurrence d'un montant égal à celui du capital de base (BIS, 1988).

Il convient d'insister sur le fait que l'accord vise à déterminer des niveaux minimaux de fonds propres pour les banques opérant au niveau international. Le cadre de mesure permet surtout d'évaluer les fonds propres sous l'angle du risque de crédit pour les prêts, et du risque de taux de change et de taux d'intérêt pour des activités hors bilan. La prise en compte des autres risques dépend de la volonté des autorités nationales.

L'accord considère que la meilleure méthode pour évaluer le montant des fonds propres des banques, est celle des risques pondérés, principalement pour trois raisons. Tout d'abord, elle permettrait de comparer équitablement les systèmes bancaires de structures différentes, ensuite, elle faciliterait l'incorporation des risques hors bilan dans le système de mesure, et finalement elle encouragerait les banques à détenir des actifs liquides d'un faible risque.

Pour une banque quelconque, cette méthode définit le ratio de capitaux propres k (ratio of capital to risk-weighted assets RWCA) de la manière suivante :

$$\frac{\textit{Total des capitaux propres} \geq}{\sum i\ ai\ (\textit{actifs du bilan}) + \sum i, j\ ai\ w\ j\ (\textit{Actifs hors bilan})} \qquad 8\ \%$$

Les banques sont invitées à mettre en œuvre les exigences du présent accord durant une période transitoire, qui s'étendra de la date de juillet 1988 jusqu'à la fin de 1992. A la fin de 1990, les banques doivent atteindre un niveau minimal de fonds propres égal à 7.25%. Ce ratio s'élèvera à au moins 8% après deux ans.

En janvier 1996, le Comité de Bâle a publié son Amendement à l'Accord de 1988 pour son extension aux risques de marché. Selon ce dispositif, à partir de la fin de 1997, ou plutôt si les autorités nationales de contrôle le demandent, les banques seront tenues de mesurer les risques de marché, et de leur appliquer les exigences de capitaux propres comme elles le font déjà pour le risque de crédit (BIS, 1996a).

La principale nouveauté apportée par ce dispositif consiste en une plus grande latitude dont les banques disposent dans le choix de leurs modèles de calcul du risque de marché. La pratique a montré que la plupart des banques utilisent les modèles internes basés sur les approches de VaR, et que l'utilisation des modèles standardisés devient marginale. En outre, mis à part les deux catégories existantes de fonds propres, une troisième catégorie consistant en dette subordonnée à court terme, a été définie. Son but sera de couvrir une partie des fonds propres pour risque de marché, et son montant sera limité à 250% de la catégorie 1 requise pour la couverture de ce risque. Cela signifie que le risque de marché doit être couvert à hauteur d'au moins 28 1/2% par les capitaux propres de la catégorie 1, et qui ne sont pas exigés pour les autres risques. Toutefois, la prise en compte de la dette subordonnée à court terme peut être refusée par les autorités nationales.

Le calcul cohérent du ratio de capitaux propres pour risques de crédit et de marché devient alors :

$$\frac{\textit{Total des capitaux propres}}{\textit{Risques de crédit} + \textit{Risques de marché}} \geq 8\%$$

Selon le dispositif, chaque banque devra accomplir l'exigence de fonds propres sur une base journalière qui correspond à la valeur la plus élevée entre : la perte potentielle du jour précédent et la moyenne des pertes potentielles sur les soixante derniers jours ouvrables, majorée par le facteur de multiplication qui prend au moins la valeur de 3. Les majorations τ de ce facteur sont attribuées aux banques par les autorités de contrôle en fonction des performances des modèles, évaluées ex-post, afin d'inciter les banques d'améliorer la précision de leurs modèles de calcul.

1.2.1.2. Les implications de Bâle I pour l'activité des banques

Le ratio de capitaux propres (k) n'étant pas indépendant de la structure du portefeuille bancaire, il est nécessaire d'exposer les principaux arguments qui mettent en évidence les influences de ce ratio sur le comportement bancaire.

La prise de risques se réfère à toute activité bancaire susceptible d'augmenter le danger de faillite par rapport à une situation optimale. La régulation, par le biais des capitaux propres, suppose qu'un ratio élevé de capitaux propres réduit la prise de risques par les banques, ce qui entraîne aussi une diminution du risque systémique.

L'approche de portefeuille analyse comment le ratio des capitaux propres doit être lié avec le risque, afin d'inciter les banques à choisir la stratégie de portefeuille désirée. Le point de départ étant l'hypothèse selon laquelle il est impossible d'éliminer tout le risque dans le secteur bancaire, le ratio optimal des capitaux propres est, par conséquent, une fonction croissante du risque de portefeuille (Hebbink et Prast, 1998).

Le modèle de base de cette approche s'inspire de l'article de Kim et Santomero (1988), et il tient compte des instructions de Bâle I en matière de capitaux propres. Les auteurs veulent démontrer que, dans un marché compétitif avec une symétrie d'information, un choix non approprié du poids donné aux risques (qui ne considère pas les corrélations entre les différents actifs), pourrait conduire à une prise plus grande des risques par les banques.

Le modèle suppose que les propriétaires des banques soient aussi leurs managers, et qu'ils aient une aversion pour le risque (la préférence pour le risque est mesurée par le paramètre Γ*)*.

Ils investissent dans $n - 1$ actifs risqués et dans seulement 1 dépôt risqué, dont les rendements suivent une distribution normale. Les banquiers connaissent pour tout actif son rendement espéré et sa variance, ainsi que le coût espéré et la variance du dépôt. Pendant une période, le but est de maximiser la fonction d'utilité espérée qui est définie approximativement par les moments de la richesse finale. Ce qui signifie que la fonction d'objectif F est définie par l'espérance μ et l'écart type σ des rendements par unité de capital.

Ces hypothèses permettent de présenter le modèle dans un graphique relativement simple, où la courbe-enveloppe AA' représente la frontière de l'efficience de tous les portefeuilles en l'absence de régulation. L'introduction de la régulation en matière de capitaux propres exprimée par le ratio kb, modifie la frontière d'efficience qui maintenant est donnée par la courbe BB'. Un ratio de capitaux propres plus faible (kc < kb) est lié à la courbe CC'. L'objectif des autorités de régulation est de limiter la probabilité d'insolvabilité définie comme une situation où le capital propre de la banque est dilapidé ($\mu \leq -1$). Les autorités de la régulation choisissent un ratio de capitaux propres qui corresponde à un risque de faillite $\alpha > 0$, et pour lequel le portefeuille se trouve sur la frontière d'efficience. Cette situation est présentée par le point P1. Tous les portefeuilles sur la ligne Lα impliquent le même risque de faillite α pour la banque. De même, tous les portefeuilles qui se trouvent sur Lβ correspondent à une banque qui a une aversion plus faible pour le risque, et dont le risque d'insolvabilité β est plus élevé ($\alpha<\beta$).

Selon Kim et Santomero (1988), seule une pondération appropriée des risques qui tienne compte de toutes les corrélations entre les actifs du portefeuille, pourrait inciter les banques à réduire la prise de risques, et à choisir ainsi des portefeuilles se trouvant à gauche de la ligne L définie par le risque d'insolvabilité fixé par les autorités de la régulation. Ils démontrent les conditions nécessaires et suffisantes pour une estimation exacte des pondérations des risques de manière assez précise. Ces conditions dépendent : des rendements anticipés des actifs et des coûts des dépôts ; de la matrice de variance-covariance des rendements des actifs ; et du risque d'insolvabilité choisi par le régulateur.

L'effet pervers d'un accroissement du risque résultant d'un resserrement des exigences en matière de capitaux propres, est remis en question par les études de Furlong et Keeley (1989, 1990). Dans le cadre d'un modèle de portefeuille, ces auteurs argumentent qu'une banque non régulée prendra un risque excessif, afin de maximiser la valeur de ses actions au détriment de l'assurance des dépôts. L'introduction des exigences en matière de capitaux propres pourrait affaiblir ces incitations, en obligeant les actionnaires à absorber une plus grande partie des pertes, et ainsi à réduire la valeur de l'option de l'assurance de dépôts. Contrairement aux autres études s'inspirant de l'approche de portefeuille, les auteurs ajoutent la valeur anticipée de l'option de l'assurance des dépôts au rendement anticipé du capital. Il s'ensuit que la relation entre la prise de risque et cette option devient proportionnelle. Mais, puisque la valeur de cette option diminue avec l'accroissement du capital propre, les incitations de la prise de risques diminuent également. Il est évident qu'avec plus de capitaux propres et moins de risque, la régulation a un effet stabilisateur, car elle réduit le risque d'insolvabilité de la banque, par conséquent le risque systémique (Keeley et Furlong, 1990).

De ce qui précède, il découle que, l'approche de portefeuille ne permet pas d'établir une relation entre le montant de capitaux propres et la prise de risques d'une banque particulière. Il faut alors faire appel à d'autres théories pour tenter de déceler une telle relation.

Les modèles de l'approche des incitations tentent d'élucider la relation entre le ratio de capitaux propres et la prise de risques par l'asymétrie d'information présente à plusieurs niveaux de l'activité bancaire.

Le modèle de Besanko et Katanas (1996) considère le comportement de la banque à l'égard du risque en relation étroite avec deux problèmes d'agence : premièrement, le problème entre les anciens actionnaires (insiders) de la banque qui maximisent leur bien-être, et les nouveaux actionnaires (outsiders) qui se sont appropriés de nouvelles émissions d'actions en vue d'augmenter la part des capitaux propres du bilan ; et deuxièmement, le problème entre les insiders et les régulateurs. L'activité bancaire consiste à faire des investissements par les insiders dans des prêts risqués. Leur financement provient des dépôts et des capitaux propres. Le surplus des insiders est dégagé des prêts et de l'assurance des dépôts, laquelle, en cas de faillite subit tous les coûts. L'assurance des dépôts offre donc indirectement des fonds (des dépôts) à un taux d'intérêt nul. L'entrée en vigueur de Bâle I exige de la banque qu'elle accroisse le montant de ses fonds propres. Il en résulte que pour le même montant de prêts, la banque a besoin de plus de capitaux propres, ce qui réduit le surplus des insiders. Ce sont les outsiders qui compensent cette perte en payant un prix sur le marché des actions émises par la banque. En effet, la part des insiders dans les actions ayant diminué, ils ont moins d'intérêt à accroître leurs efforts, ce qui réduit le prix d'équilibre des actions de la banque sur le marché (Besanko et Katanas, 1996).

Le risque auquel s'exposent les régulateurs et les assureurs diminuerait, si la valeur du marché de la banque s'accroissait malgré la baisse du prix des actions. Mais, si l'effort des insiders avait nettement baissé, la valeur du marché des capitaux propres aurait diminué et les régulateurs se seraient trouvés devant une banque en difficulté. C'est à ce moment que le deuxième problème d'agence entre en jeu. Le bien-être des régulateurs et des assureurs se détériorerait si l'augmentation du ratio de capitaux propres devait se faire. On peut alors tout à fait imaginer que les dispositions des accords ne seraient pas appliquées. Si la banque anticipe ce comportement des régulateurs, il se peut qu'elle ne réduise pas sa prise de risques. Il semble donc qu'en fonction de ces anticipations relatives au comportement des autorités, une banque peut soit réduire, soit accroître le risque de son portefeuille et sa valeur de marché. L'accroissement du ratio k peut diminuer le risque associé à un type de problème d'agence, et simultanément renforcer celui d'un autre type. Il serait donc préférable de détenir des capitaux propres en fonction des caractéristiques de chaque banque (Besanko et Katanas, 1996).

La régulation des capitaux propres est accusée d'affecter indirectement la transparence des bilans bancaires, en incitant à utiliser plus intensivement la titrisation.

La réglementation des capitaux propres est perçue, par les banques, comme une contrainte au montant des crédits accordés, car elle accroît le coût du capital propre par rapport à celui de la dette. Les banques, comme pour toute autre forme de contrainte, tentent de détourner la réglementation en développant des techniques se basant sur un calcul rationnel, qui compare les coûts et les bénéfices de leur mise en place avec le coût subi par la régulation. La titrisation est un processus mis en pratique sur la base d'un tel calcul rationnel et qui, en plus, essaye d'exploiter les faiblesses de la régulation, notamment celles concernant les pondérations des actifs.

Le processus de la titrisation consiste, pour les banques, à revendre une partie de leurs actifs sous forme isolée ou en bloc à un fonds commun de créances. Les banques créent des titres financiers à partir de leurs créances, et les titres portent alors le nom « *asset-backed securities » (ABS)*. Ces titres sont susceptibles d'être échangés sur un marché liquide, ou d'être vendus à d'autres investisseurs institutionnels (Jones, 2000).

La réglementation des capitaux propres peut mettre les banques dans une situation désavantageuse par rapport aux autres institutions financières non bancaires. Toutefois, il semble peu plausible que la perte des parts de marchés par les banques soit attribuable aux exigences en matière de capitaux propres. Il est possible que d'autres facteurs, tels que les innovations financières, les développements technologiques ou les fortes contraintes imposées par les gouvernements, ont pu jouer un rôle déterminant dans l'explication de cette tendance. Néanmoins, il est utile, pour avoir une vue d'ensemble des effets microéconomiques de la réglementation des capitaux propres, de s'interroger sur l'influence de la régulation des capitaux propres sur la compétitivité des banques. Pour la compréhension de cet impact, il est opportun d'examiner si les profits des banques ont été affectés, et si les différences (en termes de coût du capital) entre les banques internationales ont été réduites.

Les profits bancaires sont très affectés par des facteurs comme la conjoncture macroéconomique ou des fusions et des acquisitions des banques. C'est la raison pour laquelle, les auteurs ont tenté de mesurer l'influence de l'accord de Bâle, de manière indirecte, en observant les variations des prix des actions des banques suite aux annonces des autorités de la régulation (BIS, 1999b). Dans ce cadre, les résultats empiriques sont aussi contrastés. Ainsi, une étude faite par Cooper et al. (1991) compare les effets sur les prix des actions bancaires de vingt-sept grandes banques de quatre pays USA, GB, Canada et Japon suite à la publication des douze annonces (du 8 janvier 1987 au 11 juillet 1988) liées aux accords entre les Etats-Unis et la Grande-Bretagne, ensuite aux accords entre les pays industrialisés (y compris le Japon), et finalement l'Accord de Bâle. La publication de l'accord entre les Etats-Unis et la Grande-Bretagne a entraîné une chute des prix des actions pour les banques de ces pays, tandis que les banques canadiennes et japonaises ont enregistré une hausse des prix de leurs actions. Ensuite, quand tous les pays industrialisés, y compris le Japon et le Canada, ont entamé leurs discussions à propos des capitaux propres, seules les banques japonaises ont continué à enregistrer une hausse de prix de leurs actions. Ce comportement différent des prix inhérents au Japon, s'explique partiellement par la prise en compte de 45 % des réserves latentes (qui étaient élevées pour les banques japonaises) dans le calcul des capitaux propres, et qui était interprété comme une bonne nouvelle par le marché. Par ailleurs, plusieurs études au Japon prévoyaient des effets positifs suite à l'introduction des accords. Enfin, l'annonce de Bâle I avait des effets non significatifs sur les prix des actions, car le marché les avait probablement déjà reflétés avant cette information (Cooper et al., 1991).

Outre les quatre pays précédents, une étude ultérieure la Suisse, les Pays-Bas et l'Allemagne, obtient des conclusions opposées. En effet, les annonces de la régulation n'ont pas réduit les prix des actions des banques. Pourtant dans l'étude précédente, la réglementation a eu un effet bénéfique sur les prix des actions des banques japonaises qui ont fait un gain cumulatif de 31,63%. Ce gain est interprété par le fait que durant les années quatre-vingt, la part de marché des banques japonaises (ayant de plus faibles ratios de capitaux propres que les autres banques), s'est accrue très rapidement. L'accord de Bâle a visé à remédier à cette inégalité et à améliorer la concurrence. Or, le traitement des réserves latentes obtenu par les autorités japonaises, diminuait le coût lié à l'accroissement des ratios des capitaux propres des banques japonaises, et ouvrait la route à la mise en faillite de l'objectif du nivellement de la concurrence entre les banques internationales. Le prix à payer par les banques japonaises, pour garder la part du marché international, était inférieur aux bénéfices retirés du libre accès aux marchés étrangers (Wagster, 1996).

1.2.1.3. Les critiques formulées à l'encontre de Bâle I

Plusieurs points faibles ont été soulignés dans les accords de 1988 notamment :

- Tout en acceptant qu'il soit impossible de calculer un ratio objectif pour l'ensemble du système bancaire, il nous semble que *les régulateurs exigent d'une façon rigide un ratio de capital propre supérieur à 8%* pour lequel la probabilité de faillite serait faible. Rien ne justifie que des banques opérant dans des secteurs complètement différents (cycliques, contre-cycliques, des zones géographiques diverses, etc.), aient besoin du même ratio de fonds propres pour faire face à leurs problèmes. Il est fort probable que ce ratio soit surestimé pour certaines banques ou sous-estimé pour d'autres. Sa pertinence serait aussi remise en cause au cas où ce ratio serait déterminé sur la base des observations effectuées avant 1987. Or, les mutations intervenues depuis lors dans les activités bancaires, auraient pu altérer les facteurs de pondérations ou ajouter d'autres innovations financières (Mikdashi, 1998).
- La pondération du risque de crédit est critiquée pour sa *différenciation insuffisante* quant à son potentiel de prendre en compte toutes les banques, tous les emprunteurs et la complexité des transactions. Cela implique qu'il est difficilement envisageable de mettre en relation, de manière appropriée, les exigences en capitaux propres et le risque de crédit effectif. Une distorsion entre le capital exigé par le marché et celui imposé par la régulation, est par conséquent inévitable.
- Au cas où la contrainte régulatrice serait active ($k < 0.08$), la banque peut prêter à un taux d'intérêt plus élevé, afin d'accroître le montant de ces capitaux propres. Ce faisant, elle pourrait approcher aussi les débiteurs risqués et défaillants (*sélection adverse*). Ce comportement révèle l'interdépendance entre la régulation et la politique des prix. Il est tout à fait envisageable que la régulation crée *des distorsions dans l'allocation des capitaux* (Hall, 1994).

- Une régulation très sévère des banques qui influence leur politique en matière de prix et des collatéraux, pourrait conduire à *une accélération de la désintermédiation*. En effet, les banques vont tenter de répercuter leurs difficultés sur leurs clients. Ces derniers essaient alors d'obtenir des financements des autres institutions financières qui ne se trouvent pas sous la contrainte régulatrice. La désintermédiation pourrait avoir des conséquences négatives sur l'économie dans son ensemble, car les particuliers et les petites entreprises ont plus de peine à recevoir les fonds directement sur les marchés par rapport aux grandes firmes. Il y aurait une partie de la demande qui ne serait pas satisfaite. L'offre des crédits est aussi négativement affectée. D'une part, les banques perdent les ressources investies dans l'acquisition des informations sur les clients. D'autre part, le financement des clients pourrait s'avérer plus difficile en période de crise, car la banque détient moins d'information relative à leur capacité de paiement (Edwards et Mishkin, 1995).
- Face à la concurrence des autres institutions financières non soumises à la réglementation, les banques se trouvent légalement désarmées et défavorisées au niveau national. Ce qui met en évidence que Bâle I n'est *pas neutre du point de vue de la concurrence*. L'accord n'est pas neutre non plus au niveau de la concurrence internationale. Le coût du capital est différent d'un pays à l'autre, et les exigences en matière de capitaux propres par leur impact sur la rentabilité ou la prise en compte des réserves latentes, modifient encore plus ce coût. Afin d'éviter cette inégalité au niveau de la concurrence, il faudrait d'une part s'interroger sur la possibilité d'élargir le champ d'application de la régulation sur l'ensemble des institutions financières, afin d'accroître la stabilité du système financier. D'autre part, il faut considérer la possibilité d'une harmonisation des politiques monétaires et fiscales, ainsi que les filets de sécurité des pays. Cette harmonisation est pratiquement impossible, et peut être non souhaitable au niveau global.
- L'accord de Bâle I n'a pas prévu l'ampleur de la *titrisation* et son influence sur les ratios exigés des fonds propres En effet, les banques se servent de différentes techniques de titrisation pour éviter de maintenir un ratio k correspondant à leurs expositions. Ce faisant, les banques masquent les risques réels de leurs portefeuilles, ce qui amoindrit le montant réel des fonds propres.
- Il est compréhensible que *la réglementation des capitaux propres à elle seule ne peut pas assurer la stabilité du système bancaire*. Ce pilier doit s'accompagner d'une amélioration de la collecte et de la diffusion des données, ainsi que de processus internes sains pour évaluer les risques. Au moment où la crise de la liquidité se déclare, le

maintien de la stabilité du système retombe à la Banque Centrale qui doit jouer activement son rôle de prêteur en dernier ressort.

- Mais la critique principale de l'accord de 1988 s'attache à son incapacité à inclure, dans le calcul, les autres risques importants encourus par une institution bancaire. Conscient de cette faiblesse, le Comité de Bâle a élargi progressivement le spectre des risques à considérer dans le calcul des capitaux propres pondérés, en incluant le risque de marché. Le risque opérationnel n'est cependant pas pris en compte par Bâle I, ce qui limite beaucoup son apport pour la stabilité du système bancaire.

1.2.2. Vers une couverture plus complète des risques bancaires : Bâle II

Afin de mieux refléter les risques sous-jacents, et de tenir compte davantage des innovations financières de ces dernières années (telles que les structures de titrisation), le Comité de Bâle sur le contrôle bancaire a ouvert, en juin 1999, un cycle de consultations. Son but est d'instituer un nouveau dispositif d'adéquation des fonds propres (Bâle II) destiné à remplacer l'accord de 1988 (BIS, 1999a).

1.2.2.1. Les piliers de Bâle II

Comme l'ancien accord, le nouveau dispositif est axé sur les objectifs prudentiels tels que : promouvoir la sécurité et la solidité du système financier et, à ce titre, Bâle II devrait, pour le moins, préserver le niveau actuel des capitaux propres pour l'ensemble du système, et renforcer les conditions égalitaires de concurrence pour les banques. Outre ces objectifs de base, le nouveau dispositif devrait constituer une méthode plus exhaustive pour le traitement des risques, et il devrait s'adresser prioritairement aux grandes banques internationales, bien que ses principes de base doivent être applicables à tous les établissements. Le champ d'application du nouvel accord sera étendu pour couvrir, sur une base consolidée, tous les niveaux d'un groupe bancaire.

Ces objectifs ne seraient pas atteints en se basant uniquement sur les exigences minimales en capitaux propres. Le nouvel accord repose sur un pilier quantitatif - exigences minimales en capitaux propres (pilier 1) - et deux piliers qualitatifs – surveillance prudentielle (pilier 2) et discipline de marché (pilier 3). Ces trois piliers se renforcent mutuellement. Les autorités doivent appliquer au minimum le premier pilier, mais cela ne peut être que temporaire, car ces trois piliers forment un tout et ils doivent être appliqués de manière équilibrée. Pour comprendre l'évolution des comportements des régulateurs, il faut cerner les principales caractéristiques de ces trois piliers.

Le premier pilier : exigences minimales des capitaux propres

Pour atteindre un objectif d'exigences minimales de capitaux propres incitatif et différencié en fonction du risque pour les banques et sain sur le plan prudentiel, Bâle II prévoit une approche progressive et évolutive dans le calcul des fonds propres. A ce titre, les principales modifications apportées à l'ancien accord s'articulent au niveau du risque de crédit et à l'incorporation d'exigences de capitaux propres en regard du risque opérationnel. Quant aux calculs des fonds propres relatifs au risque de marché, ils ne changent pas. Pour le calcul du risque de crédit, deux grandes options sont ouvertes : approche standardisée et approche fondée sur les notations internes (NI).

L'approche standardisée est du point de vue conceptuel, identique à celle de l'ancien accord, mais elle est plus différenciée en fonction du risque. Pour les crédits octroyés, les banques sont tenues à calculer le montant des capitaux exigés en fonction des évaluations établies par les agences externes de notations. Ainsi, dans le cas des crédits aux entreprises par exemple, le coefficient de pondération de 100% sera remplacé par quatre catégories (20%, 50%, 100%, 150%) en fonction des notes. Les coefficients de pondération se sont aussi affinés, selon le même principe, pour les autres types de crédits (BIS, 2001a).

Dans l'approche NI, les banques jouissent d'une plus grande liberté dans le choix des méthodes de calcul des capitaux propres inhérents à leur portefeuille, à condition qu'elles respectent des critères stricts en matière de méthodologie et de communication financière. Par rapport à l'approche standardisée, l'éventail des coefficients sera élargi, ce qui entraînera une sensibilité accrue à l'égard du risque. Le nouveau dispositif prévoit l'utilisation de deux méthodologies, simple et complexe, pour les prêts aux entreprises, banques et emprunteurs souverains, ainsi que pour les produits dérivés, accords de compensation et opérations de titrisation. Dans la première méthode, la banque estime la probabilité de défaillance de son emprunteur, et les autorités de la régulation fournissent les autres données nécessaires au calcul des fonds propres. Dans la seconde, la banque sera autorisée à recourir à ses propres informations, idem pour les autres données. La méthode avancée est en effet prévue pour les banques dotées de modèles de calcul développés, et ayant suffisamment de ressources financières (BIS, 2001b).

La grande nouveauté de Bâle II consiste dans l'intention d'examiner *le risque opérationnel* à côté des risques de crédit et de marché (BIS, 2001b).

Les propositions de méthodes de calcul se font autour de trois approches : approche de l'indicateur unique, approche standardisée et approche avancée. La première applique un seul multiplicateur du risque opérationnel à l'ensemble des activités d'une banque mesurées par son produit brut. La seconde affecte différents multiplicateurs aux produits bruts de tous les types d'activités, et le montant global correspond à la somme des exigences pour chaque type d'activités. Dans la troisième, ce sont les banques qui doivent estimer elles-mêmes les fonds propres requis en s'appuyant sur des données internes sur la probabilité d'événements générateurs de pertes, sur les pertes subies dans de tels cas et sur l'indicateur d'exposition au risque opérationnel. Ensuite, la banque applique à ces données un multiplicateur. Comme dans le cas de l'approche standardisée, il faut pour obtenir le montant global de capitaux propres, faire la somme des exigences pour chaque catégorie d'activités. Pour les trois approches, les multiplicateurs sont fournis par les autorités régulatrices qui les calculent en fonction des données relatives à l'ensemble du système bancaire. Au fur et à mesure que les banques améliorent leurs pratiques de gestion du risque et passent d'une approche simple à une approche complexe, les autorités prévoient une baisse des exigences en matière du risque opérationnel grâce au calibrage des multiplicateurs. Toutefois, ces fonds ne pourraient pas baisser infiniment, car les autorités prévoient l'introduction des planchers que les capitaux propres ne doivent pas dépasser (BIS, 2001b).

Bâle II envisage de soumettre les opérations de *titrisation* des banques aux exigences des capitaux propres. Les banques seront à l'avenir tenues à déterminer légalement un « point de rupture » avec les sociétés de titrisation. De même, les modalités des rehaussements des crédits par les banques seront discutées avec les autorités de la régulation. En ce qui concerne les méthodes de calcul des fonds propres relatifs à la titrisation, elles sont en cours d'élaboration (BIS, 2001b).

Deuxième pilier : processus de surveillance prudentielle

Le processus de surveillance prudentielle est considéré comme un complément des exigences en capitaux propres et de la discipline de marché. Pour les autorités, l'objectif de ce pilier qualitatif consiste à s'assurer que les banques soient dotées de procédures internes saines pour déterminer le niveau minimal des capitaux propres sur la base des risques encourus. A travers ce pilier, les autorités exercent leurs rôles de juges de la qualité des procédures et de la relation entre les différentes catégories de risques. Si elles concluent que les banques ne respectent pas les ratios réglementaires, alors elles pourraient les amender. Les autorités cherchent aussi à renforcer le dialogue avec les banques, de façon que, lorsqu'une défaillance est constatée, la réaction pour atténuer le risque soit rapide et adéquate (BIS, 2001b).

Troisième pilier : discipline de marché

La discipline de marché, l'autre aspect qualitatif du nouveau dispositif, vise à améliorer la communication financière des banques. Une plus grande transparence améliore le fonctionnement du marché, car les agents comprennent mieux le profil de risque des banques et l'adéquation des fonds propres au regard de ces risques. Le dispositif énonce des exigences et recommandations en matière de communication financière dans plusieurs domaines – champs d'application, procédures de gestions, méthodes de calcul des capitaux propres et d'évaluation du risque. Le respect de ces exigences constitue un préalable à l'approbation par les autorités de contrôle de l'utilisation des méthodologies internes. Comme dans le cas de la surveillance prudentielle, la non-conformité d'une banque aux recommandations sur la communication financière, s'accompagne d'interventions de la part des régulateurs. L'éventail de ces interventions, qui vont de la pression morale aux sanctions financières, dépend de la nature, des conséquences et de la durée de ce non-respect (BIS, 2001b).

1.2.2.2. Avantages et limites de Bâle II

Le parcours des propositions l'accord de Bâle II met en évidence trois grands avantages notamment :

Premièrement, *une plus grande différenciation des risques.* La séparation des risques entre risques de crédit, de marché et opérationnels permettra de mieux cerner les risques affrontés par le système bancaire. La meilleure gestion des risques par un élément du système, devrait réduire le risque systémique.

Deuxièmement, le Nouvel Accord *incite à moins recourir à la titrisation à cause de la régulation.* Le fait d'inclure la titrisation dans le calcul des capitaux propres, supprimera l'avantage en termes de capital pour les banques. Le risque auquel fait face le système bancaire, serait par conséquent mieux cerné. Outre l'application des exigences en matière de capitaux propres pour des structures de titrisation, Bâle II prévoit pour la première fois, la mise en pratique des pénalités pour les banques qui soutiennent des structures autres que celles envisagées par les contrats.

Finalement, *le choix des méthodes des calculs des risques* est élargi. En principe, adopter une méthode avancée (NI) de calcul du risque, suppose d'avoir constitué un système performant de la gestion du risque. L'adoption d'une telle méthode pourrait être payante, car le capital propre exigé pour des crédits qualifiés de moyens à bons, pourrait être inférieur à celui calculé par la méthode standard moins performante (BCE, 2001a). Les deux modifications, en coordination avec les exigences en matière de surveillance prudentielle et de discipline du marché, pourraient influencer positivement les incitations bancaires dans le but d'améliorer la gestion du risque et de renforcer la stabilité du système bancaire. Cela contribuerait sans doute à réduire l'écart entre le capital exigé par les régulateurs et celui exigé par le marché.

Mis à part les avantages, les propositions de Bâle II ont suscité une grande vague de critiques par les spécialistes des banques et des autorités de la régulation. Et parmi ces critiques, voici les plus importantes :

La première, qui a trait à la *concurrence*. Il est regrettable que cet accord s'applique seulement aux banques qui se trouvent par rapport aux autres institutions financières dans une situation défavorisée.

En outre, la mise en pratique de Bâle II implique des coûts importants pour les banques. D'où la deuxième critique qui se situe au niveau du *calcul du risque opérationnel*. Les banquiers saluent la distinction faite entre les types de risques. Ils craignent toutefois une montée considérable des coûts pour un problème peu important. La quantification des risques opérationnels s'avère difficile en raison, d'une part, de l'absence de standards actuels et d'autre part, de la rareté des évènements qui empêche de faire des stress-testing et de profiter de leurs avantages. A cela s'ajoute le problème de la récolte des données, dont l'absence conduirait à une détermination arbitraire des multiplicateurs des méthodes de calculs (Sprenger, 2001). Et même si le problème des données était résolu, les méthodes de calculs seraient contestables. En dépendant du revenu brut, elles pénalisent les banques les plus efficientes, en les obligeant de détenir plus de capitaux propres que les banques ayant des rendements inférieurs. L'aspect positif de ces méthodes est d'éviter l'amplification du cycle sous l'effet de la contrainte de la régulation des capitaux propres.

La troisième, qui se situe au niveau des *structures d'incitation*. Bâle II risque de donner de faux signaux résultant des différences des capitaux propres exigés par les méthodes de calcul. Les méthodes de NI sont plus sensibles aux risques que les méthodes standards ; par conséquent, les montants de fonds propres calculés sont différents. Les montants calculés sur la base de NI sont plus élevés pour les banques ayant un profil de risque élevé. Or, pour les banques ayant un portefeuille moins risqué (de meilleurs ratings), ces montants sont plus faibles. Il en résulte que les banques les plus risquées, sont les moins incitées à utiliser les méthodes cernant le mieux le risque, et qui contribuent le plus à la stabilité du système (BCE, 2001b).

La quatrième concerne l'implantation des piliers supplémentaires, qui ne peut se faire de manière cohérente sans une harmonisation des règles de la comptabilité des pays et de la transparence. Dans ce sens, les termes utilisés par Bâle II sont généraux et vagues. Par exemple, la distinction entre les « core and supplementary information » n'est pas complète. Il faut définir quels sont les aspects à considérer dans chacune des deux catégories. Autrement, les banques peuvent ne pas révéler des informations importantes (par exemple sur leurs structures de titrisation) sous le prétexte qu'elles ne sont pas importantes. L'exposition au risque serait ainsi biaisée.

La cinquième est relative à l'amplification de la *pro cyclicité* du nouveau régime. La dépendance des ratings de la conjoncture économique rend l'offre de prêts (Ls = k-1E) encore plus sensible face au cycle. Pendant la crise, la plupart des firmes assistent à une détérioration de leurs ratings. Les banques qui leur prêtent doivent maintenant détenir plus de capitaux propres, que sous l'ancien système. Si la contrainte de la régulation est active, l'offre des prêts diminuera plus fortement, et la baisse de l'investissement s'accentuera.

La sixième et la principale aux propositions de Bâle II, concerne la non prise en compte de la capacité de résilience du système bancaire. Cette critique sera exacerbée par la crise des *subprimes* de 2007, ce qui va rendre impérative la révision de l'accord de Bâle II.

1.2.3. La nécessité d'accroitre la capacité de résilience des banques et l'avènement de Bâle III

Bâle III constitue la troisième série d'accords établis par le Comité de Bâle, après ceux dits de Bâle I et de Bâle II. En 2010, en réponse à la crise financière, le Comité de Bâle présente la réforme dite de " Bâle III". Cette fois, l'objectif est d'accroître la capacité de résilience (c'est-à-dire) la capacité à s'adapter à la conjoncture) des grandes banques internationales. Ces nouveaux accords prévoient notamment un renforcement du niveau et de la qualité des fonds propres et une gestion accrue de leur risque de liquidité. Ces règles ont été transposées en droit communautaire européen par l'intermédiaire d'une directive dite CRD 4 (Capital Requirements Directive 4).

1.2.3.1. Contenu de l'accord de Bâle III

Les Accords de Bâle III publiés le 16 décembre 2010, sont des propositions de réglementation bancaire . La réforme de Bâle III fait partie des initiatives prises pour renforcer le système financier à la suite de la crise financière de 2007 (« Crise des subprimes »), sous l'impulsion du FSB (Financial Stability Board) et du G20, pour garantir un niveau minimum de capitaux propres, afin d'assurer la solidité financière des banques. Elle part du constat que la sévérité de la crise s'explique en grande partie par la croissance excessive des bilans et hors bilan bancaires (via, par exemple, les produits dérivés), tandis que dans le même temps, le niveau et la qualité des fonds propres destinés à couvrir les risques, se dégradaient. En outre, de nombreuses institutions ne disposaient pas non plus de réserves suffisantes pour faire face à une crise de liquidité. Dans ce contexte, le système bancaire s'est révélé incapable d'absorber les pertes intervenues d'abord sur les produits structurés de titrisation, et d'assumer ensuite la ré-intermédiation d'une partie des expositions de hors-bilan. Au pire de la crise, les incertitudes pesant sur la qualité des bilans, la solvabilité des banques et les risques liés à leur interdépendance (le défaut d'une institution pouvant entraîner celui d'une autre), ont provoqué une crise de défiance et de liquidité généralisée. Compte tenu du rôle du système financier dans le financement de l'économie réelle, du caractère international des institutions financières et du coût final supporté par les États via notamment les plans de soutien public, une intervention coordonnée des régulateurs internationaux est alors apparue légitime. La réforme dite de « Bâle III », qui constitue la réponse du Comité de Bâle à la crise financière, vise principalement à :

- renforcer le niveau et la qualité des fonds propres (« *tier one et core tier one* ») ;
- mettre en place un ratio de levier (« *leverage ratio* ») ;
- améliorer la gestion du risque de liquidité par la création de deux ratios de liquidité (ratio de liquidité à un mois « *Liquidity coverage ratio* » et ratio de liquidité à un an « *Net stable funding ratio* ») ;
- renforcer les exigences prudentielles concernant le risque de contrepartie.

Elle vient compléter une première série d'amendements à l'Accord de Bâle II, intervenus en juillet 2009 relatifs au risque de marché visant à renforcer le suivi des activités de marché (introduction d'une mesure de risque supplémentaire IRC ; alignement du traitement des positions de titrisation sur celui du portefeuille bancaire). Cette partie est entrée en vigueur dès le 31 décembre 2011. D'autres évolutions sont entrées en vigueur dès 2013, et on peut citer notamment les points suivants :

- mise en place d'un ratio de liquidité pour les banques internationales ;
- mise en place d'un ratio dit « d'effet de levier » ;
- redéfinition des fonds propres (Tier 1 notamment) ;
- une révision de la couverture de certains risques ;
- la mise en place de mesures contra-cycliques.
- l'Ajustement de valeur de crédit (CVA) fait maintenant partie intégrante des règles prudentielles.

À ces réformes micro-prudentielles visant à renforcer la résilience propre des établissements de crédit, s'ajoutent des propositions de nature macro-prudentielle, en cours d'élaboration, visant à réduire la procyclicité (exemple : coussin de capital contracyclique) ainsi que le risque systémique. L'Accord de Bâle III comprend un ensemble de mesures destinées à renforcer la résilience des grandes banques internationales, ainsi que des mesures spécifiques sur le risque de liquidité. Ces deux textes ont été publiés le 16 décembre 2010. Une version révisée de l'Accord de Bâle III, complétée sur le risque de contrepartie, a été publiée le 1er juin 2011. Une version amendée du standard relatif à la liquidité à court terme (LCR), a été publiée le 6 janvier 2013. Sa mise en œuvre sera progressive :

- les premières mesures sont entrées en vigueur le 1er janvier 2013 ;
- l'ensemble des mesures devront être appliquées au 1er janvier 2019.

Afin de faciliter une mise en œuvre harmonisée du dispositif, un système de questions/réponses est disponible sur le site internet du Comité de Bâle, sur les thèmes du capital et de la liquidité, mais également sur le risque de contrepartie. Le paquet CRD IV, composé d'une directive et d'un règlement européen, met en œuvre Bâle III en Europe à compter du 1er janvier 2014.

1.2.3.2. L'impact de Bâle III sur le système bancaire

Si la mise en œuvre des accords de Bâle III se traduira par une hausse sensible des besoins en fonds propres des banques, son impact sur la distribution du crédit aux entreprises non financières et sur la croissance économique, est plus difficile à cerner. La réforme engagée, de par le renforcement des niveaux de fonds propres pondérés des risques qu'elle prévoit, aboutit mécaniquement à imposer au secteur bancaire une mobilisation massive de capitaux. Plusieurs études ont été conduites à ce sujet, notamment sur le secteur bancaire européen. Bien qu'elles avancent des chiffres différents, toutes concluent à des besoins en fonds propres substantiels. Ainsi, selon une étude publiée par Mc Kinsey & Company en avril 2010 (*Basel III : What the draft proposals might mean for European Banking*), 700 milliards d'euros devaient être mobilisés à cette date, par l'ensemble des banques européennes pour respecter la seule norme établie par le ratio d'adéquation des fonds propres (Core Tier 1 et Tier 1) dont 200 milliards d'euros pour les 16 premiers groupes bancaires européens. En 2011, l'Institute of International Finance qui représente l'industrie financière mondiale, estimait à quelque 1300 milliards de dollars, le coût du passage à Bâle III pour le secteur bancaire.

Plus récemment, dans le cadre de son exercice de suivi des accords de Bâle III et à partir des données arrêtées au 31 décembre 2012, le Comité de Bâle chiffrait à environ 115 milliards d'euros, le besoin total de fonds propres des 101 grandes banques mondiales actives à l'international pour assurer le respect d'un ratio de Core Tier 1 de 7 % (ratio minimum + coussin de sécurité), à l'horizon 2019. En l'espace d'un an, ce besoin a reculé d'environ 83 milliards d'euros sous le double effet d'un accroissement des fonds propres, via un effort de recapitalisation, et dans une moindre mesure, d'une réduction des actifs pondérés. Afin d'accroître leurs fonds propres, les banques doivent faire appel aux marchés financiers, soit pour augmenter leur capital (il y a alors émission d'actions nouvelles), soit pour proposer des titres hybrides répondant aux exigences de la réglementation Bâle III. Or, les investisseurs souhaitent obtenir une rémunération suffisante pour accepter d'investir dans les actions ou des titres hybrides, dont les caractéristiques se rapprochent des actions, et qui sont par conséquent plus risqués que d'autres titres financiers émis par d'autres émetteurs (comme les obligations d'État). Il faut donc que les banques accordent un retour sur investissement attractif aux investisseurs. En 2013, le coût des actions pour les banques européennes (frais d'émission et dividendes versés sur les actions nouvelles) était de l'ordre de 10 % de la valeur du capital émis. Les titres hybrides répondant aux critères de Bâle III, présentent eux aussi des rendements très élevés, proches de ceux des actions.

S'agissant du financement de l'économie, les effets cumulés des nouvelles normes de solvabilité et de liquidité pourraient aboutir à contracter l'offre de crédit bancaire ce qui, compte tenu de l'importance de cette source de financement pour l'économie européenne, pourrait se révéler néfaste à la croissance du Vieux Continent.

La définition plus restrictive des fonds propres durs, ainsi que le durcissement des normes des ratios rapportant les fonds propres réglementaires aux risques pondérés pourraient, selon certains économistes, conduire les banques à réduire leur exposition aux risques pondérés les plus élevés, et donc les plus consommateurs de fonds propres, au premier rang desquels se situent les crédits aux petites et moyennes entreprises (PME) et aux entreprises de taille intermédiaire (ETI). En outre, le ratio de liquidité de court terme, qui vise à s'assurer que les banques disposent de suffisamment d'actifs liquides sur une période de 30 jours, incite les établissements de crédit à acquérir de la dette souveraine plutôt que de la dette "corporate", plus risquée et moins liquide. De même, le ratio de liquidité de long terme oblige les banques à disposer de ressources longues, alors que leur métier traditionnel s'exerce justement à travers leur rôle de transformation (les banques accordent essentiellement des prêts à moyen long terme mais elles se financent à court terme via les dépôts, la collecte d'épargne liquide ou le recours au marché monétaire). De fait, le coût de leurs ressources devrait s'accroître et leur rôle d'intermédiation se réduire. Selon ce scénario, les banques seraient ainsi amenées à répercuter la hausse du coût de leurs refinancements sur les taux des crédits qu'elles octroient aux particuliers ou aux entreprises.

Une étude réalisée par l'agence de rating Fitch sur la période décembre 2010 - décembre 2012, montre que ces craintes pour le financement bancaire des entreprises européennes, sont fondées. En effet, elle met en évidence le fait que sur la période observée, les seize grandes banques européennes considérées comme d'importance systémique, ont accru leur exposition totale à la dette souveraine de quelque 550 milliards d'euros (ce qui correspond à une croissance de 26 % de leurs engagements sur ce type de contrepartie) alors que, dans le même temps, elles ont réduit leur exposition au secteur des entreprises de 440 milliards d'euros (soit une baisse de 9 % de leurs engagements à ce titre). Fitch indique ainsi que "*si Bâle III vise à renforcer les capitaux propres et la liquidité des banques, ces nouvelles règles pourraient créer des effets potentiels collatéraux non souhaités, notamment si elles conduisent à une réduction du crédit disponible pour certains secteurs*".

Toutefois, une autre étude publiée par le FMI en septembre 2012 (" Estimating the Costs of Financial Regulation"), conclut à un impact à long terme assez modeste de la mise en œuvre des réformes de Bâle III sur la hausse des taux d'intérêt des prêts bancaires aux Etats-Unis, en Europe et au

Japon. D'après leurs calculs, les auteurs estiment cette hausse moyenne à respectivement 28, 17 et 8 points de base.

Selon eux, les nouvelles normes réglementaires entraîneront une hausse des coûts opérationnels des banques, mais celles-ci seront en mesure d'y faire face en réduisant leurs charges (ce qui passerait par des baisses d'effectifs, notamment), de sorte que la disponibilité du crédit bancaire pour financer l'économie, ne devrait pas en être beaucoup affectée. Dans le cas de la France, un processus de désintermédiation a déjà été enclenché par les grandes entreprises, et les ETI qui ont de plus en plus recours au marché (boursier ou obligataire) pour financer leurs activités, profitant de conditions de coûts et de durée plus intéressantes que celles proposées par les banques. Pour les PME en revanche, le recours au crédit bancaire reste incontournable, car elles n'ont pas accès aux marchés financiers. Aussi, afin d'éviter que leur financement ne soit contraint par une trop forte hausse des taux en cas de reprise économique, plusieurs initiatives récentes ont vu le jour, tel le lancement du PEA-PME ou le projet de collatéralisation des créances privées. L'objectif : permettre aux banques d'émettre des obligations garanties par des créances privées, de façon à réduire le coût de leurs emprunts.

De façon générale, les apports de l'Accord de Bâle III peuvent être résumés en termes de renforcement des fonds propres et des liquidités des banques, comme on peut le voir dans l'encadré ci-dessous.

Encadré 3.1. Les réformes de Bâle III

	Fonds propres					Liquidité
	1er Pilier			2ème Pilier	3ème Pilier	Normes mondiales de liquidité et suivi Prudentiel Ratio de liquidité à court terme Le ratio de liquidité à court terme (Liquidity Coverage Ratio, LCR) impose aux banques de détenir suffisamment d'actifs liquides de haute qualité pour résister à une pénurie de financement de 30 jours, sur la base d'un scénario défini par les responsables prudentiels. Ratio de liquidité à long terme Le ratio de liquidité à long terme (Net Stable Funding Ratio, NSFR) est un indicateur structurel conçu pour corriger les asymétries de liquidité. Il couvre la totalité du bilan et incite les banques à recourir à des sources de financement stables. Principes de saine gestion et de surveillance du risque de liquidité. En 2008, le Comité, tirant les
	Fonds propres	Couverture des risques	Encadrement de l'effet de levier	Gestion et surveillance des risques	Discipline de marché	
Toutes les banques	Qualité et niveau des fonds propres L'accent est mis sur les actions ordinaires, dont le niveau minimal est porté à 4,5 % des actifs pondérés des risques (APR), après déductions. Absorption des pertes par les fonds propres au point de non-viabilité Dans leurs conditions contractuelles, les instruments de fonds propres comprendront une clause permettant de les annuler ou de les convertir en actions ordinaires si la banque est jugée non viable. Ce principe accroît la participation du secteur privé à la résolution des futures crises bancaires, et réduit, ce faisant, le risque	Titrisations Renforcement de la couverture en fonds propres de certaines titrisations complexes. Exigence, pour les banques, d'analyser plus rigoureusement la qualité de crédit de leurs expositions de titrisation notées par un organisme externe. Portefeuille de négociation Relèvement notable des fonds propres au regard des activités de négociation et sur dérivés, ainsi que des titrisations complexes dans le portefeuille de négociation. Création d'une exigence sur la valeur en risque en période de tensions, pour aider à atténuer la procyclicité. Exigence de fonds propres incrémentale au regard des risques estimés de	Ratio de levier Un ratio de levier indépendant du risque, et incluant le hors-bilan, complète les mesures de fonds propres fondées sur le risque et limite le recours à l'effet de levier au sein du système bancaire.	Exigences supplémentaires Traitement de la gouvernance et de la gestion des risques au niveau de l'établissement ; prise en compte du risque lié aux expositions hors bilan et aux titrisations ; gestion de la concentration des risques ; incitations à une meilleure gestion des risques et rendements sur le long terme ; saines	Exigences de communication financière Instauration d'exigences sur les expositions de titrisation et sur la responsabilité directe des véhicules hors bilan. Communication financière plus détaillée concernant les composantes des fonds propres réglementaires et leur rapprochement avec les comptes publiés, fournissant une explication complète du mode de calcul des ratios de fonds propres réglementaires.	

	subjectif (ou aléa moral). Volant de conservation des fonds propres Constitué d'actions ordinaires à hauteur de 2,5 % des APR, ce volant porte à 7 % le niveau total des fonds propres de cette qualité. Des restrictions s'appliquent aux distributions discrétionnaires si l'exigence de 7 % n'est plus respectée. Volant contracyclique Compris dans une fourchette de 0–2,5 % et constitué d'actions ordinaires, ce volant est imposé par les autorités lorsqu'elles jugent que la croissance du crédit entraîne une augmentation inacceptable du risque systémique	défaut et de migration de notation sur expositions à des produits de crédit non titrisés, prenant aussi en compte la liquidité. Risque de contrepartie Renforcement substantiel du traitement du risque de contrepartie. Expositions envers les contreparties centrales (CCP) Pondération de 2% des expositions envers une CCP et calcul en fonction du risque de l'exigence de fonds propres		pratiques de rémunération ; pratiques de valorisation ; tests de résistance ; normes comptables applicables aux instruments financiers ; gouvernance d'entreprise ; collèges prudentiels.		enseignements de la crise, a publié les Principes de saine gestion et de surveillance du risque de liquidité, ensemble de recommandations établi à partir d'une révision en profondeur des saines pratiques de gestion du risque de liquidité dans les organisations bancaires. Suivi prudentiel Le dispositif de liquidité comprend un ensemble d'indicateurs universels conçus pour aider les autorités de contrôle à identifier et analyser les tendances affichées par le risque de liquidité tant au niveau des établissements qu'au sein du système tout entier.
EFIS	Compte tenu du plus haut degré de risque qu'ils présentent pour le système financier, les établissements financiers ayant une importance systémique mondiale (EFISm) doivent se conformer à toutes les exigences de Bâle III et disposer, en outre, d'une plus grande capacité d'absorption des pertes. Le Comité a élaboré une méthodologie fondée sur des indicateurs quantitatifs et qualitatifs afin d'identifier les établissements bancaires concernés (EBISm). Des exigences supplémentaires, en actions ordinaires et assimilées de T1 (CET1), dans une fourchette de 1 % à 2,5 %, leur sont appliquées. De plus, une exigence additionnelle d'absorption des pertes de 1 % peut être appliquée aux banques soumises à la surpondération maximale (2,5 %), afin de les dissuader d'accroître encore leur importance systémique mondiale de manière significative. Ces règles ont été établies par le Comité en collaboration avec le Conseil de stabilité financière, lequel coordonne l'ensemble des mesures visant à réduire le risque subjectif (ou aléa moral) encouru du fait des EFIS.					Source : Construit par l'auteur à partir de BIS (2013

SECTION II. ÉVALUATION EMPIRIQUE DE L'INCIDENCE DE LA RÉGLEMENTATION MICRO-PRUDENTIELLE SUR L'EFFICIENCE BANCAIRE

Pour faire face à la crise financière de la fin des années 1980, les autorités monétaires de la CEMAC ont renforcé le cadre réglementaire du fonctionnement des banques. L'une des mesures importantes a été la création de la COBAC, organe de contrôle, qui s'assure du respect par les banques en activité dans la zone, des règles édictées. A ce titre, un dispositif prudentiel a été mis sur pied. Il comprend des normes de solvabilité et de liquidité qui doivent être respectées par les établissements de crédit. Au plan international, c'est depuis 2003 que la COBAC a décidé de l'application de Bâle II. Cette application est graduelle et jusqu'en 2007, les activités menées ont porté sur des réflexions pour la révision du dispositif réglementaire, la formation des cadres de la COBAC sur le Nouvel Accord, la ventilation du texte de Bâle II aux établissements de crédit et aux directions centrales et nationales de la BEAC.

2.1. Le contrôle de l'activité bancaire dans la CEMAC : un état des lieux

Le contrôle de l'activité bancaire en zone CEMAC est marqué encore aujourd'hui, par les conséquences des faillites bancaires de la fin des années 1980 au début des années 1990.

2.1.1. Le cadre réglementaire de l'activité bancaire

Les Etats de l'Afrique Centrale ont perçu très tôt la nécessité de contrôler l'activité bancaire en s'engageant " à harmoniser leurs politiques relatives à l'exercice de la profession bancaire, au contrôle des établissements financiers ainsi qu'à la distribution et au contrôle du crédit " (art. 14 de la Convention du 22 novembre 1972). Il fut ainsi attribué à la BEAC de larges compétences en ce domaine. L'Institut d'Emission met tout d'abord en place un système de contrôle sur documents, qui s'avère très vite limité. La nécessité d'étayer celui-ci par des enquêtes périodiques dans les établissements de crédit, amène la BEAC à constituer en 1979 une Cellule de Contrôle des Banques. Seulement, un rôle purement technique lui est assigné, les Etats conservant l'entière maîtrise de leurs systèmes bancaires. L'initiative des enquêtes sur place reste ainsi l'apanage des pouvoirs publics, de même que l'ouverture des procédures disciplinaires. A la Cellule de Contrôle, succède la Direction de la Réglementation et du Contrôle des Banques. L'efficacité du système supposait que les constats dressés par la Banque Centrale soient relayés au niveau des Etats. Malheureusement, tel ne fut pas le cas. Les carences de gestion et les risques de défaillance décelés ne rencontrèrent guère d'écho favorable auprès des Autorités Nationales.

Dans la deuxième moitié de la décennie 80, les banques de la Zone connaissent de sérieuses difficultés du fait d'une conjoncture économique défavorable et de nombreuses insuffisances dans leur gestion. Dans un tel contexte, la restructuration des systèmes bancaires de la Zone et une réforme du dispositif de surveillance des établissements de crédit s'imposaient. C'est ainsi que les Etats de l'Afrique Centrale, à savoir le Cameroun, le Congo, le Gabon, la Guinée Equatoriale, la République Centrafricaine et le Tchad signent le 16 octobre 1990, la Convention portant création d'une Commission Bancaire de l'Afrique Centrale (COBAC) chargée " de veiller au respect par les établissements de crédit des dispositions législatives et réglementaires édictées par les Autorités, par la Banque Centrale ou par elle-même et qui leur sont applicables et de sanctionner les manquements constatés".

Conscients que la cohérence des réglementations bancaires de leurs Etats conditionne le bon fonctionnement de la COBAC et la pleine réalisation des objectifs ayant commandé sa mise en place, les mêmes Etats signent le 17 janvier 1992, la Convention portant harmonisation de la réglementation bancaire dans les Etats de l'Afrique Centrale.

Le cadre réglementaire de l'activité bancaire en zone CEMAC au début des années 1990, est marqué par la signature par les Etats membres le 16 octobre 1990, de la Convention portant création d'une Commission Bancaire de l'Afrique Centrale (COBAC) chargée « de veiller au respect par les établissements de crédit des dispositions législatives et réglementaires édictées par les Autorités et de sanctionner les manquements constatés ». La COBAC, dont les membres ont officiellement été installés le 22 janvier 1993, est présidée par le Gouverneur de la BEAC, assisté par le Vice-gouverneur. Un Secrétariat Général, dirigé par un Secrétaire Général, assisté d'un Secrétaire Général Adjoint, assure la permanence administrative.

Outre le Président, la Commission compte onze membres, dont :

- sept membres ou leurs suppléants désignés ès qualité, à raison d'un commissaire par État, le septième membre étant tournant entre les États de la CEMAC. Ils sont nommés pour un mandat de trois ans, renouvelable deux fois, sur proposition du Gouverneur de la BEAC, par le Conseil d'Administration de la BEAC ;
- trois commissaires ou leurs suppléants nommés ès qualité de censeur de la BEAC ; un commissaire ou son suppléant représentant la Commission Bancaire française, désignés par le Gouverneur de la Banque de France.

La Commission se réunit au moins deux fois par an, et autant que nécessaire, à l'initiative du président. Pendant les réunions, les décisions sont arrêtées à la majorité des deux tiers des voix exprimées. Libreville a officiellement été désigné pour abriter le siège de la COBAC par la Conférence de Chefs d'Etat de la CEMAC ; mais les travaux d'aménagement de l'immeuble-siège n'étant pas encore achevés, son Secrétariat Général est toujours établi dans les locaux de la BEAC à Yaoundé. La COBAC dispose de compétences et de pouvoirs divers en matière de réglementation et d'organisation de l'activité bancaire, dont les plus importants sont :

- le pouvoir administratif : la COBAC est chargée de délivrer des avis conformes dans les procédures d'agrément et d'autorisation individuelles, qui restent la prérogative des autorités monétaires nationales. La COBAC peut prendre des mesures conservatoires en mettant un établissement de crédit sous le régime d'administration provisoire, et est également habilitée à nommer un liquidateur dans les établissements qui cessent d'être agréés.
- le pouvoir réglementaire : La COBAC dispose de toutes les compétences pour définir le plan et les procédures comptables applicables aux établissements de crédit, et les normes prudentielles de gestion (ratios de solvabilité, de liquidité, de division des risques, de transformation, de couverture des immobilisations par les ressources permanentes, etc.). Le dispositif prudentiel de la COBAC a été largement inspiré des principes édictés par le Comité de Bâle sur le contrôle bancaire, en s'appuyant sur les spécificités des économies des pays membres.
- le pouvoir de contrôle : la COBAC veille à ce que la réglementation bancaire soit respectée par les établissements de crédit. Pour ce faire, elle organise et exerce, par l'intermédiaire de son Secrétariat Général, des contrôles sur place et sur pièces de ces établissements. Elle est habilitée à diligenter toutes les vérifications commandées par l'urgence, et elle rend simplement compte aux Autorités monétaires nationales des résultats des enquêtes. Les membres de la COBAC et les personnes habilitées à agir en son nom, sont tenus au secret professionnel.
- le pouvoir de sanction : la COBAC est également un organe juridictionnel et peut intervenir à titre disciplinaire, sans préjudice des sanctions que pourront prendre les Autorités judiciaires nationales. Les sanctions prévues sont : l'avertissement, le blâme, l'interdiction d'effectuer certaines opérations ou toute autre limitation dans l'exercice de l'activité bancaire, la suspension ou la révocation des commissaires aux comptes, la suspension ou la démission d'office des dirigeants responsables et enfin, le retrait d'agrément de l'établissement.

La COBAC exerce sa compétence dans les six États membres de la Communauté Économique et Monétaire de l'Afrique centrale (CEMAC), dont elle constitue l'un des organes. En vertu des prérogatives qui lui sont conférées par les Conventions du 16 octobre 1990 et du 17 janvier 1992, la

Commission Bancaire de l'Afrique Centrale (COBAC) s'est attelée, dès son entrée en activité en 1993, à définir des normes de gestion applicables aux banques. Ces normes ont fait l'objet au cours de l'année 2001, d'une profonde révision consécutive à la publication en 1999, par le Comité de Bâle pour la Supervision Bancaire des vingt-cinq Principes Fondamentaux pour une supervision bancaire efficace.

En outre, il importe de préciser que le concept et le contenu des fonds propres sur lesquels repose l'ensemble des ratios ci-dessus soulevés, ont été redéfinis pour se rapprocher des normes fixées par le second Comité de Bâle. Ce second Comité, appelé Comité MAC DONOUGH, distingue les fonds propres réglementaires et les fonds propres économiques. Les fonds propres réglementaires comprennent : les fonds propres de base (capital social + réserves) ; les fonds propres complémentaires (plus-value) ; les fonds propres sur complémentaires (emprunts subordonnés). Pour les fonds propres économiques, ils sont définis par chaque établissement de crédit, et prennent en compte la nature du crédit afin d'évaluer le type de risques courus. Dans certains pays comme le Cameroun fortement touché par la crise, la situation des ratios prudentiels des huit principales banques commerciales s'est nettement améliorée.

S'agissant des normes qualitatives, la COBAC a veillé également sur les aspects de la gestion des établissements de crédit, en mettant l'accent sur la gestion du capital mesurée par le ratio Capitaux Propres sur Total Actif. Le système automatisé de cotation des établissements de crédit (SYSCO) voit le jour. Il est basé sur une évaluation de la santé individuelle des banques, qui s'appuie sur le calcul des scores et cotes, permettant d'apprécier périodiquement la situation de chaque établissement de crédit par rapport au respect des normes réglementaires et des dispositifs de gestion interne. Ainsi, cette gestion a connu depuis le fonctionnement de la COBAC, en 1994, une relative amélioration dans la plupart des pays de la zone.

A côté de la COBAC, la Bourse des Valeurs Mobilières d'Afrique Centrale (BVMAC) a vu le jour. Elle vise à faciliter le financement des économies à long terme à travers les actions et obligations : c'est la projection d'une transformation de ressources en emplois longs. Pour assurer son fonctionnement, la Commission de Surveillance du Marché Financier de l'Afrique Centrale (COSUMAF) fut créée. Mais, il faut noter que ces structures traînent à prendre leur envol, du fait peut-être d'un faible degré d'intégration des marchés de la zone. Au cours de la même période, l'Union Monétaire de l'Afrique Centrale (UMAC) et l'Union Economique de l'Afrique Centrale (UEAC) furent créées. Elles reposent, en outre, sur un ensemble de règles de coopération monétaire entre les pays membres. Elles ont pour objectif, à travers la Banque des Etats de l'Afrique Centrale (BEAC), de garantir la stabilité intérieure et extérieure de la monnaie.

2.1.2. La réglementation micro-prudentielle dans la CEMAC

Les normes de solvabilité ont été construites sur la base d'une définition standard des fonds propres, qui fait l'objet du Règlement COBAC R-93/02. Cette définition, qui s'inspire de celle adoptée sur le plan international, fait bien la distinction entre les fonds propres de base et les fonds propres complémentaires.

Les normes de solvabilité ont trait à la couverture des risques, à la division des risques, à la couverture des immobilisations, aux prises de participations et à la limitation des engagements en faveur des actionnaires, des dirigeants et du personnel. Le Règlement COBAC R-93/03 avait fixé le seuil minimum de couverture des risques à 5%. Compte tenu du fait que, dans la crise des systèmes bancaires qui a prévalu à la fin des années 80, les engagements sur l'Etat avaient pesé négativement sur l'assise financière des banques, la Commission Bancaire les avait retenus à 100% dans la détermination des risques. Elle ne s'était donc pas alignée sur les pondérations plus favorables retenues pour ces concours dans le calcul du ratio Cooke.

Pour la division des risques, l'étroitesse de la base économique des Etats, dominée par quelques sociétés, avait conduit la Commission Bancaire à fixer des limites à des niveaux élevés. Le plafond des engagements sur un seul débiteur retenu par le Règlement COBAC R-93/04, s'établissait ainsi à 75% ; il a été progressivement ramené à 45% par la suite. En outre, le Règlement instaurait également l'obligation de contenir le montant agrégé des grands risques en dessous de l'octuple des fonds propres nets, les grands risques étant définis comme ceux excédant 15% des fonds propres nets. Le Règlement COBAC R-93/05 établissait la norme de couverture des immobilisations à 100% des ressources permanentes. Dans le passé, nombre de banques avaient en effet financé leurs immobilisations à partir des dépôts de la clientèle, ce qui avait considérablement fragilisé leur structure financière. La limitation par le Règlement COBAC R-93/13 des concours aux actionnaires, aux dirigeants et au personnel, faisait suite à la faillite de certaines banques du fait d'importants crédits compromis consentis à leurs propres actionnaires.

La Commission Bancaire avait institué deux normes de liquidité : l'une, inscrite dans le Règlement COBAC R-93/06, imposait aux banques de disposer de manière constante, de ressources immédiatement disponibles susceptibles de couvrir au minimum l'intégralité des dettes à échoir dans un mois au plus ; l'autre visait à les dissuader d'utiliser des ressources courtes pour financer des emplois longs. Le Règlement COBAC R-93/07 faisait ainsi obligation aux établissements de crédit de financer leurs emplois et engagements à plus de 5 ans par au moins 50% de ressources de même terme. La Commission Bancaire imposait également aux banques, par le Règlement COBAC R-93/08, l'institution d'un système de contrôle interne en vue de :

- Vérifier la conformité des opérations, de l'organisation et des procédures internes à la réglementation en vigueur, aux normes et usages professionnels et déontologiques et aux orientations de l'organe exécutif ;
- Vérifier le respect des limites fixées en matière de prise de risques, notamment pour les crédits à la clientèle et les opérations avec d'autres établissements de crédit ;
- Veiller à la qualité de l'information comptable et financière, en particulier aux conditions de conservation et de disponibilité de cette information.

Le graphique ci-dessous illustre l'évolution des fonds propres des banques de la CEMAC, reflet de leur solvabilité.

Graphique 3.1. Part des fonds propres comptables dans le total de la situation cumulée des établissements de crédit de la CEMAC.

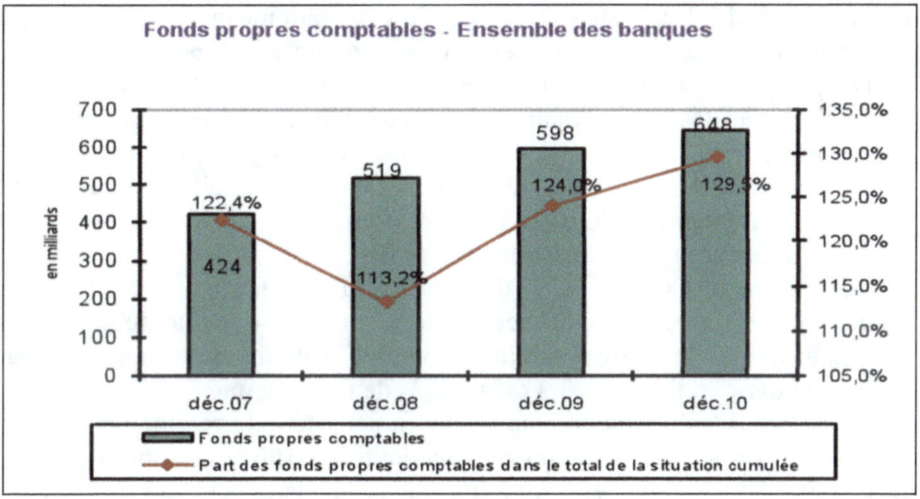

Source : Rapport annuel COBAC 2011.

Sur un total de 43 banques analysées à la fin 2010, 36 ont affiché un ratio de couverture des risques pondérés par les fonds propres nets, supérieur ou égal au minimum réglementaire de 8%, contre 32 banques l'année précédente. Sur les 7 banques en infraction par rapport au ratio de couverture des risques, 3 sont en activité au Cameroun, 2 au Tchad, 1 en Centrafrique et 1 en Guinée Equatoriale.

L'encours total des fonds propres comptables des banques du Cameroun est ressorti à 220,6 milliards, contre 198,5 milliards en 2009. Ces ressources sont principalement constituées du capital social (102,2 milliards) et des réserves (56,3 milliards). L'encours total des fonds propres comptables des banques du Cameroun a représenté 34 % de l'ensemble des fonds propres comptables des banques de la CEMAC. Pour ce qui est de la liquidité, le tableau 3.1 ci-dessous donne pour cinq pays de la CEMAC, le ratio de liquidité tel que défini dans le dispositif réglementaire. Ainsi, le constat général fait ressortir un retour à la liquidité qui excède même 100% dans certains pays.

Tableau 3.1. Ratio de liquidité des banques pour cinq pays de la CEMAC en fin 2011 (en %)

Pays	2001	2002	2003	2004	2005	2006	2007	2008	2009	2010	2011
Tchad		196,3	221,1	239,8	242,4	303,4	205,4	220,4	280,7	204,8	203,9
Guinée E.		246,7	265,6	238,4	229,9	186,1	212,8	143,8	272,9	262,5	284,1
Gabon	117	167,7	154,7	200,5	135,9	134,3	135,6	140,5	128,9	133,5	183,1
RCA	175	239,9	204	207,3	211	195,6	175,6	181,1	139,6	96,45	100,9
Cameroun	46	116,4	110,9	107,9	141,5	122	136,7	152,7	178,8	206,2	204

Source : construit par l'auteur, d'après le rapport d'activité de la COBAC, 2011.

Certes, cette liquidité marque bien l'effet des réformes sur la constitution des actifs, mais décrit aussi une situation de rationnement de crédit qui contraste avec le besoin de financement des économies de la CEMAC.

De par leur fonction d'intermédiation bancaire, les établissements de crédit financent les emplois par des ressources aux échéances diverses. Le risque lié à cette activité est encadré par deux règlements que sont le Règlement COBAC R-93/06 relatif à la liquidité des établissements de crédit, et le Règlement COBAC R-93/07 relatif à la transformation à long terme réalisée par les établissements de crédit.

Le Règlement COBAC R-93/06 relatif à la liquidité exige des banques qu'elles présentent en permanence un coefficient de liquidité de 100 % au minimum. Ainsi, leurs disponibilités à vue ou à moins d'un mois, doivent pouvoir couvrir en totalité leurs exigibilités de même terme.

A la fin 2011, 40 banques sur les 43 en activité ont présenté un ratio de liquidité supérieur au minimum réglementaire de 100 %, comme en 2009. Les trois (3) banques en infraction à cette date sont implantées en Centrafrique, au Gabon et au Tchad comme le montre le tableau ci-après.

Tableau 3.2. Nombre de banques respectant les règles liées au rapport de liquidité et au coefficient de transformation à long terme dans la CEMAC à la fin 2011.

	Cameroun	RCA	Congo	Gabon	Guinée E.	Tchad	CEMAC
	(12 banques)	(4 banques)	(6 banques)	(9 banques)	(4 banques)	(8 banques)	(43 banques)
Coefficient de liquidité	12	3	6	8	4	7	40
Coefficient de transfor- mation à long terme	6	3	6	9	3	6	33

Source : construit par l'auteur à partir des données de la COBAC.

2.1.3. Conformité du dispositif de surveillance bancaire de la CEMAC aux principes fondamentaux du Comité de Bâle

Les vingt-cinq Principes Fondamentaux du Comité de Bâle se présentent sous la forme d'exigences évaluées sur la base de « critères essentiels » et de « critères additionnels ». La conformité du dispositif de supervision de la Communauté Economique et Monétaire de l'Afrique Centrale (CEMAC) à l'égard de ces principes, a donné lieu à des évaluations réalisées par la COBAC elle-même, d'une part, et par des missions conjointes Fonds Monétaire International (FMI)/Banque Mondiale, d'autre part.

En effet, dans le cadre du programme pilote d'évaluation du système financier dénommé « FSAP », des missions conjointes du Fonds Monétaire International et de la Banque Mondiale procèdent régulièrement à l'évaluation de la conformité des normes prudentielles et de la supervision bancaire de la CEMAC avec les vingt-cinq Principes Fondamentaux. Ces évaluations sont conduites sur une base qualitative. Il s'agit d'examiner le degré de conformité par rapport à chacun des critères afférents à chaque Principe, et de formuler un jugement suivant une échelle à cinq degrés :

- la qualification « *Conforme* » est donnée, lorsque tous les critères dits « essentiels » sont remplis sans aucune faiblesse significative ;
- l'évaluation « *Globalement conforme* » est attribuée, quand les faiblesses relevées ne sont pas jugées suffisamment graves pour émettre des réserves sérieuses sur la capacité de l'autorité de contrôle à se conformer au principe ;
- la note « *Globalement non conforme* » est accordée quand les déficiences sont telles qu'elles suscitent des doutes sur la capacité des autorités de contrôle à satisfaire au critère, mais que des progrès notables sont réalisés ;
- l'appréciation « *Non conforme* » est décernée lorsqu'il est constaté qu'aucun progrès significatif n'a été réalisé pour satisfaire aux critères ;
- enfin, la mention « *Non applicable* » est octroyée lorsque, pour une raison quelconque, l'application d'un principe n'a pas de sens dans la situation présente et dans un avenir prévisible.

Le tableau ci-après récapitule les appréciations effectuées respectivement à l'issue de l'auto-évaluation COBAC, et au terme de chacune des deux évaluations FSAP menées entre 2000 et en 2010.

Tableau 3.3. Résultats des évaluations du dispositif de supervision de la CEMAC

Principe	Auto-évaluation COBAC	FSAP 2000	FSAP 2010
Principe 1-1 : responsabilité et objectif clair	Largement conforme	Conforme	Conforme
Principe 1-2 : indépendance opérationnelle	Largement conforme	Globalement non conforme	Globalement non conforme
Principe 1-3 : agréments	Largement conforme	Globalement conforme	Globalement conforme
Principe 1-4 : pouvoir d'injonction et de sanction	Largement conforme	Globalement conforme	Globalement conforme
Principe 1-5 : protection légale	Largement conforme	Conforme	Conforme
Principe 1-6 : échange et confidentialité des informations	Largement conforme	Globalement conforme	Globalement conforme
Principe 2 : définition de la fonction bancaire	Largement conforme	Globalement conforme	Globalement conforme
Principe 3 : conditions d'agrément	Largement conforme	Globalement conforme	Globalement conforme
Principe 4 : transfert de propriété ou de contrôle	Largement conforme	Conforme	Conforme
Principe 5 : contrôle des acquisitions et investissements	Largement conforme	Globalement conforme	Globalement conforme
Principe 6 : adéquation du capital	Partiellement conforme	Globalement conforme	Globalement conforme
Principe 7 : gestion du risque de crédit d'investissement	Largement conforme	Globalement conforme	Globalement conforme
Principe 8 : évaluation et provisionnement des actifs	Largement conforme	Globalement conforme	Globalement conforme
Principe 9 : division des risques	Partiellement conforme	Globalement conforme	Globalement conforme
Principe 10 : suivi des apparentés	Partiellement conforme	Non conforme	Globalement conforme
Principe 11 : risque pays et de transfert	Non applicable	Non applicable	Non applicable
Principe 12 : risque de marché	Non conforme	Globalement non conforme	Globalement non conforme
Principe 13 : gestion des risques	Non conforme	Non conforme	Non conforme
Principe 14 : contrôle interne	Partiellement conforme	Globalement conforme	Globalement conforme
Principe 15 : blanchiment d'argent	Non conforme	Non conforme	Non conforme
Principe 16 : contrôle sur pièces et sur place	Largement conforme	Globalement conforme	Globalement conforme
Principe 17 : connaissance des banques	Largement conforme	Globalement conforme	Globalement conforme
Principe 18 : contrôle sur base individuelle ou consolidée	Largement conforme	Conforme	Conforme
Principe 19 : inspection	Largement conforme	Globalement conforme	Globalement conforme
Principe 20 : surveillance des groupes sur une base consolidée	Non applicable	Non applicable	Non applicable
Principe 21 : image comptable fidèle	Largement conforme	Globalement non conforme	Globalement non conforme
Principe 22 : mesures d'injonction et de sanction	Largement conforme	Globalement conforme	Globalement conforme
Principe 23 : contrôle global consolidé	Non applicable	Non applicable	Non applicable
Principe 24 : échange d'information	Non applicable	Non applicable	Non applicable
Principe 25 : Contrôle des implantations étrangères	Largement conforme	Conforme	Conforme

Source : Construit par l'auteur à partir des rapports d'activités de la COBAC 2010, 2011.

Au regard de la première évaluation FSAP, le cadre légal et la mise en œuvre du contrôle bancaire dans la CEMAC ont été reconnus :

- « conformes » pour 5 principes ;
- « globalement conformes » pour 13 principes ;
- « globalement non conformes » pour 5 principes ;
- « non conformes » pour 3 principes.

Quatre principes se sont en outre avérés « non applicables ».

Ces évaluations FMI/Banque Mondiale ont divergé sensiblement de l'autoévaluation COBAC sur sept principes qui se répartissent en deux groupes constitués : le premier, de quatre principes dont l'auto-évaluation COBAC paraît surévaluée par rapport à celle de la mission conjointe et, le second, de trois principes qui semble avoir plutôt fait l'objet d'une sous-évaluation. L'évaluation FMI/Banque Mondiale a également mis en lumière l'existence de possibilités d'amélioration sur onze principes pour lesquels la COBAC s'estimait initialement en adéquation totale.

En définitive, l'auto-évaluation réalisée par la Commission Bancaire et les évaluations menées conjointement par le FMI et la Banque Mondiale ont montré que, tirant les leçons de la crise des années 80, l'organe de supervision bancaire des pays de la CEMAC avait à juste titre procédé à une refonte du dispositif de surveillance bancaire, qui apparaissait globalement conforme aux prescriptions du Comité de Bâle.

Mais ces revues avaient également révélé des insuffisances dans le dispositif de surveillance de la COBAC, rendant son renforcement nécessaire afin de se conformer aux 25 principes du Comité de Bâle, tout en tenant compte des particularités des économies de la sous-région.

Fort de ce constat, la COBAC a entrepris un vaste chantier de mise en conformité de ses normes prudentielles avec les principes du Comité de Bâle, initié par l'examen des résultats de l'auto-évaluation et des missions conjointes FMI/Banque Mondiale.

Il faut dire qu'en 2009, le Secrétariat Général de la COBAC avait entrepris de revoir et de formaliser ses procédures et méthodes. Un vaste chantier d'amélioration des outils de contrôle permanent avait été engagé, notamment la mise à jour du système CERBER (Collecte, Exploitation et Restitution aux Banques et Etablissements Financiers des Etats Réglementaires) et l'élaboration de l'outil ASTROLAB qui permettra d'automatiser plusieurs tâches inhérentes au contrôle des assujettis.

Ainsi, en 2010, le système CERBER a été revu en profondeur en raison de l'évolution de la réglementation comptable et prudentielle. Les contrôles ont été renforcés, et le détail de certaines informations nécessaires au calcul des normes prudentielles, affiné. De même, de nouveaux états ont été créés pour l'élaboration des statistiques monétaires par la Banque Centrale et l'information des autorités monétaires. L'opérationnalité de ce nouveau système, formalisée par l'Instruction COBAC I-2008/01 portant mise à jour du système de CERBER, adoptée le 28 octobre 2008 et entrée en vigueur le 1er janvier 2009, a pu être obtenue durant une période de tests accrus effectués en synergie avec les assujettis. A ce jour, tous les établissements de crédit se sont familiarisés avec ce nouvel outil, malgré les retards parfois observés.

Les établissements de crédit en difficulté ainsi que ceux en infraction à la réglementation prudentielle, ont fait l'objet d'un suivi rapproché par le Secrétariat Général de la COBAC. Ce faisant, une analyse régulière des rapports et des déclarations périodiques des trois banques placées sous administration provisoire au cours de l'année 2010, a été effectuée. Des missions ont été diligentées auprès de ces établissements dans le but d'évaluer les progrès accomplis, et de les accompagner dans leur processus de redressement. A l'issue de ces diligences, l'un des établissements concernés est sorti du régime d'administration provisoire, et ses organes décisionnels sont d'ores et déjà opérationnels. La situation des établissements en infraction par rapport à certaines normes prudentielles, a été régulièrement examinée. Le suivi exercé par le Secrétariat Général a conduit la Commission Bancaire à adresser des sanctions disciplinaires à certains d'entre eux, à l'effet de se conformer aux normes dans les délais requis. Le programme d'enquêtes sur place de l'exercice 2011, approuvé par la Commission Bancaire, n'a été que très partiellement exécuté, en raison de problèmes d'effectif et de nombreuses missions ponctuelles commandées par l'urgence, comme on peut le voir sur le tableau ci-après.

Tableau 3.4. Contrôles prévus et réalisés par la COBAC à la fin 2011.

	Missions de suivi des recommandations	Missions de vérification générale	Autres missions	Total
Cameroun	0	6	4	10
RCA	0	2	4	6
Congo	0	2	4	6
Gabon	2	2	4	8
Guinée E.	2	4	2	8
Tchad	4	1	2	7
Total	**8**	**17**	**20**	**45**

Source : Rapport d'activité de la COBAC 2011.

Les propositions d'enquêtes sur place approuvées par la Commission Bancaire retiennent généralement trois orientations majeures : une enquête thématique transversale sur l'évaluation du portefeuille de crédits des établissements de crédit au regard de l'impact de la conjoncture économique sur leur activité d'intermédiation, le suivi des établissements sous administration provisoire et des recommandations formulées par les précédentes missions et les contrôles dits de routine.

2.2. Estimation des paramètres du modèle

Afin d'évaluer l'impact de la règlementation micro-prudentielle sur l'efficience des banques de la CEMAC, nous allons avoir recours à un panel dynamique auquel nous appliquerons la méthode des moments généralisés (MMG), car elle permet non seulement de contrôler les effets spécifiques individuels et temporels non observés, mais aussi de palier au biais de simultanéité, de causalité inverse et de variables omises. Par ailleurs, l'utilisation d'instruments basés sur les variables explicatives retardées, nous permet de contrôler la potentielle endogénéité des variables explicatives, suivant la méthodologie de Blundell et Bond (1998).

2.2.1. Modèle, données et échantillon

Les données utilisées sont extraites du système CERBER (Collecte, Exploitation et Restitution aux Banques et Établissements financiers des États Réglementaires) de la COBAC, pour ce qui est des variables spécifiques aux banques. Les données des bilans disponibles portent sur toutes les banques commerciales en activité de la CEMAC, et couvrent la période de 1993 à 2011, avec une fréquence mensuelle, alors que les comptes de résultats sont disponibles annuellement. Ainsi, l'étude sera réalisée sur une base annuelle. Au final, nous disposerons d'un panel sur la période 1993 à 2011, soit 19 périodes pour 6 pays.

Comme variable dépendante de notre modèle, nous aurons tour à tour les scores d'efficacité des banques (EFF) selon l'approche intermédiation sous l'hypothèse des rendements d'échelle variable et les scores d'efficience allocative. Ces scores prennent des valeurs comprises entre zéro et un, les scores inférieurs à un indiquent un gaspillage en ressources qui peut être optimisé. Cette variable nous permet de capter l'aptitude des banques à minimiser ses inputs pour un niveau de production donné.

Comme variables de la règlementation et de la supervision bancaire, on a tout d'abord les *restrictions sur les activités des banques (RST)* qui capturent la possibilité pour les banques de contrôler des institutions non bancaires mais aussi la possibilité pour les institutions financières non bancaires de mener des activités bancaires ou d'offrir des services bancaires électronique. Une valeur élevée de cette variable indique une forte restriction pour les banques à offrir des services financiers non purement bancaires.

L'assurance des dépôts (ADPT), cette variable permet de prendre en compte l'existence et la qualité d'un mécanisme d'assurance des dépôts, ainsi que d'autres dispositifs similaires. Un niveau élevé de cette variable indique un niveau élevé de sécurité des dépôts. D'après Demirguc-Kunt et Kane (2002) sous un régime explicita d'assurance des dépôts, les banques sont plus tentées de prendre des risques.

Les exigences en capital réglementaire (CAPRQ), cette variable mesure l'impact de la règlementation en termes de fonds propres, mais aussi de classement et de provisionnement des créances des banques. Les proxys utilisés pour cette variable sont le ratio de solvabilité et le ratio de limitation des grands risques. Une valeur élevée pour cette variable, indique des exigences en capital règlementaire fort.

Les restrictions à l'entrée et à la sortie sur le marché bancaire (CONTES), cette variable cherche à appréhender la contestabilité du marché bancaire à travers les restrictions sur la délivrance des agréments de banque ou la prise de contrôle de banques existantes, ainsi que les conditions de retrait de cet agrément.

La transparence dans l'information (INFO), cette variable permet de prendre en compte la transparence dans l'information mise à la disposition du public, des clients, des actionnaires, des auditeurs externes ainsi que des autorités règlementaires.

Les variables de contrôle de l'activité des banques, plusieurs variables peuvent être mobilisées ici comme l'ont fait Chortareas et al. (2013), Triki et al. (2013) et plus récemment Ben bouheni et al. (2014).

Les dépôts (DPT), il s'agit du principal input dans l'activité bancaire. Ils sont constitués des dépôts des clients mais aussi des dépôts interbancaires.

La marge nette d'intérêt (NIM), cette variable permet de prendre en compte le résultat de l'activité financière de chaque banque.

Les charges d'exploitation bancaire (CEB), qui captent toutes les autres charges que supportent les banques dans la conduite de leur activité.

Les crédits (CDT), il s'agit du principal output bancaire, et sont mesurés par le total des réemplois nets c'est-à-dire déduction faite des provisions sur crédits.

La taille de la banque (LNTA), qui est mesurée par le logarithme du total actif de chaque banque.

La structure de l'actionnariat (ACT), il s'agit d'une variable dummy qui prend la valeur 1 si 50% de l'actionnariat de la banque est détenu par une entité étrangère, 0 sinon.

Le modèle utilisé pour évaluer l'impact de la règlementation micro-prudentielle sur l'efficacité des banques se présente sous la forme suivante :

$$y_{i,k,t} - y_{i,k,t-1} = (\alpha-1)\, y_{i,k,t-1} + \beta'\, X_{i,k,t} + \nu_i + \varepsilon_{i,k,t} \quad (3.1)$$

Avec y le score d'efficacité de la banque *k* dans le pays *i* au cours de l'année *t*, X l'ensemble des variables explicatives, ν est l'effet spécifique individuel non observé et ε le terme d'erreur.

En réécrivant l'équation (1) on a :

$$y_{i,k,t} = \alpha\, y_{i,k,t-1} + \beta'\, X_{i,k,t} + \nu_i + \varepsilon_{i,k,t} \quad (3.2)$$

Pour éliminer l'effet spécifique individuel, nous différencions une fois l'équation ci-dessus. On a alors :

$$y_{i,k,t} - y_{i,k,t-1} = \alpha(y_{i,k,t-1} - y_{i,k,t-2}) + \beta'(X_{i,k,t} - X_{i,k,t-1}) + (\varepsilon_{i,k,t} - \varepsilon_{i,k,t-1}) \quad (3.3)$$

Les conditions de moment de l'estimateur du panel dynamique sont :

$$E[\, y_{i,t-s} \,.\, (\varepsilon_{i,t} - \varepsilon_{i,t-1})] = 0 \qquad \text{pour } s \geq 2 \;\; ; t = 3,\ldots,T \quad (3.4)$$

$E[X_{i,t-s}.(\varepsilon_{i,t}+\varepsilon_{i,t-1})] = 0$ pour $s \geq 2$; $t = 3,\ldots T$ (3.5)

Afin de réduire le potentiel biais lié à l'utilisation de l'estimateur en différence, nous utilisons les conditions de stationnarité suivantes :

$E[(yi,t+p\cdot v_i)] = E[y_{i,t+q}.v_i]$

et (3.6)

$E[(Xi,t+p\cdot v_i)] = E[X_{i,t+q}.v_i]$ pour tout p et q

Les conditions de moment additionnelles pour la seconde partie du système (régression en niveau) sont :

$E[(y_{i,t-s} - y_{i,t-s-1})\cdot(v_i + \varepsilon_{i,t})] = 0$ pour $s = 1$ (3.7)

$E[(X_{i,t-s} - X_{i,t-s-1})\cdot(v_i + \varepsilon_{i,t})] = 0$ pour $s = 1$ (3.8)

Ainsi, le modèle à estimer s'écrit sous la forme suivante :

$EFF_{i,k,t} = \beta_0 + \alpha\, EFF_{i,k,t-1} + \beta_1 RST_{i,k,t} + \beta_2 ADPT_{i,k,t} + \beta_3 CAPRQ_{i,k,t} + \beta_4 CONTES_{i,k,t} + \beta_5 INFO_{i,k,t} + \beta_6 DPT_{i,kt} + \beta_7 NIM_{i,k,t} + \beta_8 CEB_{i,k,t} + \beta_9 CDT_{I,k,t} + \beta_{10} LNTA_{i,k,t} + \beta_{11} ACT_{i,k,t} + v_i + \varepsilon_{i,k,t}$

(3.9)

Les estimations issues de ce modèle ainsi que les analyses subséquentes, sont présentées dans la prochaine section.

2.2.2. Résultats et analyse

Le tableau suivant présente les résultats obtenus de notre modèle selon la spécification précédemment retenue pour la CEMAC.

Tableau 3.5. Résultats de l'estimation du modèle pour l'ensemble de la zone CEMAC.

Dependent Variable : Method : GMM	EFF (1)	EFF (2)
VARIABLES	Coefficient	Coefficient
EFF (-1)	0.611*	0.680**
	(7.153)	(2.850)
RST	-0.089**	-0.161**
	(-2.940)	(-2.423)
ADPT	0.069***	0.091***
	(7.450)	(3.524)
CAPRQ	-0.071**	-0.010*
	(-2.971)	(-1.957)
CONTES	-0.023***	-0.088***
	(-3.340)	(-1.964)
INFO	-0.052*	-0.326***
	(-2.460)	(-2.996)
SPWR	0.010	0.023
	(2.834)	(1.587)
DPT	0.009	0.021
	(1.502)	(1.258)
NIM	0.032	0.016
	(0.170)	(0.183)
CEB	-0.021	-0.019
	(-1.231)	(-1.146)

CDT	0.043*	0.031
	(1.942)	(1.282)
LNTA	0.042**	0.097**
	(2.962)	(2.914)
ACT	-0.022***	-0.021***
	(-3.580)	(-2.954)
Constant	0.081	0.091
	(0.110)	(0.241)
AR (2)	-0.621	-0.678
P-value AR (2)	(0.572)	(0.466)
Sargan Statistics	22.147	28.321
P-value Sargan	(0.236)	(0.251)
Observations	651	651

*** $p<0.01$, ** $p<0.05$, * $p<0$.
(1) : efficience technique totale ; (2) : efficience technique pure.
Source : estimations de l'auteur.

2.2.3. Analyse et interprétation des résultats

Le tableau ci-dessus présente les principaux résultats obtenus de nos estimations, selon la spécification précédemment retenue pour l'ensemble de la zone CEMAC. Nous considérons comme variables dépendantes tour à tour les scores d'efficacité allocative et les scores d'efficacité technique.

Ces résultats montrent que la règlementation micro-prudentielle n'affecte pas de façon homogène l'efficacité du système bancaire de la CEMAC. Plus précisément, le renforcement des restrictions sur les activités des banques se traduit par une baisse de leurs scores d'efficience. D'après les résultats obtenus, un renforcement de 1% des restrictions sur les activités des banques entraine une baisse de 0.089 et de 0.161, respectivement pour l'efficience allocative et l'efficience technique des banques de la CEMAC. En effet, une restriction sur les activités des banques réduit leurs possibilités de diversification de leurs revenus. Ce résultat est conforme à ceux de Barth et al. (2001, 2010), Pasiouras et al. (2009), et plus récemment Triki et al. (2013), Sassi et Ben Naceur (2013).

Les exigences en capital réglementaire sont également négativement liées à l'efficience des banques de la CEMAC. D'après nos résultats, un relèvement de 1% des exigences en capital réglementaire, entraine une baisse de 0.071 et de 0.010 respectivement pour l'efficience technique totale et l'efficience technique pure des banques. Ce résultat n'est pas conforme à la littérature qui souligne que les exigences en capital réglementaire permettent de réduire le risque de crédit (Barth et al. 2010), déterminent la résilience des banques (FMI 2000 et 2015) et améliorent la rentabilité des banques (Ben Bouheni et al., 2014).

La contestabilité du marché bancaire capturée par les restrictions à l'entrée (délivrance de l'agrément de banque ou conditions de prise de contrôle d'une banque existante) et par les restrictions à la sortie (conditions de retrait de l'agrément de banque), affecte négativement l'efficience des banques. Plus précisément, un renforcement de 1% des barrières à l'entrée et à la sortie du marché bancaire, entraine une baisse de 0.023 et de 0.088 respectivement pour l'efficience technique totale et l'efficience technique pure des banques de la CEMAC. Ce résultat, conforme à celui de Triki et al. (2013), semble s'expliquer par le fait que de fortes restrictions à l'entrée sur le marché bancaire réduisent la concurrence et l'innovation sur le marché bancaire, contrairement à l'idée répandue selon laquelle les restrictions à l'entrée feront que seules les banques les plus solides et performantes, pourront entrer sur le marché. Par ailleurs, de fortes restrictions à la sortie font augmenter le coût de la liquidation des banques, ce qui réduit l'incitation à entrer sur le marché, altère la concurrence et partant, l'efficience. En outre, de telles exigences rendent la sortie du marché plus difficile pour les banques les moins performantes Coats et Liuksila (1999).

Accroître les exigences de transparence dans l'information financière, réduit l'efficience des banques de la CEMAC. Ceci laisse penser que les bénéfices générés par la transparence de l'information financière sur les banques de la CEMAC, restent inférieurs aux coûts relatifs à la mise à la disposition de tous de cette information. D'après les résultats obtenus de nos estimations, accroître les exigences de transparence dans l'information financière des banques de 1%, entraine des baisses respectives de 0.052 et de 0.326 pour l'efficience allocative et l'efficience technique. Ce résultat est conforme à celui de Triki et al. (2013).

A l'inverse, l'existence d'un mécanisme d'assurance des dépôts a un impact positif sur l'efficience des banques. Ainsi d'après nos résultats, un renforcement de 1% de la qualité de l'assurance des dépôts, apporte une augmentation de 0.069 et de 0.091 respectivement pour l'efficience allocative et l'efficience technique. Ce qui est conforme aux travaux de Demirguc-Kunt et Kane (2002), Ben bouheni et al. (2014). En effet, l'existence ou tout simplement l'amélioration de la qualité d'un mécanisme d'assurance des dépôts, incite les banques à prendre plus de risque dans leur quête de rentabilité, ce qui va accroitre leur efficacité.

En ce qui concerne les variables de contrôle de l'activité des banques, on note que la marge nette d'intérêt, les charges d'exploitation bancaire et les dépôts n'ont pas d'impact significatif sur l'efficience des banques de la CEMAC. Cependant, le total des crédits nets et la taille des banques sont positivement corrélés à l'efficience des banques. D'après nos résultats, un accroissement de 1% du total des réemplois nets des banques, provoque une augmentation de 0.043 et de 0.031 respectivement pour l'efficience technique allocative et l'efficience technique pure. De même, un accroissement de la taille des banques de 1% engendre une augmentation de 0.042 et de 0.097 respectivement pour l'efficience technique totale et l'efficience technique. Ce qui montre que les banques octroyant plus de crédit sont plus efficientes toutes choses égales par ailleurs, de même les banques de grande taille, semblent plus efficiences. Par contre, la concentration dans le secteur bancaire et la détention du capital des banques par intérêts étrangers, ont un effet négatif sur l'efficience des banques de la CEMAC. Ainsi d'après nos résultats, un accroissement de 1% du capital des banques détenu par des intérêts étrangers, occasionne une baisse de 0.022 et de 0.021 respectivement pour l'efficience technique totale et l'efficience technique pure des banques de la CEMAC.

2.2.4. Robustesse des estimations

Nous apportons quelques modifications au modèle de base, afin de tester la sensibilité de nos résultats. Les estimations sur panel dynamique de l'équation (3.9) ont été refaites en introduisant des mesures alternatives de certaines de nos variables. Nous gardons, à ce titre, la même spécification empirique de départ. Nous testons également la sensibilité des conclusions à l'élimination des observations aberrantes de nos variables explicatives. Nous excluons les observations pour lesquelles l'écart (en valeur absolue) du taux de croissance de celui-ci par rapport à sa moyenne, dépasse deux fois son écart type. L'objectif est de voir si les résultats précédents ne sont pas en réalité tirés ou influencés par de fortes variations dans les caractéristiques des banques, variations pouvant être liées à des épisodes de *boom* du crédit, de bulles sur le marché boursier ou d'effondrement des prix des actifs financiers. Les résultats attestent de de la robustesse de ceux obtenus auparavant pour l'efficience technique, mais sont légèrement modifiés en ce qui concerne l'efficience allocative.

De la même manière, nous avons voulu tester la robustesse de nos résultats par l'introduction d'une nouvelle variable de contrôle prenant en compte la participation de l'Etat au capital des banques, ou encore l'environnement économique dans lequel évoluent les banques étudiées. Les résultats obtenus sont plus robustes, et semblent soutenir l'idée que l'environnement économique a une incidence significative sur l'efficience des banques.

CONCLUSION DU CHAPITRE

Il faut rappeler que la règlementation bancaire dans la CEMAC a été marquée par deux faits majeurs. Sur le plan local, pour faire face à la crise financière de la fin des années 1980, les autorités monétaires de la zone ont renforcé le cadre réglementaire du fonctionnement des banques. L'une des mesures importantes a été la création de la COBAC, organe de contrôle, qui s'assure du respect par les banques en activité dans la zone, des règles édictées. A ce titre, un dispositif prudentiel a été mis sur pied. Il comprend des normes de solvabilité et de liquidité qui doivent être respectées par les établissements de crédit. Cependant sur le plan international, la crise financière internationale de 2008 va mettre en lumière les lacunes de l'Accord de Bâle II, et va aboutir en 2010, à la réforme dite de " Bâle III".

L'objectif de ce chapitre était d'évaluer l'incidence de la règlementation micro-prudentielle sur l'efficience des banques de la CEMAC. Pour cela, l'étude a débuté par un essai de justification théorique de la réglementation de l'activité bancaire. Les grandes évolutions de la réglementation bancaire ont été ainsi présentées dans la première section. La deuxième section quant à elle, a procède à l'évaluation empirique de l'effet de la règlementation micro-prudentielle sur l'efficience des banques de la CEMAC. Pour cela, nous avons employé la méthode des moments généralisés (MMG) en panel dynamique, car elle nous a permis de contrôler les effets spécifiques individuels et temporels non observés, mais aussi de pallier au biais de simultanéité, de causalité inverse et de variables omises.

Les résultats obtenus montrent que la règlementation micro-prudentielle n'affecte pas de façon homogène l'efficacité des banques de la CEMAC. Plus précisément, le renforcement des restrictions sur les activités des banques se traduit par une baisse de leurs scores d'efficience. Les exigences en capital réglementaire sont aussi négativement liées à l'efficience des banques de la CEMAC, tout comme les exigences en matière de transparence de l'information financière des banques. Plus encore, les résultats restent peu significatifs pour l'efficience allocative, et semblent appeler à considérer l'environnement macroéconomique dans lequel évoluent las banques. La règlementation micro-prudentielle semble donc insuffisante pour comprendre l'incidence de la règlementation sur l'efficience des banques. Il est important dans ces conditions, d'évaluer l'impact de la règlementation macro-prudentielle sur l'efficacité des banques.

CHAPITRE 4

La réglementation macro-prudentielle : un facteur déterminant de l'efficience des banques de la CEMAC

INTRODUCTION

La crise financière internationale de 2008 a suscité de nombreux appels pour des réformes de la réglementation et supervision bancaire. La réaction initiale à la crise a été relative à des perplexités : comment une telle étendue de difficultés financières survient dans des pays où la surveillance des risques financiers a été pensée pour être la meilleure au monde ? En effet, les normes réglementaires et les protocoles des pays avancés ayant été au centre de la tempête financière, ont été limités à travers le monde, suite à l'adoption progressive des normes internationales de capital de Bâle et les Principes Fondamentaux de Bâle (PFB) pour un contrôle bancaire efficace.

La crise a révélé des faiblesses importantes du système de réglementation financière et du cadre de surveillance à travers le monde, et a engendré un débat grandissant sur le rôle que ces faiblesses peuvent avoir joué dans le déclenchement et la propagation de la crise. En conséquence, la réforme de la régulation et de la supervision devenait impérative et a abouti aux accords de Bâle III. Des voix se sont élevée pour saluer ces réformes en soulignant qu'une réglementation et une surveillance plus étroite permettront d'éviter les défaillances du marché, et favoriseront des pratiques bancaires saines. Par conséquent, il s'ensuivra une amélioration de l'efficacité des banques. Cet avis n'est pas partagé par les opposants à un renforcement de la règlementation, qui soutiennent que renforcer la réglementation et rendre plus stricte la supervision des banques, conduiront à une répartition sous-optimale du capital et donc, à une baisse de la performance des banques.

Par conséquent, le débat sur la façon dont la réglementation et la surveillance affecte l'efficacité de la banque, reste à ce jour théoriquement irrésolu. Sur le plan empirique, les études disponibles à l'instar de celles de Barth et al. (2001, 2004), Demirguc-Kunt et al. (2003), Pasiouras (2007, 2009), Barth et al. (2010), Chortareas et al. (2011), Ben Naceur et al. (2009, 2011), Boudrigua (2009), Bourgain et al. (2012), Klomp et de Haan (2011),

Demirguc-Kunt et al. (2011), Triki et al (2013), Ben Bouheni et al (2014) ne permettent pas de parvenir à un consensus sur ce débat.

Il faut aussi dire que très peu de ces études s'intéressent aux pays en développement et plus particulièrement au continent africain.

Pourtant, étudier l'Afrique est d'un intérêt particulier pour des raisons politiques et historiques notamment. Après plusieurs épisodes de crises bancaires au cours des années 80 et les années 90, la plupart des pays africains ont mis en œuvre des réformes visant à aligner leurs pratiques aux meilleurs standards de l'industrie, en espérant que cela améliorera l'efficacité et la stabilité du système bancaire et par conséquent, favorisera le développement économique. Principalement en raison de ces réformes, la fragilité des banques africaines a été atténuée. Mais, les pays africains sont de plus en plus critiqués pour empêcher le continent de parvenir à un plus grand développement financier, en raison de leur approche conservatrice de la réglementation. Beck et al. (2011) affirment que l'Afrique doit adopter une approche différente de la réglementation basée sur une "meilleure solution" plutôt que sur des « pratiques exemplaires ».

A titre d'illustration, nous présentons dans l'encadré qui suit, les standards réglementaires appliqués par les banques en Afrique. Comme on peut le voir, à la lecture de cet encadré, seuls quatre pays africains mettent déjà en application les accords de Bâle III, vingt-six appliquent Bâle II (dont les pays de la CEMAC), tandis que quatorze appliquent encore Bâle I.

Par conséquent, il est important de vérifier empiriquement si les pratiques de régulation notamment macro-prudentielle, sont associées à de meilleurs résultats en matière d'efficacité dans le contexte africain pour aider à la prise de décisions lors de futures réformes. Les résultats pourraient également être utiles pour informer les décideurs politiques dans d'autres régions en développement confrontées à des défis similaires à ceux de l'Afrique.

Ainsi, la première section de ce chapitre parcourt la revue de la littérature théorique et empirique relative à l'impact de la réglementation sur les performances des banques, tandis que la deuxième section évalue l'impact de la réglementation macro-prudentielle sur l'efficacité du système bancaire de la CEMAC.

Encadré 4.1. Les standards de supervision bancaire en Afrique

Pays	Normes Comptables	Norme d'exigence de fonds propres	Existence d'un mécanisme d'assurance des dépôts
Angola	Normes locales	Bâle I	Non
Botswana	IFRS	Bâle II en cours d'implémentation	Non
Burundi	Plan IFRS	Bâle II en cours d'implémentation	Non
Cap Vert	IFRS	Bâle II en cours d'implémentation	Non
CEMAC	Plan IFRS	Bâle II en début d'implémentation	Oui
Comores	Normes locales	Bâle II en cours d'implémentation	Non
Congo (RDC)	Normes locales	Bâle I	Non
Ethiopie	Plan IFRS	Bâle I	Non
Gambie	Plan IFRS	Bâle I	Non
Ghana	IFRS	Bâle I	Non
Guinée	Normes locales	Bâle I	Non
Kenya	IFRS	Bâle II / Bâle III	Oui
Lesotho	IFRS	Bâle I	Non
Liberia	IFRS	Bâle II	Non
Madagascar	Normes locales	Bâle I	Non
Malawi	IFRS	Bâle II	Non
Maurice (Îles)	IFRS	Bâle II	Non
Maroc	IFRS	Bâle III en partie	Oui
Mozambique	IFRS	Bâle II	Non
Namibie	IFRS	Bâle II en partie	Non
Nigeria	IFRS	Bâle III en cours d'implémentation	Oui
Rwanda	IFRS	Bâle II	Non
Sao Tome	Plan IFRS	Bâle II en cours d'implémentation	Non
Seychelles	Plan IFRS	Bâle I	Non
Sierra Leone	IFRS	Bâle I	Non
South Africa	IFRS	Bâle III	Non
Sud Soudan	Normes locales	Bâle I	Non
Swaziland	IFRS	Bâle I	Non
Ouganda	IFRS	Bâle I	Oui
Tanzanie	IFRS	Bâle I	Oui
UEMOA	Plan IFRS	Bâle II en cours d'implémentation	Non
Zambie	IFRS	Bâle I	Non
Zimbabwe	IFRS	Bâle II	Oui

Source : construit par l'auteur à partir des données de la BRI (2014).

SECTION I. REVUE DE LA LITTERATURE

La question de la régulation des activités commerciale par les pouvoirs publics peut être retracée à Pigou (1938), qui fait valoir que l'existence d'un pouvoir de monopole, d'externalités et des asymétries d'information, crée un rôle pour l'intervention du gouvernement pour compenser ces défaillances du marché.

La règlementation bancaire a pour objectif la sauvegarde de l'industrie contre le risque systémique, la protection des consommateurs contre les prix excessifs ou des comportements opportunistes et enfin pour atteindre certains objectifs sociaux, y compris la stabilité (Llewellyn, 1999). À cet égard, il est important de noter que chaque fois que la réglementation est mise en œuvre dans le but de restreindre ou limiter les activités bancaires, le comportement des banques et l'efficacité avec laquelle elles opèrent, seront affectés. Cela pourrait inciter les banques à s'engager dans des activités plus risquées et / ou d'investir dans des moyens de contourner la réglementation. De nombreuses contributions théoriques ont cherché à identifier les différents canaux par lesquels la réglementation influence l'efficience des banques. Des travaux empiriques ont complété ces contributions théoriques, et ont abordé la question sous divers aspects.

1.1. La littérature théorique

La régulation bancaire se réfère généralement à des règles qui régissent le comportement des banques, tandis que la supervision est la surveillance qui prend place pour s'assurer que les banques respectent les règles. La question de la régulation financière, notamment en ce qui concerne le secteur bancaire, est souvent considérée comme une question controversée. La règlementation est coûteuse et peut donner lieu à des problèmes d'aléa moral. En outre, des distorsions entre les institutions réglementées et non réglementées peuvent survenir (Barth et al., 2006).

Pourtant, le rôle particulier que jouent les banques dans l'économie implique que les banques devraient être réglementées et contrôlées, non seulement pour protéger les investisseurs et les consommateurs, mais aussi pour assurer la stabilité de tout le système financier. Plus précisément, la règlementation bancaire existe pour la sauvegarde de l'industrie contre le risque systémique, la protection des consommateurs contre les prix excessifs ou des comportements opportunistes et atteindre certains objectifs sociaux, y compris la stabilité (Llewellyn, 1999). Enfin, la réglementation est importante pour l'efficacité de l'industrie bancaire. À cet égard, il est à noter que chaque fois que la réglementation est mise en œuvre dans le but de restreindre ou de limiter les activités bancaires, le comportement des banques d'affaires et l'efficacité avec laquelle elles opèrent, seront affectés. Cela pourrait inciter les banques à s'engager dans des activités plus risquées et / ou d'investir dans des moyens de contourner la réglementation. Selon certaines études, cela pourrait même finalement affecter la croissance économique (Jalilian et al., 2007).

Par ailleurs, les analyses théoriques de la rentabilité bancaire ont souvent souligné les effets pervers pouvant découler d'une règlementation prudentielle mal adaptée. Rochet (1992) montre alors qu'une réglementation prudentielle est efficace si elle parvient à combiner, de façon complémentaire, l'imposition d'un ratio de fonds propres pondéré en fonction du risque systématique des actifs et d'un montant de fonds propres minimum. Bien sûr, ces travaux furent eux-mêmes largement critiqués, car ils négligent les phénomènes d'asymétries d'information et d'aléa moral qui caractérisent l'activité bancaire.

La question de fond est donc de savoir si la règlementation et la supervision des banques permettent d'améliorer leur efficacité.

Plusieurs contributions théoriques tenteront d'apporter une réponse à cette interrogation. Les premières contributions intègrent difficilement la spécificité des banques par rapport au marché financier (théorie de la préférence sur les états) et par rapport aux autres intermédiaires financiers (théorie des choix de portefeuille). Des contributions plus récentes (modèles des choix de portefeuille dynamiques ; approches de règlementation optimale) viendront compléter les premières analyses, et intègreront les apports de l'économie de l'information et plus précisément, certaines asymétries d'information indispensables à la compréhension de l'économie bancaire.

1.1.1. Les analyses traditionnelles des effets de la règlementation et de la supervision bancaire

Deux approches traditionnelles des effets de la règlementation et de la supervision seront présentées ici. Dans la première (théorie de la préférence sur les états), développée à la fin des années soixante-dix, les banques neutres au risque, évoluent dans un univers de marchés complets. Dans la seconde (théorie des choix de portefeuille), élaborée principalement au cours des années quatre-vingt, la banque se comporte en gestionnaire de portefeuille averse au risque dans un environnement financier, dont la complétude n'est plus nécessaire à supposer.

1.1.1.1. Les approches basées sur la théorie de la préférence sur les états

La théorie de préférence sur les états[15] constitue l'un des premiers cadres d'analyse utilisé par les économistes pour étudier les effets de la règlementation bancaire. Les théoriciens de la préférence sur les états Kareken et Wallace (1978), Dothan et Williams (1980) parviennent d'une

[15] Traduction de l'anglais « State preference theory »

part, à appréhender la spécificité de la banque en mettant en avant son pouvoir de marché tant à l'actif qu'au passif. Mais d'autre part, ils évoluent dans un environnement de complétude des marchés financiers, où l'on comprend mal sa raison d'être comme mode alternatif de financement de l'économie.

L'hypothèse forte de ces modèles est de supposer l'existence d'un système complet de titres financiers contingents, c'est-à-dire la possibilité de construire n'importe quel titre financier à partir des biens contingents élémentaires[16], associés aux différents états de la nature possible. On se situe là clairement dans le paradigme « Arrow-Debreu » dominant dans le début des années soixante-dix, bien qu'il s'agisse ici d'une analyse limitée aux marchés financiers et donc d'équilibre partiel.

Ces modèles démontrent dans un premier temps que si l'on suppose l'existence d'un coût de défaillance, la réponse optimale de la banque consiste à choisir une structure d'actif telle que la faillite soit impossible. Par conséquent, le comportement optimal de la banque qu'elle soit astreinte ou pas à des réserves obligatoires, est d'éviter tout état de faillite. Elle peut, si elle le souhaite, éviter ex ante une telle occurrence en choisissant correctement la composition de son portefeuille d'actifs.

Cette conclusion découle de toute évidence, de l'hypothèse d'un système de marchés complets sous laquelle la banque est effectivement capable de s'auto assurer, ceci en combinant les titres existants qui permettent de se construire une couverture sur mesure qui, quel que soit l'état du monde, lui permettra de rembourser ses créanciers et en particulier les déposants. Par conséquent, la règlementation prudentielle apparait inutile car d'une part, elle n'a pas à contrecarrer les effets pervers d'une assurance de dépôts sous tarifée et d'autre part, il n'est pas nécessaire de limiter la probabilité de faillite des banques, car ces dernières choisissent spontanément d'éviter toute défaillance.

Dans un tel cadre, toute règlementation apparaît donc superflue, et on arrive à prescrire une solution de « *Free Banking* ». Ce qui revient à considérer que si le coût social de la faillite est nul ($\lambda = 0$), alors le « *free-banking* » s'impose comme mode de régulation du système bancaire. Cela revient à supposer que les déposants peuvent entièrement supporter le coût éventuel de la faillite de leur banque, en exigeant une rémunération de leurs dépôts à même de couvrir le risque qu'ils courent, et qu'ils évaluent parfaitement.

A l'opposé, le poids que l'on accorde au coût social de la faillite peut être infini (λ tend vers l'infini), parce que l'on considère qu'une faillite bancaire est intolérable et doit être évitée à tout prix. On néglige alors totalement l'efficacité productive, et on s'en remet à des propositions de « *Narrow*

---

[16] Un bien contingent élémentaire associé à un état de la nature est un bien contingent qui rapporte 1 quand cet état se réalise et 0 dans les autres états du monde.

Banking » en imposant aux banques une séparation nette entre activité de dépôts et activité de crédits. Les banques seraient tenues d'adosser l'intégralité de leurs dépôts sur des actifs publics parfaitement liquides. En conséquence, leur octroi de crédits ne pourrait dépasser le montant de leur fonds propre. Par rapport au *free-banking,* il est clair que les banques seraient plus capitalisées, et qu'elles investiraient nettement moins.

Entre ces deux cas extrêmes, la perspective intermédiaire consiste à supposer que la faillite d'une banque recouvre un coût social positif. On se situe alors dans la perspective d'une règlementation externe publique, qui doit maximiser le surplus social du secteur bancaire en accordant relativement plus de poids à la limitation des faillites bancaires qu'en « *free-banking* », sans négliger cependant l'efficacité productive des banques comme en « *Narrow-Banking* ».

Par ailleurs, il faut préciser que dans un tel cadre d'analyse, une assurance des dépôts n'a aucune raison d'être. Son introduction ne peut alors se justifier que par des raisons exogènes au modèle. Ce type d'approche amène donc à conclure que la règlementation prudentielle est au pire inutile, au mieux efficace surtout dans l'interaction de ses instruments Couppey et Madiès (1996).

1.1.1.2. La théorie des choix de portefeuille ou le relâchement de l'hypothèse de complétude des marchés financiers

La théorie des choix du portefeuille se tourne vers une modélisation qui ne nécessite plus forcément l'hypothèse de complétude des marchés financiers. Cependant, la raison d'être des banques qui naît de l'incomplétude des marchés financiers, ne transparaît pas dans la modélisation de la banque, réduite à un simple gestionnaire de portefeuille. Alors que les modèles de préférence sur les états concluaient au pire à l'inutilité d'une règlementation sur les fonds propres, ceux de choix de portefeuille ont le mérite de mettre à jour les possibles effets pervers d'une règlementation de fonds propres qui pourrait conduire à un accroissement de la probabilité de faillite des banques, contrairement à son objectif de départ. L'analyse prend corps dans un modèle espérance-variance. Le banquier n'est qu'un gestionnaire de portefeuille averse au risque. Il compose son portefeuille à partir de *n* actifs risqués et d'un seul type d'actifs sans risque (dépôts), selon que sa variance est supposée nulle ou pas.

Dans le modèle de Koehn et Santomero (1980), les dépôts sont supposés être des titres sans risque rémunérés par conséquent au taux sans risque. Cette hypothèse est importante dans la mesure où si les dépôts sont supposés sans risques, cela signifie implicitement qu'ils font l'objet d'une garantie des dépôts. Il convient de souligner que pour les théoriciens du choix de portefeuille comme pour ceux de la préférence sur les états, ce sont les distorsions induites par une assurance des dépôts mal tarifée, qui conduisent à réglementer la solvabilité des banques.

En outre, alors que les modèles de préférence sur les états postulaient explicitement la responsabilité limitée des banques, ici tout se passe au contraire comme si la responsabilité des actionnaires de la banque était illimitée. Or, il s'agit là sans doute de l'incohérence la plus fondamentale de ces premiers modèles. De fait, si tel est le cas, la défaillance de la banque est impossible et l'intervention du régulateur est sans aucun fondement. Aussi, certaines contributions ultérieures à l'instar de celles de Keely et Furlong (1990) puis Rochet (1992), s'efforceront de rétablir l'hypothèse de responsabilité limitée des actionnaires de la banque.

La théorie des choix de portefeuille n'oblige plus à supposer la complétude des marchés financiers. L'on dispose donc d'un cadre dans lequel on comprend mieux l'émergence de la banque en complément du marché. Ce gain en cohérence est malheureusement contrebalancé par le fait que la banque intervient sur des marchés parfaits de crédit et de dépôts, lesquels sont d'ailleurs assimilés à des titres quelconques uniquement caractérisés par l'espérance de la variance de leur rendement.

L'idée fondamentale est que le choix de portefeuille des banques dépend de leurs préférences individuelles en matière de risque. En conséquence, le régulateur peut difficilement contraindre efficacement l'ensemble des banques au moyen d'une norme en capital uniforme.

La règlementation ne peut donc puiser son efficacité que dans la complémentarité et l'interaction des instruments qu'elle met en œuvre comme le suggérait déjà Brainard (1967), en matière plus générale de politique économique. Ainsi en situation d'incertitude, il convient de faire jouer la complémentarité d'un grand nombre d'instruments, même si un seul objectif est visé.

Toutefois, la contribution normative des modèles de choix de portefeuille atteint vite ses limites. La remise en cause de son cadre d'analyse tient en effet à sa faible capacité à rendre compte des spécificités de l'activité bancaire, et de surcroît à caractériser le fait règlementaire. Les asymétries d'information qui caractérisent l'économie bancaire, sont indispensables à cette spécification. Or, leurs incidences sont totalement ignorées dans les modèles de préférence des états comme dans les modèles de choix du portefeuille. Des modèles plus récents viendront prendre en compte les apports de l'économie de l'information et notamment les asymétries d'information.

1.1.2. La prise en compte de l'économie de l'information dans l'évaluation de la règlementation prudentielle

Le renouveau de la théorie de l'intermédiation bancaire dans les années quatre-vingt, doit beaucoup aux apports de l'économie de l'information. En effet, indépendamment de toute considération d'aversion au risque ou de coût de transaction, seules les asymétries d'information permettent de comprendre l'émergence d'intermédiaires financiers et parmi ces derniers, d'intermédiaires bancaires.

Deux vagues de modèles seront analysées dans cette section. Il s'agit des modèles de règlementation optimale, puis des modèles de portefeuille dynamiques.

1.1.2.1. Les modèles de règlementation dite « optimale »

La règlementation doit parvenir à un partage optimal du risque de faillite entre les banques et l'assurance des dépôts supportée par le régulateur. La règlementation optimale à laquelle le régulateur veut parvenir, se confond à la détermination de l'allocation optimale des ressources du secteur bancaire. Celle-ci résulte de la maximisation d'une fonction de surplus social, qui selon les préférences du régulateur, est pondérée par un paramètre λ[17], représentatif du coût d'opportunité des fonds publics, et qui permet d'exprimer le coût social de la faillite (Couppey et Madies, 1996). L'idée est que la régulation du secteur bancaire consiste fondamentalement en un problème d'arbitrage entre deux objectifs : la limitation des faillites bancaires d'une part, et le maintien de l'efficacité productive des banques d'autre part. La fonction de surplus social est l'expression formelle de cet arbitrage. Sa pondération reflète l'importance respective de ces deux objectifs. Plus précisément, selon la plus ou moins grande importance conférée à l'un ou l'autre de ces objectifs, différents modes de régulation du secteur bancaire sont envisageables.

Les modèles de règlementation optimale sont avant tout rigides et cela n'ôte rien au fait qu'ils contribuent à la progression de l'analyse des transposions de modèles d'économie industrielle. D'ailleurs, les asymétries d'information introduites dans ces modèles ne sont pas spécifiques à la banque, et peuvent être appliquées à toute entreprise. C'est notamment le cas du modèle de Dewatripont et Tirole (1993), qui a été construit pour analyser la structure financière optimale d'une entreprise managériale, avant d'être adapté par ses auteurs à l'analyse de la règlementation bancaire.

Plus tard, le modèle de Bensaid et al. (1995) prolonge le modèle de Rochet (1992). A la différence du modèle de Dewatripont et Tirole (1993), l'asymétrie d'information pertinente n'est pas celle que les dirigeants de la banque font subir aux apporteurs de fonds, mais celle que le régulateur (assureur des dépôts) subit des banques.

A chercher une affiliation à ces modèles de règlementation optimale, il faut davantage se tourner vers le type d'outils analytiques auxquels ils font

---

[17] Ce paramètre se définit comme la perte de surplus social résultant d'une augmentation marginale des impôts.

recours. En effet, ils sont issus des développements de la théorie des contrats apportés par des spécialistes de l'économie industrielle. Ceux-ci ont donné lieu, dans le cadre du modèle principal-agent, à une nouvelle approche de la règlementation dont Laffont (1994) montre bien le caractère général. L'idée est alors d'appliquer ces outils à l'analyse de la règlementation prudentielle des banques. A cet effet, le modèle de Dewatripont et Tirole (1993) fait appel à la théorie des contrats incomplets, tandis que celui de Bensaid et al. (1995) s'inscrit dans le cadre d'un modèle de contrat complet.

L'intervention du régulateur *in fine* dans ces modèles, ne peut se justifier que sur la base du caractère spécifique des dépôts bancaires ; réflexion intéressante que développent les auteurs mais qui malheureusement, n'est pas endogénéisée dans leur modélisation.

En tant que représentation simplifiée du réel, ces modèles présentent d'autres limites : tout d'abord c'est surtout le comportement du régulateur qui est formalisé, tandis que celui des banques est supposé suivre le comportement unique d'une banque représentative. On constate également qu'il y a au mieux une asymétrie d'information pertinente. Or, l'idéal serait la prise en compte de l'ensemble des asymétries qui caractérisent les relations que la banque entretient à la fois avec ses apporteurs de fonds, ses clients emprunteurs et le régulateur. En plus, il faudrait tenir compte du fait que ces asymétries sont le plus généralement réciproques.

Plus fondamentalement, l'analyse devrait au moins retenir l'élément pertinent de la formalisation bancaire à partir duquel l'on déduirait la nécessité d'une règlementation prudentielle.

1.1.2.2. La théorie des choix de portefeuille dynamique

Le modèle proposé par Giacó et Musso (1998) permet quant à lui, d'éclairer certains effets dynamiques de la réglementation prudentielle. Il est ainsi montré que si un renforcement de la réglementation prudentielle permet de réduire la variance des profits des banques, il est aussi à l'origine de plusieurs effets pervers.

Le premier effet, direct, est bien connu. Il découle de la diminution de la rentabilité de la banque induite par l'accroissement du ratio fonds propres / actif. Cette baisse de la rentabilité des banques va peser sur la croissance de leur bilan et donc, sur leur développement à moyen et long terme.

Le deuxième effet, indirect, provient d'une modification de la politique d'investissement optimale des banques, provoquée par la diminution de leur rentabilité. Celles-ci sont en effet incitées à distribuer à leurs actionnaires une part plus importante des profits réalisés, afin de compenser, au moins partiellement, la diminution de la rentabilité de leurs actifs. Cette réallocation des profits se fera au détriment de l'accumulation de fonds propres, et accentuera les conséquences du premier effet direct.

La prise en compte de ces deux effets amène à relativiser les résultats optimistes de Rochet (1992) selon lesquels il serait possible de définir, au moins théoriquement, une réglementation prudentielle parfaitement efficace.

Dans le cadre de ce modèle, un accroissement du montant des fonds propres n'est possible qu'en mettant en réserve une partie des profits réalisés. La possibilité pour la banque de procéder à une augmentation de capital par émission de nouvelles actions, est ainsi exclue. Cette hypothèse simplificatrice peut paraître extrême et réductrice. Elle permet cependant d'introduire, de façon simple, une dimension temporelle dans l'analyse. En effet, l'hypothèse retenue par Koehn et Santomero (1980) et Kim et Santomero (1988) selon laquelle les banques peuvent librement déterminer, au début de chaque période, la taille de leur bilan, rend leurs décisions complètement indépendantes de ce qui s'est réalisé dans le passé, et de ce qui peut survenir dans le futur. Il n'existe aucun lien entre les périodes. Sous l'hypothèse de marchés incomplets, les banques sont ainsi supposées myopes. Elles n'intègrent dans leur choix aucune considération relative à leur développement à moyen et long terme. En prenant explicitement en compte ces considérations, l'hypothèse faite par les modèles de portefeuille dynamique permet d'éclairer les complémentarités temporelles des décisions prises par les banques. D'un point de vue empirique, elle illustre le fait qu'une augmentation de capital par émission de nouvelles actions, est souvent très coûteuse pour les banques, et que celles-ci réalisent l'essentiel de leur croissance par autofinancement.

Selon *l'approche officielle* ou *approche de l'intérêt public* de la supervision bancaire, la réglementation peut réduire l'échec du marché en surveillant et disciplinant les banques, ce qui va affaiblir la corruption dans les prêts bancaires et conduire à l'amélioration du fonctionnement des banques en tant qu'intermédiaires financier (Keeley et Furlong [1990] ; Kaufman [1991] ; Holmstrom et Tirole, [1997]; Demirguc-Kunt et Detragiache, [2002] ; Gonzalez [2005]; Barth et al [2006] ; Beck et al [2006] ; Laeven et Levine, [2007, 2009] ; Allen et al [2011]; Mehran et Thakor, [2011] ; Chortareas et al [2012]). L'approche de l'intérêt *public* fait valoir que les superviseurs bancaires ont les incitations et l'expertise pour corriger les défaillances du marché, en raison de l'information imparfaite. Par conséquent, une autorité de régulation puissante qui surveille directement et discipline les banques, peut améliorer la gouvernance d'entreprise des banques et accroitre l'efficacité de celles-ci. À cet égard, le pouvoir de contrôle devrait être corrélé positivement à l'efficacité des banques. Toutefois, l'approche de *l'intérêt privé* fait valoir que de puissants régulateurs / superviseurs ne se focaliseront pas sur la correction des défaillances du marché, mais plutôt sur la promotion de leurs intérêts privés.

Selon *l'approche de* privée ou *approche de l'intérêt privé,* des superviseurs puissants peuvent exercer une influence négative sur la performance de la banque. En effet, pour les partisans de cette approche, les superviseurs puissants peuvent exercer leurs pouvoirs au profit de leur propre intérêt, plutôt qu'au bien-être social (Becker, [1983]; Shleifer et Vishny, [1989], Calomiris et Kahn [1991] ; Djankov et al. [2002], Quintyn et Taylor (2002], Levine [2011]). En outre, les partisans de l'approche de *l'intérêt privé* ont tendance à s'opposer à des règles strictes, sauf s'il peut être démontré que leurs avantages dépassent leurs coûts.

Djankov et al., (2002) abondant dans le sens de l'approche de *l'intérêt privé,* trouvent que des restrictions règlementaires peuvent être structurées de manière à accorder un pouvoir discrétionnaire aux organismes de réglementation, et donc accroitre leur pouvoir de négociation pour la recherche de rente et de leur intérêt privé. Ces arguments semblent impliquer une relation négative entre une règlementation restrictive et l'efficacité de la banque.

Le débat relatif aux effets de la règlementation sur la performance des banques reste non clos d'un point de vue théorique, et demeure marqué par deux principaux courants qui fournissent des prédictions contradictoires, comme l'ont expliqué en détail Barth et al. (2006). En effet, on a d'un côté le point de vue des partisans de *l'intérêt public* qui soutiennent que le gouvernement agit dans l'intérêt du public et réglemente les banques, afin de promouvoir l'efficience bancaire et d'améliorer les défaillances du marché. De l'autre côté, les partisans de *l'intérêt privé* soutiennent que la réglementation est souvent utilisée pour promouvoir les intérêts particuliers de quelques-uns, pas du grand public.

Ce débat théorique s'est prolongé sur le plan empirique par de nombreuses études, dont l'objectif était d'évaluer l'impact de la règlementation et de la supervision sur la performance des banques. L'économie de ces travaux empiriques est présentée dans la prochaine sous-section.

1.2. La littérature empirique

De façon générale, la littérature empirique relative aux effets de la réglementation et de la supervision sur les performances des banques, suggère que cette relation dépend fortement du type de supervision et régulation considéré.

Ainsi, cette littérature est axée sur des aspects liés aux trois piliers du cadre règlementaire de Bâle, notamment les exigences en capital réglementaire ; la qualité et l'indépendance de la supervision et enfin la transparence de l'information financière. A ces principaux axes d'analyse, se greffent des aspects liés aux restrictions sur les activités bancaires, à la contestabilité du marché bancaire et de plus en plus à l'importance des mécanismes d'assurance des dépôts.

1.2.1. Les analyses reposant sur les piliers de Bâle

Cette section regroupe les analyses axées sur les trois piliers du cadre règlementaire de Bâle, en l'occurrence les exigences en capital réglementaire ; la qualité et l'indépendance de la supervision et enfin la transparence de l'information financière.

1.2.1.1. Les exigences en capital réglementaire

Les travaux de Kahane (1977), Koehn et Santomero (1980) puis Giacó et Musso (1998) attirent notre attention sur le fait qu'une réglementation des fonds propres, prenant la forme d'un simple ratio minimum fonds propres sur actifs, pouvait inciter les banques à recomposer leur portefeuille en faveur d'actifs plus rentables mais aussi plus risqués. Rien n'assure alors qu'un renforcement de la contrainte réglementaire, ne se traduise pas finalement par un accroissement du risque de faillite de la banque. Kim et Santomero (1988) suggèrent de neutraliser cet effet pervers en imposant aux banques un ratio de fonds propres construit à partir d'une méthode de pondération de chaque actif du portefeuille, en fonction du niveau de risque qui le caractérise. Furlong et Keeley (1987) et Keeley et Furlong (1990) ont cependant vivement critiqué ces travaux qui souffrent, à leurs yeux, de graves incohérences internes ne leur permettant pas de fournir une analyse pertinente du risque de faillite bancaire. Il faudra attendre l'article de Rochet (1992) pour que l'analyse de l'activité bancaire dans le cadre de la théorie des choix de portefeuille, soit reformulée de façon assez satisfaisante sur la base d'hypothèses relatives, notamment, à la responsabilité limitée des actionnaires.

La vision traditionnelle de l'impact de la réglementation bancaire est que, de fortes exigences en capital auront un effet positif sur le secteur bancaire. Cependant, certaines études indiquent que les exigences de fonds propres augmentent le comportement de prise de risque (par exemple Blum, 1999 ; Calem et Rob, 1999), tandis que d'autres soutiennent que cela n'arrive que dans des circonstances particulières (Kendall, 1992). Barth et al. (2004a) ont constaté que tandis que des exigences strictes en capital sont associées à moins de prêts non performants, la rigueur en termes de capital n'est pas liée de façon robuste à la stabilité du secteur bancaire et au développement ou à la performance des banques (mesurée avec des ratios de frais généraux et de la marge). Cependant, Pasiouras (2008) fait état d'une association positive entre efficacité des banques et exigences techniques en capitaux, bien que ce ne soit pas statistiquement significatif dans tous les cas.

Weil (2013) étudie la relation entre ratio de fonds propres et de l'efficacité des banques pour les banques chinoises sur la période 2004-2009, dans un contexte marqué par les changements réglementaires sur les exigences en fonds propres, qui ont eu lieu pendant cette période, afin de mesurer l'impact exogène d'une augmentation du ratio de capital sur l'efficacité des banques. Il aboutit au résultat qu'un renforcement des exigences de fonds propres, peut améliorer l'efficacité de la banque.

1.2.1.2. La qualité et l'indépendance de la supervision

Kane (1990) et Boot et Thakor (1993) mettent quant à eux l'accent sur le problème d'agence entre les contribuables et les superviseurs bancaires. Ainsi, au lieu de se concentrer sur l'influence politique, Boot et Thakor (1993) modélisent le comportement d'un superviseur bancaire, motivé par son propre intérêt dans un environnement où il y a une incertitude quant à la capacité du régulateur à surveiller les banques. Dans ces conditions, ils montrent que les superviseurs peuvent entreprendre des actions socialement sous-optimales, ce qui aurait un impact négatif sur la performance des banques.

L'approche officielle de la supervision soutient que les superviseurs officiels ont les capacités pour éviter une défaillance du marché en supervisant directement, de réguler et de discipliner les banques. En revanche, l'approche privée de la surveillance soutient qu'une surveillance puissante pourrait être liée à la corruption ou d'autres facteurs qui entravent les opérations bancaires, et les règlements qui favorisent la supervision privée se traduira par de meilleurs résultats pour le secteur bancaire. Cependant Barth et al. (2004a) ainsi que Levine (2005b) fournissent la preuve que seule une supervision privée a un impact sur la performance des banques.

Ayachi (2006) cherche à étudier l'impact de l'environnement règlementaire sur le comportement des banques des pays émergents. Il utilise un modèle à équations simultanées pour un échantillon de 15 pays émergents durant la période 1998-2002. Ses résultats indiquent l'existence d'une relation négative entre l'évolution du niveau du capital et celle du niveau du risque durant la période étudiée, et montrent l'efficacité de la règlementation du capital dans la mesure où elle a permis d'accroitre la solidité et la stabilité du système bancaire international. Ces résultats s'intéressent aussi à la relation entre l'environnement règlementaire et la performance des banques, et mettent en évidence l'importance de la discipline de marché comme élément crucial dans les stratégies de régulation et de surveillance efficaces.

Pasiouras (2008) constate que le pouvoir de la supervision officielle peut également influer sur l'efficacité technique des banques.

Barth et al. (2010) partent de trois études à l'échelle mondiale sur la réglementation bancaire (Barth et al., 2004, 2006 et 2008), pour déterminer si la réglementation bancaire et la supervision favorisent ou entravent l'efficacité opérationnelle des banques. Utilisant une analyse de panel non équilibré de plus de 4050 banques dans 72 pays au cours de la période 1999-2007, ils constatent que des restrictions plus strictes sur les activités bancaires, sont négativement associées à l'efficacité de la banque, tandis que la réglementation plus rigoureuse du capital, est légèrement et positivement associée à l'efficacité de la banque. En outre, ils trouvent que le renforcement du pouvoir de surveillance de l'autorité en charge du contrôle, n'est positivement associé à l'efficacité de la banque que dans les pays avant les autorités de contrôle indépendantes. En outre, l'indépendance couplée à une autorité de surveillance plus expérimentée, tend à améliorer l'efficacité de la banque. Enfin, la surveillance basée sur le marché des banques en termes de plus de transparence financière, est positivement associée à l'efficacité de la banque.

Chortareas et al. (2010) étudient la dynamique entre la réglementation et la surveillance bancaires, basée sur les trois piliers de Bâle II et les divers aspects de l'efficacité et la performance des banques. Ces auteurs utilisent pour cela, une analyse de la frontière de production, ainsi que les ratios comptables traditionnels. Leur échantillon est constitué de banques commerciales de l'union européenne sur la période 2000-2006. Les principales conclusions auxquelles ils aboutissent indiquent qu'une réglementation/supervision interventionniste caractérisée par un renforcement des exigences en fonds propres, un accroissement des pouvoirs de l'autorité de contrôle et des restrictions sur les activités bancaires, a pour effet d'entraver de manière significative le fonctionnement et l'efficacité des banques.

Chang et al (2013) cherchent à savoir si les différents types de régulation peuvent avoir un effet direct ou indirect sur l'efficacité des banques. Leurs résultats suggèrent que l'augmentation du pouvoir de contrôle augmente l'efficacité des banques, tandis que des restrictions sur l'activité bancaire la réduisent. De plus, leurs résultats suggèrent que les effets de la règlementation sur l'efficacité des banques seront différents selon que les pays dans lesquels exercent ces banques, sont développés ou en développement.

Ben Bouheni et al. (2014) étudie les effets de la supervision sur la performance dans le secteur bancaire, en utilisant la méthode des moments généralisés (GMM) en système, sur un échantillon des dix plus grandes banques européennes sur la période 2005-2011. Ses résultats sont les suivants : la supervision semble avoir un impact sur les performances des banques. Cependant, l'introduction de variables, captant la spécificité du cadre macro-économique, institutionnel et les indicateurs de développement financier, rejette cet effet. Ces résultats renforcent l'idée que la mise en œuvre de la supervision bancaire dépend de l'environnement macro-économique, institutionnel et politique du pays.

1.2.1.3. La transparence dans l'information financière

La transparence dans l'information financière à destination des autorités, des actionnaires, des agences de notation et des tiers, est sensée jouer un rôle de complément à la règlementation prudentielle et discipliner les banques. Toutefois, il existe une divergence de point de vue sur les bénéfices de la transparence dans l'information financière.

Ainsi pour les partisans de la transparence, les actionnaires et créanciers ont une plus grande motivation à surveiller les banques par rapport aux régulateurs, à cause de leurs actions et de leurs créances sur les banques. Ce point de vue est soutenu par les travaux de Pasiouras (2007, 2009) et Barth et al. (2010) qui trouvent que la transparence dans l'information financière, renforce l'efficacité des banques. De même, Barth et al. (2004) montrent que la transparence dans l'information financière réduit la proportion des prêts non performants, ainsi que les coûts de l'intermédiation.

Par contre pour les opposants à la transparence dans l'information financière, celle-ci ne saurait discipliner les banques, car les investisseurs n'auraient pas la capacité, les moyens financiers ou les incitations nécessaires à la surveillance effective des banques. Ce point de vue est supporté par les travaux de Chortareas et al. (2011) qui montrent qu'un niveau élevé de transparence dans l'information financière, est associé à une baisse de l'efficacité et des performances bancaires

Par ailleurs, Barth et al. (2001) ont étudié la relation entre la régulation et la surveillance des banques et leurs performances. Leurs résultats ont mis en évidence l'importance de la discipline de marché comme élément crucial dans les stratégies de régulation et de surveillance efficaces.

Triki et al. (2013) utilisent une nouvelle base de données sur la réglementation et la supervision dans 46 pays, afin d'étudier la relation entre le cadre réglementaire et l'efficacité des banques en Afrique. Leurs résultats suggèrent que les petites banques sont les principales perdantes en termes d'efficacité, lorsqu'on renforce les exigences de transparence, de contrôle des prix et de capital.

1.2.2. Les autres analyses

Cette section regroupe les analyses qui ne reposent pas sur les principaux piliers de Bâle. Il s'agit notamment des analyses basées sur les restrictions concernant les activités bancaires, sur la contestabilité du marché bancaire et sur les mécanismes d'assurance des dépôts.

1.2.2.1. Les restrictions sur les activités bancaires

La restriction des activités de la banque, même si elle ne fait pas partie du nouveau dispositif de Bâle, est une autre caractéristique de réglementation qui a toujours attiré l'attention des décideurs politiques et les chercheurs. Barth et al. (2004a) décrivent plusieurs raisons théoriques pour restreindre les activités bancaires, ainsi que des raisons alternatives pour permettre aux banques de participer à un large éventail d'activités. Par exemple, en insistant sur l'argument de Boyd et al. (1998), qui suggèrent que l'aléa moral encourage des comportements plus risqués, les banques auront la possibilité d'augmenter le risque si on les laisse s'engager dans une plus large gamme d'activités. Par ailleurs, moins de restrictions réglementaires permettent l'utilisation des économies d'échelle (Claessens et Klingebiel, 2000). Ainsi, alors que cette théorie énonce des prédictions ambiguës, les données empiriques sont invoquées. À cette fin, Barth et al. (2004a) trouvent une relation négative entre les restrictions sur les activités bancaires et le développement et la stabilité du secteur bancaire. Barth et al. (2001a) confirment également que de plus grandes restrictions réglementaires sur les activités bancaires, sont associées à une probabilité plus élevée de souffrir d'une crise bancaire majeure, ainsi qu'une plus faible efficacité du secteur bancaire. En contraste, Fernandez et Gonzalez (2005) constatent que les restrictions plus strictes sur les activités, sont efficaces pour réduire le risque bancaire, bien que ces auteurs indiquent que les restrictions ne sont efficaces qu'à la maîtrise du risque, lorsque la divulgation d'informations et d'exigences de vérification sont peu développées. En particulier, Gonzalez (2005) rapporte que moins de restrictions réglementaires sont associées à une plus grande prise de risque des banques après avoir isoler (i) l'effet des restrictions réglementaires sur la valeur de charte bancaire, et (ii) l'influence de la valeur de charte bancaire sur la prise de risque. Des restrictions plus faibles sur les activités bancaires ont également été associées à la hausse des cotes de crédit (Pasiouras et al., 2006), bien que Pasiouras (2008) ne trouve aucune relation significative avec l'efficacité technique.

Alam (2012) mène une enquête sur les liens entre la règlementation bancaire associée aux piliers de Bâle III, et divers aspects de l'efficacité et des risques bancaires. Son analyse est axée sur un système bancaire subdivisé en banques islamiques et en banques classiques, sur la période 2006-2010. Ses résultats suggèrent que la réglementation et le contrôle strict des activités bancaires augmentent l'efficacité technique pour les banques islamiques, mais diminuent celle des banques conventionnelles. L'effet inverse est observé si on impose des restrictions sur les activités bancaires. Assurement, ces restrictions vont entraîner une réduction de la prise de risque des banques islamiques tout en augmentant celle des banques classiques.

Avant cela, Laeven et Levine (2007) ont mené une étude très pertinente relative aux effets sur la réglementation et la supervision bancaires en utilisant un système bancaire dual, composé de banques spécialisées et de banques diversifiées. Leurs conclusions étaient d'une part, que les banques très diversifiées avaient de bien pires performances que celles qui étaient spécialisées. Et d'autre part, que cela dépend de l'actionnariat de la banque. L'actionnariat majoritaire de l'Etat semble avoir eu un effet très néfaste sur la performance des banques. Or, dans les banques où l'actionnariat était majoritairement privé, qu'il soit national ou étranger, les effets négatifs sur la performance étaient atténués.

1.2.2.2. La contestabilité du marché bancaire

Les restrictions à l'entrée sur le marché bancaire, sont instituées pour améliorer la qualité des banques à l'entrée, et ainsi assurer leur efficacité et leur stabilité. Cependant, pour les opposants à ces barrières, leur principal effet est d'empêcher l'innovation et la concurrence dans le secteur bancaire.

Barth et al. (2000) ont trouvé que l'imposition de restrictions sur les activités bancaires affecte négativement les banques. En d'autres termes, plus le marché est contestable, plus la discipline de marché est effective, et peut agir sur le comportement des banques.

Demirguc-Kunt et al. (2003) et plus tard Ben Naceur et al. (2011), montrent que réduire les barrières à l'entrée sur le marché bancaire permet de réduire le coût de l'intermédiation. Dans la même lancée, Barth et al. (2004) aboutissent au résultat que restreindre l'accès au marché bancaire réduit les performances des banques mais aussi que limiter l'entrée des banques étrangères, est négativement corrélé au développement du secteur bancaire. A contrario, Pasiouras et al. (2007) trouvent que les restrictions à l'entrée sur le marché bancaire, n'ont pas d'effet sur la performance des banques.

Triki et al. (2013) utilisent une nouvelle base de données sur la réglementation et la supervision dans 46 pays, pour étudier la relation entre le cadre réglementaire et l'efficacité des banques en Afrique. Leurs résultats montrent que des restrictions plus sévères sur la libre entrée sur le marché bancaire, affectent négativement l'efficacité des banques (ce qui va dans le sens des résultats de Ben Naceur et al. [2011]). Ils trouvent également que des restrictions plus sévères à l'entrée sur le marché bancaire, vont accroître l'efficacité des grandes banques, tandis qu'elles vont réduire celle des petites banques.

1.2.2.3. Les mécanismes d'assurance de dépôt

Les mécanismes d'assurance des dépôts sont mis en place pour prévenir des ruées aux guichets, en rendant disponibles les ressources nécessaires en cas de faillite bancaire. Ceci doit aboutir à une amélioration de la stabilité et de l'efficacité des banques. Mais ces mécanismes peuvent aussi aboutir à une réduction du contrôle des déposants et des autres créanciers sur les banques. Ce qui pourrait amener les banques à une plus grande prise de risque pouvant entraver leur stabilité et leur performance.

Parmi les premiers travaux de recherche se proposant de clarifier le débat portant sur cette question, on note ceux de Peltzman (1970) et Mayne (1972). Le principal objectif de ces travaux, qui portent sur le système bancaire américain, était d'analyser l'efficacité de la réglementation financière et de tester l'idée selon laquelle, l'existence d'un système d'assurance des dépôts basé sur une prime à taux fixe, incite les banques à prendre des risques excessifs. Le surcroit de risque étant supporté par la Federal Deposit Insurance corportion (FDIC). Les résultats de ces travaux peuvent rendre sceptique, quant à l'efficacité de la réglementation bancaire en ce qui concerne l'incitation à augmenter les ratios de capital. Ces résultats soulignent par ailleurs la nécessité de maitriser l'effet d'un système d'assurance des dépôts, basé sur une prime à taux fixe.

Matutes et Vives (2000) ainsi que Cordella et Yeyati (2002), examinent l'impact de l'assurance des dépôts sur l'incitation à la prise de risque et la concurrence bancaire dans un contexte où la limitation de la responsabilité des banques implique des coûts sociaux.

Plus récemment, Ioannidou et Penas (2010) mettent en lumière les problèmes d'aléa moral liés à la présence des mécanismes d'assurance des dépôts en Bolivie. De même, Barth et al. (2004) montrent que de généreux mécanismes d'assurance des dépôts augmentent les probabilités d'occurrence de crises bancaires. Poursuivant dans la même lancée, Barth et al. (2010) aboutissent au résultat que les mécanismes d'assurance des dépôts ont un effet négatif sur l'efficacité des banques. A contrario, Klomp et al. (2011) trouvent que les mécanismes d'assurance des dépôts n'ont aucun impact sur la prise de risque et donc, sur les performances des banques.

Triki et al. (2013) utilisant une nouvelle base de données sur la réglementation et la supervision dans 46 pays, afin d'étudier la relation entre le cadre réglementaire et l'efficacité des banques en Afrique, montrent que l'augmentation des liquidités, le renforcement des exigences de diversification et la disponibilité d'un filet de sécurité financier, ont des effets positifs sur l'efficacité des banques.

SECTION II. ÉVALUATION DE L'IMPACT DE LA RÉGLEMENTATION MACRO-PRUDENTIELLE SUR L'EFFICACITÉ DES BANQUES DE LA CEMAC

La littérature théorique relative aux effets de la réglementation sur la performance bancaire reste contradictoire, tandis que les travaux empiriques sur la question, aboutissent à des résultats divergents souvent dépendants de la méthode utilisée. Ainsi, le but de cette section est de procéder à une évaluation empirique de l'impact de la règlementation macro-prudentielle sur l'efficience des banques en zone CEMAC.

2.1. Méthodologie

Afin d'évaluer l'impact de la règlementation macro-prudentielle sur l'efficience des banques, nous aurons recours à un panel dynamique auquel nous appliquerons la méthode des moments généralisés (MMG), car elle permet de contrôler les effets spécifiques individuels et temporels non observés, mais aussi de palier au biais de simultanéité, de causalité inverse et de variables omises. Par ailleurs, l'utilisation d'instruments basés sur les variables explicatives retardées, nous permet de contrôler la potentielle endogénéité des variables explicatives, suivant la méthodologie de Blundell et Bond (1998).

2.1.1. Echantillon, source des données et variables

Nous commençons par donner la source des données utilisées dans le cadre de ce travail, puis nous présenterons nos variables.

2.1.1.1. Données et échantillon

Les données utilisées sont extraites du système CERBER (Collecte, Exploitation et Restitution aux Banques et Établissements financiers des États Réglementaires) de la COBAC pour ce qui est des variables spécifiques aux banques. Les données des bilans disponibles portent sur toutes les banques commerciales en activité de la CEMAC, et couvrent la période de 1993 à 2011, avec une fréquence mensuelle, alors que les comptes de résultats sont disponibles annuellement. Ainsi, l'étude sera réalisée sur une base annuelle : un score d'efficacité sera calculé chaque année pour les banques considérées. Au final, nous disposerons d'un panel sur la période 1993 à 2011, soit 19 périodes pour 6 pays. Malheureusement, la COBAC présente en général des données agrégées par pays. Ainsi, il ne nous est pas possible de disposer des données pour chaque établissement de crédit. Ce sont donc les données des banques agrégées par pays qui sont collectées, et les estimations vont mesurer les performances des banques par pays et non entre les banques.

Les données de la base *World Development Indicators (2012)* de la Banque Mondiale, sont également mobilisées notamment pour les variables macroéconomiques. La base de données de l'Heritage Foundation Index of Economic Freedom sera utilisée pour les données relatives à la liberté économique. Enfin, les variables relatives à la qualité de la règlementation et de la supervision bancaire, seront extraites de la base de données de la Banque Africaine de Développement qui a mené plusieurs études depuis 2010, sur la qualité de supervision bancaire en Afrique.

2.1.1.2. Présentation des variables

Comme nous l'avons vu dans la première partie de ce travail lors du calcul des scores d'efficience des banques, sous la technologie des rendements d'échelle variables (VRS), le nombre des banques déclarées efficientes est plus élevé qu'en rendements d'échelle constants (CRS). Par ailleurs, les résultats obtenus de l'estimation par la méthode DEA des scores d'efficacité technique, montrent que l'approche intermédiation (minimisation des inputs) est plus intéressante que l'approche production (maximisation de l'output), puisque les banques cherchent sans cesse à réduire leurs charges d'exploitation et à contrôler les coûts supportés, mais peuvent moins contrôler le niveau de leur output qui dépend de plusieurs autres facteurs exogènes. Ceci est corroboré sur le plan empirique par les travaux de Pasiouras (2007), Barth et al. (2010), Chortareas (2011), Triki et al. (2013). Ainsi dans la suite de ce travail, nous reprendrons les scores d'efficacité obtenus par la méthode DEA selon l'approche intermédiation sous l'hypothèse des rendements d'échelle variables, afin de tenir compte des effets des changements dans la technologie de production des firmes bancaires.

Comme variable dépendante de notre modèle, nous aurons donc les scores d'efficacité des banques (EFF) selon l'approche intermédiation sous l'hypothèse des rendements d'échelle variables. Ces scores prennent des valeurs comprises entre zéro et un. Les scores inférieurs à un indiquent un gaspillage en ressources qui peut être optimisé. Cette variable nous permet de capter l'aptitude des banques à minimiser ses inputs pour un niveau de production donné.

Comme variables de la règlementation et de la supervision bancaires, on a tout d'abord les *restrictions sur les activités des banques (RST)* qui capturent la possibilité pour les banques, de contrôler des institutions non bancaires, mais aussi la possibilité pour les institutions financières non bancaires de mener des activités bancaires ou d'offrir des services bancaires électroniques. Une valeur élevée de cette variable indique une forte restriction pour les banques à offrir des services financiers non purement bancaires.

L'assurance des dépôts (ADPT), cette variable permet de prendre en compte l'existence et la qualité d'un mécanisme d'assurance des dépôts, ainsi que d'autres dispositifs similaires. Un niveau élevé de cette variable indique un niveau élevé de sécurité des dépôts. D'après Demirguc-Kunt et Kane (2002) sous un régime explicita d'assurance des dépôts, les banques sont plus tentées de prendre des risques.

Les exigences en capital réglementaire (CAPRQ), cette variable mesure l'impact de la règlementation en termes de fonds propres, mais aussi de classement et de provisionnement des créances des banques. Les proxys utilisés pour cette variable sont le ratio de solvabilité et le ratio de limitation des grands risques. Une valeur élevée pour cette variable, indique des exigences en capital règlementaire fortes.

Les restrictions à l'entrée et à la sortie sur le marché bancaire (CONTES), cette variable cherche à appréhender la contestabilité du marché bancaire à travers les restrictions sur la délivrance des agréments de banque ou la prise de contrôle de banques existantes, ainsi que les conditions de retrait de cet agrément.

La transparence dans l'information (INFO), cette variable permet de prendre en compte la transparence dans l'information mise à la disposition du public, des clients, des actionnaires, des auditeurs externes ainsi que des autorités règlementaires.

La qualité de la supervision à laquelle sont soumises les banques (SPWR), il s'agit d'une variable qui capture les effets de l'indépendance et du pouvoir de la supervision. Une variable élevée de cette variable renvoie à une supervision bancaire de bonne qualité.

Les variables de contrôle de l'activité des banques, plusieurs variables peuvent être mobilisées ici comme l'ont fait Chortareas et al. (2013), Triki et al. (2013) et plus récemment Ben bouheni et al. (2014).

Les dépôts (DPT), il s'agit du principal input dans l'activité bancaire. Ils sont constitués des dépôts des clients mais aussi des dépôts interbancaires.

La marge nette d'intérêt (NIM), cette variable permet de prendre en compte le résultat de l'activité financière de chaque banque.

Les charges d'exploitation bancaire (CEB), qui captent toutes les autres charges que supportent les banques dans la conduite de leur activité.

Les crédits (CDT), il s'agit du principal output bancaire et sont mesurés par le total des réemplois nets, c'est-à-dire déduction faite des provisions sur crédits.

La taille de la banque (LNTA), qui est mesurée par le logarithme du total actif de chaque banque.

La structure de l'actionnariat (ACT), il s'agit d'une variable dummy qui prend la valeur 1 si 50% de l'actionnariat de la banque est détenu par une entité étrangère, 0 sinon.

Variable de contrôle sectorielle.

La concentration dans le secteur bancaire (IHH), mesurée par l'indice d'Hirschman-Herfindahl, c'est une variable qui nous permet de prendre en compte les effets de la concentration dans le secteur bancaire, en mesurant le pourcentage des actifs du système bancaire détenu par les trois plus grandes banques du pays.

Les variables de contrôle de l'environnement macroéconomique.

La croissance économique, dont l'indicateur est le taux de croissance annuel du produit intérieur brut *(PIB).* Il s'agit d'une variable qui nous permet de prendre en compte l'environnement économique dans lequel évoluent les banques. Demirguc-Kunt et Huizingua (1999) mettent en évidence l'importance des variables macroéconomiques, et plus précisément du PIB dans l'évaluation des performances bancaires

L'inflation qui a pour indicateur le taux de croissance annuel de l'Indice des Prix à la Consommation (IPC). L'inflation est aujourd'hui l'objectif final de la politique monétaire dans la plupart des pays du globe. Cette variable nous permettra de capter l'effet de la stabilité de l'environnement macroéconomique sur la performance des banques.

L'environnement des affaires (DBUSS), mesuré par la liberté dans les affaires. C'est la possibilité de lancer, exercer et arrêter librement une activité commerciale. Cette variable capture le fardeau et l'efficacité des procédures de régulations commerciales mises en place par le gouvernement.

Crise (FINCRISIS), qui est une variable dummy qui nous permet de capter l'effet de la crise financière de 2008. Ainsi, elle prendra la valeur 1 à partir de 2008 et 0 avant.

Le tableau ci-dessous synthétise les variables retenues dans cette étude.

Tableau 4.1. Définition des variables et source des données

Variable	Définition	Source des données
Variable dépendante		
Les scores d'efficacité des banques (EFF)	Ces scores prennent des valeurs comprises entre zéro et un, les scores inférieurs à un indiquent un gaspillage en ressources qui peut être optimisé. Cette variable nous permet de capter l'aptitude des banques à minimiser ses inputs pour un niveau de production donné.	Calculs de l'auteur sur le logiciel DEAP à partir des données de la COBAC.
Variables spécifiques de la règlementation et de la supervision bancaire		
Les restrictions sur les activités des banques (RST)	Cette variable capture la possibilité pour les banques de contrôler ou non des institutions non bancaires mais aussi la possibilité pour les institutions financières non bancaires de mener des activités bancaires ou d'offrir des services bancaires électroniques. Une valeur élevée de cette variable indique une forte restriction pour les banques à offrir des services financiers non purement bancaires.	BAD
L'assurance des dépôts (ADPT)	Cette variable permet de prendre en compte l'existence et la qualité d'un mécanisme d'assurance des dépôts ainsi que d'autres dispositifs similaires. Un niveau élevé de cette variable indique un niveau élevé de sécurité des dépôts.	BAD

Les exigences en capital réglementaire (CAPRQ)	Cette variable mesure l'impact de la règlementation en termes de fonds propres mais aussi de classement et de provisionnement des créances des banques. Les proxys utilisés pour cette variable sont le ratio de solvabilité et le ratio de limitation des grands risques. Une valeur élevée pour cette variable indique des exigences en capital règlementaire fortes.	BAD
Les restrictions à l'entrée et à la sortie sur le marché bancaire (CONTES)	Cette variable cherche à appréhender la contestabilité du marché bancaire à travers les restrictions sur la délivrance des agréments de banque ou la prise de contrôle de banques existantes. Ainsi que les conditions de retrait de cet agrément.	BAD
La transparence dans l'information (INFO)	Cette variable permet de prendre en compte la transparence dans l'information mise à la disposition du public, des clients, des actionnaires, des auditeurs externes ainsi que des autorités règlementaires.	BAD
La qualité de la supervision à laquelle sont soumises les banques (SPWR)	Il s'agit d'une variable qui capture les effets de l'indépendance et du pouvoir de la supervision. Une variable élevée de cette variable renvoie à une supervision bancaire de bonne qualité.	BAD
Les variables de contrôle de l'activité des banques		
Les dépôts (DPT)	Il s'agit du principal input dans l'activité bancaire. Ils sont constitués des dépôts des clients mais aussi des dépôts interbancaires.	COBAC
La marge nette d'intérêt (NIM)	Cette variable permet de prendre en compte le résultat de l'activité financière de chaque banque.	COBAC
Les charges d'exploitation bancaire (CEB)	Qui captent toutes les autres charges que supportent les banques dans la conduite de leur activité.	COBAC
Les crédits (CDT)	Il s'agit du principal output bancaire, ils sont mesurés par le total des réemplois nets, c'est-à-dire déduction faite des provisions sur crédits.	COBAC
La taille de la banque (LNTA)	Mesurée par le logarithme du total actif de chaque banque.	COBAC
La structure de l'actionnariat (ACT)	Il s'agit d'une variable dummy qui prend la valeur 1 si 50% de l'actionnariat de la banque est détenu par une entité étrangère, 0 sinon.	COBAC
Variable de contrôle sectorielle		
La concentration dans le secteur bancaire (IHH)	Mesurée par l'indice d'Hirschman-Herfindahl, c'est une variable qui nous permet de prendre en compte les effets de la concentration dans le secteur bancaire en mesurant le pourcentage des actifs du système bancaire détenu par les trois plus grandes banques du pays.	COBAC

Variables de contrôle de l'environnement macroéconomique		
La croissance économique (PIB)	La croissance économique dont l'indicateur est le taux de croissance annuel du produit intérieur brut (PIB) nous permet de prendre en compte l'environnement économique dans lequel évoluent les banques.	Banque Mondiale
L'inflation (IPC)	L'inflation qui a pour indicateur le taux de croissance annuel de l'Indice des Prix à la Consommation (IPC). Cette variable nous permet de capter l'effet de la stabilité de l'environnement macroéconomique sur la performance des banques.	Banque Mondiale
L'environnement des affaires (DBUSS)	Mesuré par la liberté dans les affaires. C'est la possibilité de lancer, exercer et arrêter librement une activité commerciale. Cette variable capture le fardeau et l'efficacité des procédures de régulations commerciales mises en place par le gouvernement.	Heritage Foundation
La Crise financière de 2008 (FINCRISIS)	C'est une variable dummy qui nous permet de capter l'effet de la crise financière de 2008, ainsi elle prendra la valeur 1 à partir de 2008 et 0 avant.	L'auteur

Source : construit par l'auteur.

2.1.2. Statistiques descriptives des variables sur la période

Avant de présenter les statistiques descriptives à l'échelle sous régionale, il convient de présenter les statistiques descriptives à l'échelle nationale.

2.1.2.1. Les statistiques par pays

Les tableaux suivants présentent les statistiques descriptives des variables de notre étude pour chaque pays de notre échantillon.

Tableau 4.2. Statistiques descriptives des variables sur la période d'étude pour le Cameroun

Variable	Moyenne	Médiane	Ecart-type	Min	Max
Variable dépendante					
EFF	0.57	0.51	0.22	0.27	0.99
Variables spécifiques de la règlementation et de la supervision bancaires					
RST	4.24	3.89	1.41	1.94	8.33
ADPT	2.10	0.00	2.83	0.00	8.75
CAPRQ	6.05	7.00	1.98	2.00	9.00
CONTES	4.04	3.56	1.60	1.31	7.50
INFO	8.31	8.54	0.96	5.63	9.72
SPWR	4.20	3.75	1.38	1.88	7.50
Les variables de contrôle de l'activité des banques					
DPT	1007016.68	133545.32	12123.89	80418	2684928
NIM	38.30	4.58	174.54	-5.74	1 938.47
CEB	22931.81	22725.31	297.39	0.00	30 004.01
CDT	728818	712467.62	36942,964	126538	1397633

LNTA	5.62	5.72	2.30	-4.62	11.65
ACT	0.58	1.00	0.49	0.00	1.00
Variable de contrôle sectorielle					
IHH	54.3	53.2	018	53.6	55.7
Variables de contrôle de l'environnement macroéconomique					
PIB	3.11	3.91	9.6	-3.20	5.10
IPC	5.08	5.11	6.25	-3.21	35.00
DBUSS	59.75	58.70	12.98	23.40	85.00
FINCRISIS	0.22	0.21	0.34	0.00	1.00

Source : construit par l'auteur à partir des données de la BM, de la BAD, de la COBAC et de l'Heritage Foundation.

Tableau 4.3. Statistiques descriptives des variables sur la période d'étude pour la RCA

Variable	Moyenne	Médiane	Ecart-type	Min	Max
Variable dépendante					
EFF	0.74	0.73	0.34	0.23	0.92
Variables spécifiques de la règlementation et de la supervision bancaires					
RST	4.24	3.89	1.41	1.94	8.33
ADPT	2.10	0.00	2.83	0.00	8.75
CAPRQ	6.05	7.00	1.98	2.00	9.00
CONTES	4.04	3.56	1.60	1.31	7.50
INFO	8.31	8.54	0.96	5.63	9.72
SPWR	4.20	3.75	1.38	1.88	7.50
Les variables de contrôle de l'activité des banques					
DPT	47956.25	43354.21	12319,89	4188	68492 8
NIM	38.30	4.58	174.54	-5.74	1 938. 47
CEB	79.62	12.31	297.39	0.00	3 004. 01
CDT	38136.62	32467.62	6942.964	6538	97633
LNTA	5.62	5.72	2.30	-4.62	11.65
ACT	0.58	1.00	0.49	0.00	1.00
Variable de contrôle sectorielle					
IHH	91.2	62.2	018	90.6	93.2
Variables de contrôle de l'environnement macroéconomique					
PIB	2.88	3.02	12.6	-7.63	5.30
IPC	4.46	5.11	6.25	-2.92	24.57
DBUSS	59.75	58.70	12.98	23.40	85.00
FINCRISIS	0.22	0.21	0.34	0.00	1.00

Source : construit par l'auteur à partir des données de la BM, de la BAD, de la COBAC et de l'Heritage Foundation.

Tableau 4.4. Statistiques descriptives des variables sur la période d'étude pour le Congo

Variable	Moyenne	Médiane	Ecart-type	Min	Max
Variable dépendante					
EFF	0.39	0.33	0.22	0.21	0.76
Variables spécifiques de la règlementation et de la supervision bancaires					
RST	4.24	3.89	1.41	1.94	8.33
ADPT	2.10	0.00	2.83	0.00	8.75
CAPRQ	6.05	7.00	1.98	2.00	9.00
CONTES	4.04	3.56	1.60	1.31	7.50
INFO	8.31	8.54	0.96	5.63	9.72
SPWR	4.20	3.75	1.38	1.88	7.50
Les variables de contrôle de l'activité des banques					
DPT	203734.93	233545.32	12123.89	804188	2684928
NIM	38.30	4.58	174.54	-5.74	1 938.47
CEB	502.93	12.31	297.39	104.55	1 052.01
CDT	126418.31	122467.62	536942.964	926538	1897633
LNTA	5.62	5.72	2.30	-4.62	11.65
ACT	0.58	1.00	0.49	0.00	1.00
Variable de contrôle sectorielle					
IHH	75.2	75.2	018	70.1	81.8
Variables de contrôle de l'environnement macroéconomique					
PIB	6.16	6.91	19.6	-1.06	42.24
IPC	12.01	5.11	6.25	-26.56	45.67
DBUSS	59.75	58.70	12.98	23.40	85.00
FINCRISIS	0.22	0.21	0.34	0.00	1.00

Source : construit par l'auteur à partir des données de la BM, de la BAD, de la COBAC et de l'Heritage Foundation.

Tableau 4.5. Statistiques descriptives des variables sur la période d'étude pour le Gabon

Variable	Moyenne	Médiane	Ecart-type	Min	Max
Variable dépendante					
EFF	0.29	0.33	0.22	0.18	0.48
Variables spécifiques de la règlementation et de la supervision bancaires					
RST	4.24	3.89	1.41	1.94	8.33
ADPT	2.10	0.00	2.83	0.00	8.75
CAPRQ	6.05	7.00	1.98	2.00	9.00
CONTES	4.04	3.56	1.60	1.31	7.50
INFO	8.31	8.54	0.96	5.63	9.72
SPWR	4.20	3.75	1.38	1.88	7.50
Les variables de contrôle de l'activité des banques					
DPT	542692.43	233545.32	12123.89	104188	1684928
NIM	38.30	4.58	174.54	-5.74	1 938.47
CEB	79.62	12.31	297.39	0.00	3 004.01
CDT	464185.37	132467.62	536942.64	216538	697633
LNTA	5.62	5.72	2.30	-4.62	11.65
ACT	0.58	1.00	0.49	0.00	1.00
Variable de contrôle sectorielle					
IHH	82.2	62.2	018	78.9	85.2
Variables de contrôle de l'environnement macroéconomique					

PIB	4.07	6.91	19.6	-2.90	36.12
IPC	11.06	5.11	6.25	-3.00	37.37
DBUSS	59.75	58.70	12.98	23.40	85.00
FINCRISIS	0.22	0.21	0.34	0.00	1.00

Source : construit par l'auteur à partir des données de la BM, de la BAD, de la COBAC et de l'Heritage Foundation.

Tableau 4.6. Statistiques descriptives des variables sur la période d'étude pour la Guinée Equatoriale

Variable	Moyenne	Médiane	Ecart-type	Min	Max
Variable dépendante					
EFF	0.42	0.33	0.22	0.24	0.69
Variables spécifiques de la règlementation et de la supervision bancaires					
RST	4.24	3.89	1.41	1.94	8.33
ADPT	2.10	0.00	2.83	0.00	8.75
CAPRQ	6.05	7.00	1.98	2.00	9.00
CONTES	4.04	3.56	1.60	1.31	7.50
INFO	8.31	8.54	0.96	5.63	9.72
SPWR	4.20	3.75	1.38	1.88	7.50
Les variables de contrôle de l'activité des banques					
DPT	168646.43	233545.32	12124.89	3188	784928
NIM	38.30	4.58	174.54	-5.74	1 938.47
CEB	79.62	12.31	297.39	0.00	3 004.01
CDT	78459.5	73246.62	53612.64	2438	197633
LNTA	5.62	5.72	2.30	-4.62	11.65
ACT	0.58	1.00	0.49	0.00	1.00
Variable de contrôle sectorielle					
IHH	89.2	62.2	018	85.6	92.1
Variables de contrôle de l'environnement macroéconomique					
PIB	7.11	6.91	19.6	-8.10	31.24
IPC	40.19	5.11	6.25	-25.47	139.28
DBUSS	59.75	58.70	12.98	23.40	85.00
FINCRISIS	0.22	0.21	0.34	0.00	1.00

Source : construit par l'auteur à partir des données de la BM, de la BAD, de la COBAC et de l'Heritage Foundation.

Tableau 4.7. Statistiques descriptives des variables sur la période d'étude pour le Tchad

Variable	Moyenne	Médiane	Ecart-type	Min	Max
Variable dépendante					
EFF	0.76	0.33	0.22	0.32	0.99
Variables spécifiques de la règlementation et de la supervision bancaires					
RST	4.24	3.89	1.41	1.94	8.33
ADPT	2.10	0.00	2.83	0.00	8.75
CAPRQ	6.05	7.00	1.98	2.00	9.00
CONTES	4.04	3.56	1.60	1.31	7.50
INFO	8.31	8.54	0.96	5.63	9.72
SPWR	4.20	3.75	1.38	1.88	7.50
Les variables de contrôle de l'activité des banques					
DPT	103613.56	233545.32	12123.89	24188	284928

NIM	38.30	4.58	174.54	-5.74	1 938.47
CEB	79.62	12.31	297.39	0.00	3 004.01
CDT	92493.43	132467.62	536942.96	926538	2897633
LNTA	5.62	5.72	2.30	-4.62	11.65
ACT	0.58	1.00	0.49	0.00	1.00
Variable de contrôle sectorielle					
IHH	58.3	62.2	018	57.2	63.4
Variables de contrôle de l'environnement macroéconomique					
PIB	5.08	6.91	19.6	-1.27	28.53
IPC	6.14	5.11	6.25	0.53	139.28
DBUSS	59.75	58.70	12.98	23.40	85.00
FINCRISIS	0.22	0.21	0.34	0.00	1.00

Source : construit par l'auteur à partir des données de la BM, de la BAD, de la COBAC et de l'Heritage Foundation.

2.1.2.2. les statistiques à l'échelle sous régionale

Le tableau suivant présente les statistiques descriptives des variables de notre étude pour l'ensemble de la zone CEMAC.

Tableau 4.8. Statistiques descriptives des variables sur la période d'étude pour l'ensemble de la zone CEMAC.

Variable	Moyenne	Médiane	Ecart-type	Min	Max
Variable dépendante					
EFF	0.63	0.33	0.22	0.18	0.99
Variables spécifiques de la règlementation et de la supervision bancaires					
RST	4.24	3.89	1.41	1.94	8.33
ADPT	2.10	0.00	2.83	0.00	8.75
CAPRQ	6.05	7.00	1.98	2.00	9.00
CONTES	4.04	3.56	1.60	1.31	7.50
INFO	8.31	8.54	0.96	5.63	9.72
SPWR	4.20	3.75	1.38	1.88	7.50
Les variables de contrôle de l'activité des banques					
DPT	2063835,69	233545.32	1212319,89	804188	4684928
NIM	38.30	4.58	174.54	-5.74	1 938.47
CEB	79.62	12.31	297.39	0.00	3 004.01
CDT	1538330,88	132467.62	536942,964	926538	2897633
LNTA	5.62	5.72	2.30	-4.62	11.65
ACT	0.58	1.00	0.49	0.00	1.00
Variable de contrôle sectorielle					
IHH	62.2	62.2	018	53.6	97.3
Variables de contrôle de l'environnement macroéconomique					
PIB	7.38	6.91	19.6	-1.27	28.53
IPC	5.47	5.11	6.25	0.53	139.28
DBUSS	59.75	58.70	12.98	23.40	85.00
FINCRISIS	0.22	0.21	0.34	0.00	1.00

Source : construit par l'auteur à partir des données de la BM, de la BAD, de la COBAC et de l'Heritage Foundation.

2.1.3. Présentation du modèle empirique

Afin d'évaluer l'impact de la règlementation et de la supervision sur l'efficience des banques, nous utiliserons un panel dynamique auquel nous appliquerons la méthode des moments généralisés (MMG), car elle permet de contrôler les effets spécifiques individuels et temporels non observés, mais aussi de pallier au biais de simultanéité, de variables omises et de causalité inverse pouvant exister entre la performance et la supervision/règlementation bancaire ou d'autres variables explicatives. L'utilisation d'instruments basés sur les variables explicatives retardées, nous permet de contrôler la potentielle endogenéité des variables explicatives. Cette méthode est de plus en plus utilisée en raison de la robustesse des résultats qu'elle permet d'obtenir, comme le démontrent de nombreux travaux notamment ceux d'Arellano et Bond (1991), Blundell et Bond (1998), Driffill et al. (1998), Beck et al. (1999), Doytch et Uctum, (2011), Lee et Hsieh (2013), Ben Bouheni et al. (2014), Allegret et Azzabi (2014).

2.1.3.1. Choix et spécification du modèle

La méthode des moments généralisés (MMG) en panel dynamique, présente également l'avantage de générer des instruments *internes* à partir des variables explicatives endogènes du modèle. L'estimateur utilisé est celui de la MMG en système proposé par Blundell et Bond (1998). Cet estimateur combine, dans un seul système, le modèle en niveau avec celui en différence première. Les instruments pour la régression en différence sont ceux préconisés par Arellano et Bond (1991). On instrumente ainsi les différences premières des variables explicatives endogènes du modèle par leurs valeurs retardées (d'au moins deux périodes) en niveau. Les variables explicatives endogènes du modèle en niveau sont, quant à elles, instrumentées par leur différence première la plus récente, et ce, sous l'hypothèse de « quasi-stationnarité » de ces variables.

Aussi, afin d'avoir une bonne spécification du modèle, nous allons nous pencher d'abord sur les questions de stationnarité des variables en effectuant des tests de racine unitaire. Puis, nous effectuerons un test d'autocorrélation des résidus, puisque la méthode des moments généralisés suppose la quasi-stationnarité des variables de l'équation en niveau et l'absence d'autocorrélation des résidus. Pour cela, nous avons procédé au test d'auto-corrélation des erreurs d'Arellano et Bond (1991). Celui-ci teste la corrélation sérielle de premier ordre des résidus en niveau, en estimant la corrélation sérielle de second ordre des erreurs en différence.

L'une des critiques couramment formulées à l'endroit de l'estimateur MMG en système de Blundell et Bond (1998), est qu'il est non approprié pour des panels non stationnaires. C'est précisément ce problème que les techniques économétriques comme la méthode de Pesaran et Smith (1995) (estimateur de moyenne groupée, MG), ou celle de Pedroni (1996, 2000) (technique des moindres carrés ordinaires modifiés, *Fully Modified Ordinary Least Squares*, (FMOLS) tentent de résoudre. Ces techniques sont bien adaptées pour les données macroéconomiques qui sont non stationnaires (ce qui n'est pas le cas de nos données). Par ailleurs, les estimateurs MG et FMOLS ne sont pertinents que dans le cas de panels cylindrés. Ceci n'est pas le cas du nôtre, justifiant ainsi la non-utilisation de ces méthodes économétriques lors de nos estimations empiriques.

Les estimations effectuées correspondent à la procédure d'estimation en deux étapes telle que suggérée par Blundell et Bond (1998). Lors de la première étape, la structure d'auto-corrélation des perturbations est prise en compte, et les termes d'erreur sont supposés être indépendants et homoscédastiques aussi bien dans le temps, qu'entre les individus. Le vecteur des résidus estimés est utilisé, au cours de la seconde étape, afin d'estimer de façon convergente la matrice de variances-covariances des perturbations. Nous avons préféré cette procédure d'estimation à l'estimation en une étape, étant donné sa plus grande efficacité asymptotique (Sevestre (2002), Roodman (2006, 2009). Afin de tester la validité des instruments utilisés, nous avons eu recours au test de Hansen (1982) de sur-identification des restrictions sur les moments, tel que suggéré par Arellano et Bond (1991), Arellano et Bover (1995) et Blundell et Bond (1998). Il permet de tester la validité des valeurs retardées en niveau et en différence comme instruments (Kpodar, 2007).

Nous procédons ensuite au test de sur-identification des restrictions de Sargan, afin de tester la validité des instruments. D'après ce test, accepter l'hypothèse nulle de sur-identification des restrictions implique la validité des instruments.

2.1.3.2. Le modèle testé

Le modèle utilisé pour évaluer l'impact de la règlementation et de la supervision sur l'efficacité des banques, se présente sous la forme suivante :

$y_{i,k,t} - y_{i,k,t-1} = (\alpha-1)\, y_{i,k,t-1} + \beta'\, X_{i,k,t} + \nu_i + \varepsilon_{i,k,t}$ (4.1)

Avec y le score d'efficacité de la banque *k* dans le pays *i* au cours de l'année *t*, X l'ensemble des variables explicatives, ν est l'effet spécifique individuel non observé et ε le terme d'erreur.

En réécrivant l'équation (1) on a :

$y_{i,k,t} = \alpha\, y_{i,k,t-1} + \beta'\, X_{i,k,t} + \nu_i + \varepsilon_{i,k,t}$ (4.2)

Pour éliminer l'effet spécifique individuel, nous différencions une fois l'équation ci-dessus. On a alors :

$y_{i,k,t} - y_{i,k,t-1} = \alpha(y_{i,k,t-1} - y_{i,k,t-2}) + \beta'(X_{i,k,t} - X_{i,k,t-1}) + (\varepsilon_{i,k,t} - \varepsilon_{i,k,t-1})$ (4.3)

Les conditions de moment de l'estimateur du panel dynamique sont :

$E[\, y_{i,t-s} \,.\, (\varepsilon_{i,t} - \varepsilon_{i,t-1})] = 0$ pour $s \geq 2$; $t = 3,\ldots,T$ (4.4)

$E[\, X_{i,t-s} \,.\, (\, \varepsilon_{i,t} + \varepsilon_{i,t-1})] = 0$ pour $s \geq 2$; $t = 3,\ldots T$ (4.5)

Afin de réduire le potentiel biais lié à l'utilisation de l'estimateur en différence, nous utilisons les conditions de stationnarité suivantes :

$E[(yi,t+p \cdot \nu_i)] = E[y_{i,t+q} . \nu_i]$

et (4.6)

$E[(Xi,t+p \cdot \nu_i)] = E[X_{i,t+q} . \nu_i]$ pour tout p et q

Les conditions de moment additionnelles pour la seconde partie du système (régression en niveau) sont :

$E[(y_{i,t-s} - y_{i,t-s-1}) \cdot (\nu_i + \varepsilon_{i,t})] = 0$ pour $s = 1$ (4.7)

$E[(X_{i,t-s} - X_{i,t-s-1}) \cdot (\nu_i + \varepsilon_{i,t})] = 0$ pour $s = 1$ (4.8)

Ainsi, le modèle à estimer s'écrit sous la forme suivante :

$EFF_{i,k,t} = \beta_0 + \alpha\ EFF_{i,k,t-1} + \beta_1\ RST_{i,k,t} + \beta_2\ ADPT_{i,k,t} + \beta_3\ CAPRQ_{i,k,t} + \beta_4\ CONTES_{i,k,t} + \beta_5\ INFO_{i,k,t} + \beta_6\ SPWR_{i,k,t} + \beta_7\ DPT_{i,kt} + \beta_8\ NIM_{i,k,t} + \beta_9\ CEB_{i,k,t} + \beta_{10}\ CDT_{I,k,t} + \beta_{11}\ LNTA_{i,k,t} + \beta_{12}\ ACT_{i,k,t} + \beta_{13}\ IHH_{i,k,t} + \beta_{14}\ PIB_{i,k,t} + \beta_{15}\ IPC_{i,k,t} + \beta_{16}\ DBUSS_{i,k,t} + \beta_{17}\ FINCRISIS_{i,k,t} + \nu_i + \varepsilon_{i,k,t}$ (4.9)

Les estimations issues de ce modèle ainsi que les analyses subséquentes sont présentées dans la prochaine section.

2.2. Résultats et analyse

Cette section présente et analyse les résultats obtenus de notre modèle aussi bien à l'échelle Nationale qu'au niveau sous régional. Elle se termine par une évaluation de la robustesse de nos résultats.

2.2.1. Principaux résultats

Le tableau suivant présente les résultats obtenus de notre modèle selon la spécification précédemment retenue pour l'ensemble de la zone CEMAC. Les résultats par pays sont présentés en annexe.

Tableau 4.9. Résultats de l'estimation du modèle pour l'ensemble de la zone CEMAC.

Dependent Variable : Method : GMM	EFF (1)	EFF (2)
VARIABLES	Coefficient	Coefficient
EFF (-1)	0.818***	0.795***
	(8.800)	(2.951)
RST	-0.096**	-0.172**
	(-2.940)	(-2.423)
ADPT	0.076***	0.089***
	(7.450)	(3.524)
CAPRQ	-0.062**	-0.008*
	(-2.971)	(-1.957)
CONTES	-0.011***	-0.092***
	(-3.340)	(-1.964)
INFO	-0.045*	-0.241***
	(-2.460)	(-2.996)
SPWR	0.006	0.012
	(2.834)	(1.587)
DPT	0.002	0.018
	(1.502)	(1.258)
NIM	0.024	0.017
	(0.170)	(0.183)
CEB	-0.019	-0.021
	(-1.231)	(-1.146)
CDT	0.034*	0.028
	(1.942)	(1.282)
LNTA	0.041**	0.106**
	(2.962)	(2.914)
ACT	-0.013***	-0.022***
	(-3.580)	(-2.954)
IHH	-0.129*	-0.088*
	(-2.035)	(-2.129)
PIB	0.037***	0.053***
	(3.982)	(3.243)
IPC	-0.036*	-0.187*
	(-1.980)	(-1.997)
DBUSS	0.003**	0.002**
	(2.830)	(2.858)
FINCRISIS	-0.015	-0.012
	(-0.410)	(-0.756)
Constant	0.098	0.072
	(0.110)	(0.241)
AR (2)	-0.564	-0.728
P-value AR (2)	(0.572)	(0.466)
Sargan Statistics	21.214	29.272
P-value Sargan	(0.236)	(0.251)
Observations	651	651

*** p<0.01, ** p<0.05, * p<0.

(1) : efficience technique totale ; (2) : efficience technique pure.

Source : estimations de l'auteur.

2.2.2. Analyse et interprétation des résultats

Le tableau ci-dessus présente les principaux résultats obtenus de nos estimations selon la spécification précédemment retenue pour l'ensemble de la zone CEMAC. Nous considérons respectivement comme variables dépendantes les scores d'efficacité technique totale et les scores d'efficacité technique pure.

Ces résultats montrent que la règlementation et la supervision bancaires n'affectent pas de façon homogène l'efficacité du système bancaire de la CEMAC. Plus précisément, le renforcement des restrictions sur les activités des banques se traduit par une baisse de leurs scores d'efficience. D'après les résultats obtenus, un renforcement de 1% des restrictions sur les activités des banques, entraine une baisse de 0.096 et de 0.172 respectivement pour l'efficience technique totale et l'efficience technique pure des banques de la CEMAC. En effet, une restriction sur les activités des banques réduit leurs possibilités de diversification de leurs revenus. Ce résultat est conforme à ceux de Barth et al. (2001, 2010), Pasiouras et al. (2009), et plus récemment Triki et al. (2013), Sassi et Ben Naceur (2013).

Les exigences en capital réglementaire sont également négativement liées à l'efficience des banques de la CEMAC. D'après nos résultats, un relèvement de 1% des exigences en capital réglementaire provoque une baisse de 0.062 et de 0.008 respectivement pour l'efficience technique totale et l'efficience technique pure des banques. Ce résultat n'est pas conforme à la littérature qui souligne que les exigences en capital réglementaire permettent de réduire le risque de crédit (Barth et al. 2010), déterminent la résilience des banques (FMI 2000 et 2015) et améliorent la rentabilité des banques (Ben Bouheni et al., 2014).

La contestabilité du marché bancaire capturée par les restrictions à l'entrée (délivrance de l'agrément de banque ou conditions de prise de contrôle d'une banque existante) et par les restrictions à la sortie (conditions de retrait de l'agrément de banque), affecte négativement l'efficience des banques. Plus précisément, un renforcement de 1% des barrières à l'entrée et à la sortie du marché bancaire, entraine une baisse de 0.011 et de 0.092 respectivement pour l'efficience technique totale et l'efficience technique pure des banques de la CEMAC. Ce résultat conforme à celui de Triki et al. (2013), semble s'expliquer par le fait que de fortes restrictions à l'entrée sur le marché bancaire, réduisent la concurrence et l'innovation sur le marché bancaire contrairement à l'idée répandue selon laquelle, les restrictions à l'entrée feront que seules les banques les plus solides et performantes pourront entrer sur le marché. Par ailleurs, de fortes restrictions à la sortie font augmenter le coût de la liquidation des banques. Ce qui réduit l'incitation à entrer sur le marché, altère également la concurrence et partant, l'efficience. En outre de telles exigences rendent la sortie du marché plus difficile pour les banques le moins performantes Coats et Liuksila (1999).

Accroître les exigences de transparence dans l'information financière réduit l'efficience des banques de la CEMAC. Ceci laisse penser que les bénéfices générés par la transparence de l'information financière sur les banques de la CEMAC, restent inférieurs aux coûts relatifs à la mise à la disposition de tous de cette information. D'après les résultats obtenus de nos estimations, accroître les exigences de transparence dans l'information financière des banques de 1% engendre des baisses respectives de 0.045 et de 0.241 pour l'efficience technique totale et l'efficience technique pure. Ce résultat est conforme à celui de Triki et al. (2013).

A l'inverse, l'existence d'un mécanisme d'assurance des dépôts a un impact positif sur l'efficience des banques. Ainsi d'après nos résultats, un renforcement de 1% de la qualité de l'assurance des dépôts entraine une augmentation de 0.076 et de 0.089, respectivement pour l'efficience technique totale et l'efficience technique pure. Ce qui est conforme aux travaux de Demirguc-Kunt et Kane (2002), Ben bouheni et al. (2014). En effet, l'existence ou tout simplement l'amélioration de la qualité d'un mécanisme d'assurance des dépôts incite les banques à prendre plus de risque dans leur quête de rentabilité, accroissant ainsi leur efficacité.

Cependant, on trouve que la qualité et l'indépendance de la supervision auxquelles sont soumises les banques, ne sont pas significatives dans l'explication de l'efficience des banques. Mais leur coefficient est positif. Ce résultat suggère que la qualité de la supervision ne conduit pas nécessairement à une meilleure efficience des banques, et que la condition d'indépendance doit être vérifiée en même temps Barth et al. (2010), Sassi et Ben Naceur (2013).

En ce qui concerne les variables de contrôle de l'activité des banques, on note que la marge nette d'intérêt, les charges d'exploitation bancaire et les dépôts n'ont pas d'impact significatif sur l'efficience des banques de la CEMAC. Cependant le total des crédits nets et la taille des banques sont positivement corrélés à l'efficience des banques. D'après nos résultats, un accroissement de 1% du total des réemplois nets des banques entraine une augmentation de 0.034 et de 0.028, respectivement pour l'efficience technique totale et l'efficience technique pure. De même, un accroissement de la taille des banques de 1% occasionne une augmentation de 0.041 et de 0.106, respectivement pour l'efficience technique totale et l'efficience technique pure. Ce qui montre que les banques octroyant plus de crédits, sont plus efficientes toutes choses égales par ailleurs, de même les banques de grande taille, semblent plus efficiences. Par contre, la concentration dans le secteur bancaire et la détention du capital des banques par intérêts étrangers, ont un effet négatif sur l'efficience des banques de la CEMAC. Ainsi d'après nos résultats, un accroissement de la concentration dans le secteur bancaire de 1% entraine une baisse de 0.129 et de 0.088, respectivement pour l'efficience technique totale et l'efficience technique pure des banques de la CEMAC. Pareillement un accroissement de 1% du capital des banques détenu par des intérêts étrangers produit une baisse de 0.013 et de 0.022, respectivement pour l'efficience technique totale et l'efficience technique pure des banques de la CEMAC.

Concernant enfin les variables de contrôle de l'environnement macroéconomique, on note que les banques sont plus efficientes dans les pays de la CEMAC, présentant une croissance du PIB élevée, un fort degré de liberté dans les affaires et une faible inflation. De façon spécifique, les résultats obtenus montrent que l'amélioration du taux de croissance du PIB du pays dans lequel est implanté de 1%, entraine une augmentation de 0.037 et de 0.053, respectivement pour l'efficience technique totale et l'efficience technique pure des banques en zone CEMAC. De même, un relèvement des tensions inflationnistes au sein de l'économie dans laquelle est implantée une banque de 1%, apporte une baisse de l'efficience technique totale et de l'efficience technique pure des banques de la CEMAC de l'ordre de 0.036 et 0.187 respectivement. On note aussi que le relèvement du degré de liberté dans les affaires de 1%, améliore l'efficience technique totale et l'efficience technique pure des banques de la CEMAC de l'ordre de 0.003 et 0.002 respectivement. Ces résultats sont conformes à ceux de Triki et al. (2013). Par ailleurs, la crise financière internationale de 2008 a eu un impact négatif sur l'efficience des banques de la CEMAC.

Par ailleurs, nos résultats mettent en évidence des effets de mémoire et de persistance de l'efficacité technique totale et de l'efficacité technique pure des banques de la CEMAC, compte tenu des coefficients positifs et significatifs obtenus de la variable endogène retardée sur les deux spécifications de notre modèle. Ces effets de mémoire et de persistance sont de 0.818 et 0.795, respectivement pour l'efficience technique totale et l'efficience technique pure.

2.2.3. Robustesse des estimations

Nous apportons quelques modifications au modèle de base, afin de tester la sensibilité de nos résultats. Les estimations sur panel dynamique de l'équation (4.9) ont été refaites en introduisant une mesure alternative de l'instabilité macroéconomique. Nous gardons, à ce titre, la même spécification empirique de départ, sauf que nous remplaçons la variable « taux d'inflation » par celle du « taux d'intérêt réel » (*ir*) Fry (1997), Law et Demetriades (2004). Les résultats confirment ceux décelés avec le taux d'inflation comme variable de contrôle. Par ailleurs, conformément aux résultats préalablement dégagés, l'intégration financière internationale ne semble pas avoir un impact significatif sur la taille et l'efficacité des banques de la CEMAC. Des résultats similaires sont obtenus, lorsque nous testons la sensibilité des conclusions à l'élimination des observations aberrantes de nos variables explicatives. Nous excluons les observations pour lesquelles l'écart (en valeur absolue) du taux de croissance de celui-ci par rapport à sa moyenne, dépasse deux fois son écart type. L'objectif est de voir si les résultats précédents ne sont pas en réalité tirés ou influencés par de fortes variations dans les caractéristiques des banques, variations pouvant être liées à des épisodes de *boom* du crédit, de bulles sur le marché boursier ou d'effondrement des prix des actifs financiers. Les résultats attestent une nouvelle fois de la robustesse de ceux obtenus auparavant. L'élimination des observations aberrantes de nos variables explicatives, semble même améliorer d'une façon considérable, la qualité des résultats.

De la même manière, nous avons voulu tester la robustesse de nos résultats par l'introduction d'une nouvelle variable de contrôle, prenant en compte la participation de l'Etat au capital des banques. Cette hypothèse n'a pas été soutenue par nos nouvelles estimations. Les résultats restent globalement inchangés.

Enfin, nous avons voulu voir si les résultats précédemment trouvés, ne dissimulent pas en réalité des différences entre les pays de l'échantillon. Pour ce faire, nous avons procédé à la ré-estimation de l'équation (4.9) pour chaque pays de notre échantillon de départ. Les résultats montrent clairement une convergence significative des résultats par pays vers les résultats de l'ensemble de la zone CEMAC. Nos résultats restent donc très robustes.

CONCLUSION DU CHAPITRE

L'objectif de ce chapitre était de mettre en évidence l'impact de la réglementation macro-prudentielle sur l'efficacité du système bancaire de la CEMAC. Pour ce faire, les fondements théoriques nous ont orienté à considérer les différents canaux à travers lesquels la réglementation influence l'efficacité des banques. Par ailleurs, la littérature empirique nous invitait à considérer le type de réglementation auquel les banques sont assujetties. Afin d'évaluer l'impact de la réglementation macro-prudentielle sur l'efficience des banques de la CEMAC sur la période 1993-2011, nous avons recouru à la méthode des moments généralisés (MMG) en panel dynamique, car elle nous a permis de contrôler les effets spécifiques individuels et temporels non observés, mais aussi de pallier au biais de simultanéité, de causalité inverse et de variables omises.

Les résultats obtenus montrent que la règlementation macro-prudentielle n'affecte pas de façon homogène l'efficacité du système bancaire de la CEMAC. Plus précisément, le renforcement des restrictions sur les activités des banques, se traduit par une baisse de leurs scores d'efficience. Les exigences en capital réglementaire sont également négativement liées à l'efficience des banques de la CEMAC, tout comme les exigences en matière de transparence de l'information financière des banques, ainsi que de fortes barrières à l'entrée et à la sortie sur le marché bancaire. A l'inverse, l'existence d'un mécanisme d'assurance des dépôts a un impact positif sur l'efficience des banques. En ce qui concerne les variables de contrôle de l'activité des banques, on note que la forte concentration observée dans le secteur de la CEMAC, a un impact négatif sur l'efficience des banques. Cependant le total des crédits nets et la taille des banques sont positivement corrélés à l'efficience des banques. Concernant enfin les variables de contrôle de l'environnement macroéconomique, on note que les banques sont plus efficientes dans les pays de la CEMAC, présentant une croissance du PIB élevée, un fort degré de liberté dans les affaires et une faible inflation. Il est aussi à noter que des chocs macroéconomiques et financiers d'envergure à l'instar de la crise financière internationale de 2008, ont altéré l'efficience des banques.

Au vu de ces résultats, les recommandations de politique économique suivantes peuvent être formulées : (1) Tout d'abord, les autorités devraient améliorer la prise en compte des spécificités et des caractéristiques du système bancaire de la CEMAC dans l'implémentation de la réglementation bancaire. (2) Ensuite, il faudrait favoriser la concurrence et l'innovation financières au sein du secteur bancaire, en assouplissant les barrières à l'entrée sur le marché bancaire, mais aussi par des incitations fiscales aux banques les plus innovantes et diversifiées. (3) Enfin, il faudrait renforcer la stabilité financière et la résilience des banques aux chocs macroéconomiques exogènes. Les autorités doivent préserver un environnement macroéconomique stable et propice à la création de richesse à travers la promotion d'une croissance économique forte, d'un climat des affaires serein et de la stabilité des prix.

CONCLUSION DE LA DEUXIÈME PARTIE

Cette partie avait pour objectif de déterminer l'impact de la réglementation sur l'efficience des banques de la CEMAC, ceci en répondant à la deuxième question spécifique de cette cet ouvrage à savoir : *quel est l'impact de la règlementation sur l'efficience des banques dans l'espace CEMAC ?*

Pour atteindre cet objectif, le premier chapitre de cette partie a commencé par décrire la supervision bancaire en zone CEMAC avant d'évaluer l'incidence de la règlementation micro-prudentielle sur les banques de la CEMAC. Ensuite c'est au second chapitre de cette partie, qu'est revenu la tâche d'évaluer l'impact de la règlementation macro-prudentielle sur l'efficience des banques de la CEMAC. Pour cela, les scores d'efficience obtenus dans la première partie de cet ouvrage sont régressés sur un ensemble de variables règlementaires et macro spécifiques bancaires, en utilisant la méthode des moments généralisés (MMG) en panel dynamique.

Les résultats obtenus montrent que la règlementation n'affecte pas de façon homogène l'efficacité du système bancaire de la CEMAC. Plus précisément, le renforcement des restrictions sur les activités des banques se traduit par une baisse de leurs scores d'efficience. Les exigences en capital réglementaire sont également négativement liées à l'efficience des banques de la CEMAC, tout comme les exigences en matière de transparence de l'information financière des banques, ainsi que de fortes barrières à l'entrée et à la sortie sur le marché bancaire. A l'inverse, l'existence d'un mécanisme d'assurance des dépôts a un impact positif sur l'efficience des banques. En ce qui concerne les variables de contrôle de l'activité des banques, on note que la forte concentration observée dans le secteur de la CEMAC, a un impact négatif sur l'efficience des banques. Par ailleurs le total des crédits nets et la taille des banques sont positivement corrélés à l'efficience des banques. Concernant enfin les variables de contrôle de l'environnement macroéconomique, on note que les banques sont plus efficientes dans les pays de la CEMAC, présentant une croissance du PIB élevée, un fort degré de liberté dans les affaires et une faible inflation. Il est aussi à noter que des chocs macroéconomiques et financiers d'envergure à l'instar de la crise financière internationale de 2008, ont altéré l'efficience des banques.

Au vu de ces résultats, les recommandations de politique économique suivantes peuvent être formulées : (1) Tout d'abord, les autorités devraient améliorer la prise en compte des spécificités et des caractéristiques du système bancaire de la CEMAC dans l'implémentation de la réglementation bancaire. (2) Ensuite, il faudrait favoriser la concurrence et l'innovation financières au sein du secteur bancaire, en assouplissant les barrières à l'entrée sur le marché bancaire, mais aussi par des incitations fiscales aux banques les plus innovantes et diversifiées. (3) Enfin, il faudrait renforcer la stabilité financière et la résilience des banques des banques aux chocs macroéconomiques exogènes. Les autorités doivent préserver un environnement macroéconomique stable et propice à la création de richesse à travers la promotion d'une croissance économique forte, d'un climat des affaires serein et de la stabilité des prix.

CONCLUSION GÉNÉRALE

L'objectif de ce livre était d'évaluer l'incidence de la règlementation sur l'efficience des banques de la CEMAC dans un environnement marqué par une pression croissante, afin de renforcer la réglementation et la supervision des institutions financières. En effet, l'environnement réglementaire des banques de la CEMAC a été marqué par deux faits majeurs ces dernières années. Sur le plan local, pour faire face à la crise financière de la fin des années 1980, les autorités monétaires de la zone ont renforcé le cadre réglementaire du fonctionnement des banques. L'une des mesures importantes a été la création de la COBAC, organe de contrôle, qui s'assure du respect par les banques en activité dans la zone, des règles édictées. A ce titre, un dispositif prudentiel a été mis sur pied. Il comprend des normes de solvabilité et de liquidité qui doivent être respectées par les établissements de crédit. Par contre sur le plan international, la crise financière internationale de 2008 va mettre en lumière les lacunes de l'accord de Bâle II et va aboutir en 2010, à la réforme dite de Bâle III.

Par ailleurs, les deux dernières décennies ont été marquées par une amélioration de la rentabilité et un renforcement du respect des normes règlementaires par les banques de la CEMAC. En effet, le résultat net des quarante-cinq banques déclarantes de la CEMAC en 2011, enregistre une hausse de 58,2% par rapport au niveau réalisé en 2010. Il est positif de 106,2 milliards au 31 décembre 2011, contre 67,1 milliards un an plus tôt (COBAC, 2011). Parallèlement, le nombre de banques respectant les normes prudentielles et notamment le ratio de liquidité et le ratio de transformation à long terme, n'a cessé d'augmenter depuis la mise en application de ces ratios prudentiels au sein de la CEMAC. Cette situation contraste avec celle qui prévalait au début des années 1990, où 18 des 31 banques de la sous-région accusaient des pertes tandis que 3 seulement respectaient les normes prudentielles. Il était donc important dans ces conditions, d'évaluer l'impact de la règlementation sur l'efficience des banques dans l'espace CEMAC.

Les résultats que nous obtenons montrent que la règlementation n'affecte pas de façon homogène l'efficacité du système bancaire de la CEMAC. Plus précisément, le renforcement des restrictions sur les activités des banques, se traduit par une baisse de leurs scores d'efficience. Les exigences en capital réglementaire sont également négativement liées à l'efficience des banques de la CEMAC, tout comme les exigences en matière de transparence de l'information financière des banques, ainsi que de fortes barrières à l'entrée et à la sortie sur le marché bancaire. A l'inverse, l'existence d'un mécanisme d'assurance des dépôts a un impact positif sur l'efficience des banques. En ce qui concerne les variables de contrôle de l'activité des banques, on note que la forte concentration observée dans le secteur de la CEMAC, a un impact négatif sur l'efficience des banques. Cependant le total des crédits nets et la taille des banques sont positivement corrélés à l'efficience des banques. Concernant enfin les variables de contrôle de l'environnement macroéconomique, on note que les banques sont plus efficientes dans les pays de la CEMAC, présentant une croissance du PIB élevée, un fort degré de liberté dans les affaires et une faible inflation. Il est aussi à noter que des chocs macroéconomiques et financiers d'envergure à l'instar de la crise financière internationale de 2008, ont altéré l'efficience des banques.

Au vu de ces résultats, les recommandations de politique économique suivantes peuvent être formulées : (1) Tout d'abord, les autorités devraient améliorer la prise en compte des spécificités et des caractéristiques du système bancaire de la CEMAC dans l'implémentation de la réglementation bancaire. (2) Ensuite, il faudrait favoriser la concurrence et l'innovation financière au sein du secteur bancaire, en assouplissant les barrières à l'entrée sur le marché bancaire, mais aussi par des incitations fiscales aux banques les plus innovantes et diversifiées. (3) Il faudrait également renforcer la solvabilité des banques sur des fonds propres plus importants comme le préconise Bâle III, et non plus sur les dépôts exigibles à court terme, qui sont en partie à l'origine de la surliquidité bancaire observée depuis le début des années 2000. Ceci permettra un ajustement du coefficient de transformation à long terme, et favorisera l'offre de crédits longs pour le financement du développement économique de la région ; (4) Enfin, il faudrait renforcer la stabilité financière et la résilience des banques aux chocs macroéconomiques exogènes. Les autorités doivent préserver un environnement macroéconomique stable et propice à la création de richesse à travers la promotion d'une croissance économique forte, d'un climat des affaires serein et de la stabilité des prix.

La principale difficulté à la réalisation de ce travail avait trait aux données. On note la difficulté à obtenir les données sur les banques. En effet, compte tenu du caractère sensible des données concernant les banques, il n'est pas possible d'avoir les données pour chaque banque. Ces données sont codées et agrégées par pays, avant d'être mises à la disposition des chercheurs par la COBAC. Il faut également ajouter que la production des rapports de la COBAC qui regroupent une grande partie des données sur le secteur bancaire dans la zone CEMAC, intervient avec des délais assez importants. Tous ces éléments ont plus ou moins restreint le champ de cette étude.

Ainsi, les prolongements de cet ouvrage viseraient : (1) l'extension du champ de cette étude dans l'espace et dans le temps ; (2) effectuer des études comparatives avec d'autres régions du monde et (3) la prise en compte intégrale de l'Accord de Bâle III.

Pour finir, cet ouvrage a contribué au débat relatif à l'impact de la règlementation sur l'efficience des banques en faisant une application en zone CEMAC. D'après les conclusions de ce livre, la règlementation n'affecte pas de façon homogène l'efficience des banques. Ainsi, si l'existence d'un mécanisme d'assurance des dépôts a un impact positif sur l'efficience des banques de la CEMAC, il n'en est pas de même des autres variables de règlementation. La réglementation doit donc tenir compte des spécificités des entités assujetties.

BIBLIOGRAPHIE

Acharya, V., (2009), “A theory of systemic risk and design of prudential bank regulation”. *Journal of Financial Stability* 5, 224-255.

Adrian, T., Shin, H. (2008a), “Liquidity and Leverage”. *Journal of Financial Intermediation.*

Aglietta, M., (1998), Capitalism at the turn of the century: regulation theory and the challenge of social change. *New left review*, (232), 41.

Aglietta, M., Scialom, L., (2009), “A systemic approach to financial regulation – European perspective”. *International Economics*, n°123, 2010-3.

Aigner, D. J., Chu, S.F., (1968), “On Estimating the Industry Production Function”. *American Economic Review* 58,826-39.

Akerlof, G. A., (1970), “The Market for "Lemons": Quality Uncertainty and the Market Mechanism”. *The Quarterly Journal of Economics*, Vol. 84, No. 3, pp. 488-500.

Alhadeff, D. A., (1974), “Barriers to Bank Entry”. *Southern Economic Journal*, Vol. 40, No. 4, 589-603.

Allegret, J. P., et Azzabi, S., (2014), Intégration financière internationale et croissance économique dans les pays émergents et en développement : le canal du développement financier. *Revue d'économie du développement*, *22*(3), 27-68.

Allen, F., Carletti E., et Marquez R., (2011), “Credit Market Competition and Capital Regulation”, Review Of Financial Studies, Vol: 24, pp: 983-1018, ISSN: 0893-9454.

Allen, F., Gale, D. (2004). “Financial fragility, liquidity and asset prices”. *Journal of the European Economic Association*, n° 2, pp 1015–84.

Allen, F., Gale, D., (1999), “Innovations in Financial Services, Relationships, and Risk Sharing”. *Management Science*, Vol. 45, No. 9, 1239-1253.

Altunbas, Y., Carbo, S., Gardener, E.P.M. et P. Molyneux, (2007), “Examining the Relationship between Capital, Risk and Efficiency in European Banking”, *European Financial Management*, 13(1), pp. 49-70.

Altunbas, Y., Evans, L., Molyneux, P., (2001), “Bank Ownership and Efficiency”. *Journal of Money, Credit and Banking*, Vol. 33, No. 4, 926-954.

Aly, H. Y., Grabowski, R., Pasurka, C., Rangan, N., (1990), “Technical, Scale, and Allocative Efficiencies in U.S. Banking: An Empirical Investigation”. *The Review of Economics and Statistics*, Vol. 72, No. 2, 211-218.

Arellano, M., et Bond, S., (1991), Some tests of specification for panel data: Monte Carlo evidence and an application to employment equations. *The review of economic studies*, *58*(2), 277-297.

Arellano, M., et Bover, O., (1995), Another look at the instrumental variable estimation of error-components models. *Journal of econometrics*, *68*(1), 29-51.

Artus, P., Pollin, (1991), « Les effets de la réglementation et le comportement des banques ». *Document de Travail* n° 1989/26 – Caisse des Dépôts et Consignation.

Avom, D. et Eyeffa, S., (2007), « Quinze ans de restructuration bancaire dans la CEMAC : Qu'avons-nous appris ? » *Revue d'Economie Financière*, N° 89.

Avom, D., (2003), « Intégration monétaire : préalable ou résultat d'une intégration économique ? », in L'intégration régionale en Afrique Centrale Bilan et Perspectives, Hammouda, H., Bekolo-Ebe, B. et Touna Mama, *Kartala*, Paris.

Avom, D., et Gbetnkom, D., (2003), « La surveillance des politiques budgétaires dans la zone CEMAC : bilan et perspectives », *Monde en Développement*, Vol.31, n°123.

Bain, J. S., (1956), *Barriers to new competition, their character and consequences in manufacturing industries* (No. HB771 B23).

Baltensperger, E. (1982), *"Reserve requirements and economic stability"*, Journal of Money, Credit and Banking, Vol.14, No.2. p. 205-215.

Baltensperger, E. (1998), *"Introduction of from the Basle Accord to measures to contain systemic risk"*, Swiss Journal of Economics and Statistics, Vol. 134, No. 4.2, p. 653-654.

Baltensperger, E. Dermine, J. (1987), *"The role of public policy in ensuring financial stability: a cross-country, comparative perspective"* in Portes R, Swoboda A, "Threats to International Financial Stability", Cambridge University Press.

Bank for International Settlements (BIS), (1988), *"Convergence Internationale de la Mesure et des Normes de Fonds Propres"*, Comité des règles et pratiques de contrôle des opérations bancaires.

Bank of England and Financial Services Authorithy, (2007a). "Liquidity support facility for Northern Rock plc". Tripartite statement by HM Treasury, Bank of England publications, 14 September 2007 News release.

Banker, R.D., Charnes, R., F., et Cooper, W., W., (1984), "Some Models for Estimating Technical and Scale Inefficiencies in Data Envelopment Analysis, Management Science vol. 30, pp. 1078–1092.

Banque de France, (2002). « Le choix d'une batterie d'indicateurs de positionnement de l'économie dans le cycle ». *Bulletin de la Banque de France*, n°103.

Banque des règlements internationaux, *(2014),* Des marchés dynamiques, mais fragiles ? *Rapport trimestriel BRI*, décembre 2014.

Barro, R. J., et Gordon, D. B., (1983), Rules, discretion and reputation in a model of monetary policy. *Journal of monetary economics*, *12*(1), 101-121.

Barro, R. J., et Sala-i-Martin, X., (1992), Public finance in models of economic growth. *The Review of Economic Studies*, *59*(4), 645-661.

Barth, J.R., Brumbaugh, R.D. et Wilcox, J.A. (2000). « The Repeal of Glass-Steagall and the Advent of Broad Banking ». 14 *Journal of Economic Perspectives* 191.

Barth, J.R., Caprio Jr., G., Levine, R., (2001), "The regulation and supervision of banks around the world:a new database", In: *Litan, R.E., Herring, R.* (Eds.), Integrating Emerging Market Countries into the Global Financial System. Brookings-Wharton Papers in Financial Services, Brooking Institution Press, pp. 183–240.

Barth, J.R., Caprio, G. and R. Levine, (2003b), Bank Regulation and Supervision: Lessons from a New Database, In Garza J.A.M. (Ed), *Macroeconomic Stability, Financial Markets, and Economic Development*, Mexico City: Banco de Mexico.

Barth, J.R., Caprio, G. and R. Levine, (2004), "Bank Regulation and Supervision: What Works Best?", *Journal of Financial Intermediation*, 13, pp. 205-248.

Barth, J.R., Caprio, G. and R. Levine, (2006), Rethinking Bank Regulation: Till Angels Govern, Cambridge: Cambridge University Press.

Barth, J.R., Caprio, G. and R. Levine, (2007a), "The Microeconomic Effects of Different Approaches to Bank Supervision", In Haber, S., North, D. and B.Weingast, (Eds), *The Politics of Financial Development*, Stanford University Press.

Barth, J.R., Caprio, G. and R. Levine, (2007b), "Bank Regulations are Changing: But for Better or Worse?", July, World Bank, available at: http://go.worldbank.org/SNUSW978P0.

Barth, J.R., Caprio, G., Levine, R., (2008), "Bank regulations are changing: for better or worse?", Comparative Economic Studies 50 (4), 537–563.

Barth, J.R., Lin,C., Ma, Y., Seade, J., Song, F., (2010), "Do Bank Regulation, Supervision and Monitoring Enhance or Impede Bank Efficiency?", Paper Available at Social Science Research Network, SSRN: http://papers.ssrn.com/sol3/papers.cfm?abstract_id=1579352.

Barth, J.R.,Caprio, G, Levine, R., (2013) "Bank regulation and supervision in 180 countries from 1999 to 2011", NBER Working Papers 18733, National Bureau of Economic Research, Inc.

Battese, G. E., et Coelli, T. J., (1988), Prediction of firm-level technical efficiencies with a generalized frontier production function and panel data. *Journal of econometrics*, *38*(3), 387-399.

Baumol, W. J. et Oates, W. E., (1972), "The Cost Disease of the Personal Services and the Quality of Life". *Enskilda Banken Quarterly Review* 2, 44-54.

Beck, T., Demirguc-Kunt, A. et R. Levine, (2006), "Bank Supervision and Corruption in Lending", *Journal of Monetary Economics*, 53, pp. 2131-2163.

Beck, T., Demirgüç-Kunt, A., et Levine, R., (2003), Law and finance: why does legal origin matter?. *Journal of comparative economics*, *31*(4), 653-675.

Beck, T., Demirgüç-Kunt, A., et Pería, M. S. M., (2011), Bank financing for SMEs: Evidence across countries and bank ownership types. *Journal of Financial Services Research*, *39*(1-2), 35-54.

Becker, R., A., (1983), "Comparative dynamics in the one-sector optimal growth model" Journal of Economic Dynamics and Control, Elsevier, vol. 6(1), pages 99-107, September.

Bekolo Ebe, B., (2001), "L'intégration régionale en Afrique : Caractéristiques, contraintes et perpectives" , Mondes en développement, 3/2001, N° 115-116, pp : 81-88.

Bekolo-Ebé, B., (1977), Une analyse de quinze ans d'échanges entre pays africains (1960-1975). *Revue Tiers Monde*, 367-380.

Ben Bouheni, F., (2014), "Banking regulation and supervision: can it enhance stability in Europe?", Journal of Financial Economic Policy, Vol. 6 Iss: 3, pp:244 – 269.

Ben Bouheni, F., Ben Ameur, H., Idi Cheffou, A., Jawadi, F., (2014), "The Effects Of Regulation And Supervision On European Banking Profitability And Risk: A

Panel Data Investigation", The Journal of Applied Business Research, November/December 2014, Volume 30, Number 6, Copyright by author(s); CC-BY1655, The Clute Institute.

Ben Naceur, S., Ben-Khedhiri, H., et Casu, B., (2009), "What Drives The Efficiency Of Selected Mena Banks? A Meta-Frontier Analysis," Working Papers 499, Economic Research Forum, revised August 2009.

Bensaid, B., et De Palma, A., (1995). Politique monétaire et concurrence bancaire. *Annales d'Économie et de Statistique*, 161-176.

Benston, G. J. et Kaufman, G. G., (1996), "The Appropriate Role of Bank Regulation". *The Economic Journal*, Vol. 106, No. 436, 688-697.

Benston, G. J., (1965), "Branch Banking and Economies of Scale". *The Journal of Finance*, Vol. 20, No. 2, 312-331.

Benveniste, L. M., Ljungqvist, A., Wilhelm, W. J. Jr. et Yu X. (2003), "Evidence of Information Spillovers in the Production of Investment Banking Services". *The Journal of Finance*, Vol. 58, No. 2, 577-608.

Berg, S. A. et Kim, M., (1991), "Oligopolistic Interdependence and Banking Efficiency: An Empirical Evaluation". Norges Bank Research Paper, 1991, 15, Oslo.

Berger, A. et Humphrey, D. (1991), "The Dominance of Inefficiencies over Scale and Product Mix Economies in Banking", *Journal of Monetay Economics,* 117-148.

Berger, A. N. et Humphrey, D. (1997), "Efficiency of Financial Institutions: International Survey and Directions for Future Research", *European Journal of Operational Research,* 175-212.

Berger, A. N. et Mester, L. J., (1999), "What Explains the Dynamic Changes in Cost and Profit Performance of the US Banking Industry?", Working Paper no 99-1, Federal Reserve Bank of Philadelphia.

Berger, A. N., (2003), "The Economic Effects of Technological Progress: Evidence from the Banking Industry". *Journal of Money, Credit and Banking*, Vol. 35, No. 2, 141-176.

Berger, A. N., et Humphrey, D. B., (1991), The dominance of inefficiencies over scale and product mix economies in banking. *Journal of Monetary Economics*, *28*(1), 117-148.

Berger, A. N., Hancock, D. et Marquardt, J. C., (1996), "A Framework for Analyzing Efficiency, Risks, Costs, and Innovations in the Payments System". *Journal of Money, Credit and Banking*, Vol. 28, No. 4, 696-732.

Berger, A.N. et E. Bonaccorsi di Patti, (2006), "Capital Structure and Firm Performance: A New Approach to Testing Agency Theory and an Application to the Banking Industry", *Journal of Banking and Finance*, 30(4), pp. 1065- 1102.

Bernanke, B.S. Blinder, A.S. (1988), *"Is it money or credit, or both or neither? Credit, money, and aggregate demand"*, American Economic Review, Vol. 78, No. 2, p. 435-439.

Bernstein, P.L 1999, *"Risk, time and reversibility"*, The Geneva Papers on Risk and Insurance, Vol.24, No.2, p. 131-139.

Bertrand, R. (2000), *"Capital requirements and bank behaviour: empirical evidence for Switzerland"*, Working Paper, http://www. szgerzensee.ch

Besanko, D. Kanatas, G. (1996), *"The regulation of bank capital: do capital standards promote bank safety?"*, Journal of Financial Intermediation 5, p. 160-183.
Besci, Z. Wang, P. (1997), *"Financial development and growth"*, in Economic Review, Federal Reserve Bank of Atlanta.
Bhattacharaya, S. Boot, A. Thakor, A. (1998), *"The economics of banking regulation"*, Journal of Money, Credit and Banking, Vol. 30, No. 4, p. 745-770.
Bhattacharaya, S. Thakor, A. (1993), *"Contemporary banking theory"*, Journal of Financial Intermediation, Vol. 3, p. 3-50.
BIS (2001c), *" Nouvel Accord de Bâle sur les Fonds Propres : Note explicative"*, Secrétariat du Comité de Bâle sur le contrôle bancaire.
BIS, (1996a), *"Amendement à l'Accord sur les Fonds Propres pour son Extension aux Risques de Marché"*, Basle Committee on Banking Supervision.
BIS, (1996b), *"Dispositif prudentiel de Contrôle es-post lié à l'Utilisation des Modèles Internes aux fins du Calcul des Exigences de Fonds Propres pour Risques de Marché"*, Basle Committee on Banking Supervision.
BIS, (1996c), *"Vue d'ensemble de l'Amendement à l'Accord sur les Fonds Propres pour son extension aux Risques de Marché"*, Comité de Bâle sur le Contrôle bancaire.
BIS, (1999), *" Un Nouveau Dispositif d'adéquation des Fonds Propres"*, Basle Committee on Banking Supervision.
Blanchard, O. Fischer, S. (1994), *"Lectures on Macroeconomics"*, MIT Press.
Blum, J., (1999), Do capital adequacy requirements reduce risks in banking? *Journal of Banking & Finance, 23*(5), 755-771.
Blundell, R. Bond, S. (1998), "*Initial conditions and moment restrictions in dynamic panel data models*", Journal of Econometrics, Vol. 87 (1998), pp. 115-143.
Boot, A. W. A. et Thakor, A. V., (2000), "Can Relationship Banking Survive Competition?" *The Journal of Finance*, Vol. 55, No. 2, 679-713.
Bortis, H. (1997), *"Institutions, Behaviour and Economic Theory: A contribution to Classical-Keynesian Political Economy"*, Cambridge University Press.
Bosman, N., et Fecher, F., (1992). Une étude comparative de l'efficacité technique du secteur de a santé au sein des pays de l'O.C.D.E, Working Paper, 92/08, CIRIEC, Université de Liège.
Brainard, W. C., (1967), Uncertainty and the Effectiveness of Policy. *The American Economic Review, 57*(2), 411-425.
Britten Jones, M. Schaefer, S. (1998), *"Non-linear Value-at-Risk"*, in Galai, D. Ruthenberg, D. Sarnat, M. Schreiber, B. "Risk Management and Regulation in Banking", Kluwer Academic Publishers.
Calem, P. Rob, R. (1999), "*The impact of capital-based regulation on bank-risk-taking"*, Journal of Financial Intermediation 8, p. 317-352.
Calem, P. S. et Mester, L. J., (1995), "Consumer Behavior and the Stickiness of Credit-Card Interest Rates". *The American Economic Review*, Vol. 85, No. 5, 1327-1336.
Calomiris, C., W., et Gorton, G., (1991), "The Origins of Banking Panics: Models, Facts, and Bank Regulation," NBER Chapters, in: Financial Markets and Financial Crises, pages 109-174 National Bureau of Economic Research, Inc.

Calomiris, C., W., et Kahn, C., M., (1991), "The Role of Demandable Debt in Structuring Optimal Banking Arrangements," American Economic Review, American Economic Association, vol. 81(3), pp: 497-513, June.

Caprio G, (1996), *" Banking on financial reform ? A case of sensitive dependence on initial conditions "*, in Caprio G, Atiyas I, Hanson J, " Fianncial Reform: Theory and Experience ", Cambridge University Press.

Caprio, G. (1998), *"Banking on crises: expensive lessons from recent financial crises"*, Working Papers, World Bank, Washington D.C.

Casu, B. et C. Girardone, (2006), "Bank Competition, Concentration and Efficiency in the Single European Market", *The Manchester School*, 74(4), pp. 441-468.

Caves, D. W., Christensen, L. R., et Diewert, W. E., (1982), The economic theory of index numbers and the measurement of input, output, and productivity. *Econometrica: Journal of the Econometric Society*, 1393-1414.

Cazals, C., Florence, J.P. et L. Simar, (2002), "Non-Parametric Frontier Estimation: A Robust Approach", *Journal of Econometrics*, 106, pp. 1-25.

Cecchetti, S.G. (1999), *"The future of financial intermediation and regulation: an overview"*, Current Issues in Economics and Finance, Federal reserve bank of New York, may 1999, vol.5, No.8.

Chaffai, M. E., (1997), Estimating input-specific technical inefficiency: The case of the Tunisian banking industry. *European Journal of Operational Research, 98*(2), 314-331.

Charnes, A., Cooper, W. et Rhodes, E., (1978), "Measuring the efficiency of decision making units". *European Journal of Operational Research* 6,429-4.

Charnes, A., Cooper, W. W., Lewin, A. Y., et Seiford, L. M., (1994), Introduction. In *Data Envelopment Analysis: Theory, Methodology, and Applications* (pp.3-21). Springer Netherlands.

Chortareas, G., Girardone, C., et Ventouri, A., (2011), "Financial Frictions, Bank Efficiency and Risk: Evidence from the Eurozone," Journal of Business, Finance and Accounting, 38(1-), pp. 259-287.

Chortareas, G., Girardone, C., Ventouri, A., (2012), "Bank supervision, regulation, and efficiency: Evidence from the European Union", Journal of Financial Stability 8, pp:292-302.

Chortareas, G.E. et al. (2010), "Bank supervision, regulation and efficiency: Evidence from the European union", *Journal of financial stability*, vol.(4), pp. 292-302.

Clark, J. A., (1996), "Economic Cost, Scale Efficiency, and Competitive Viability in Banking". *Journal of Money, Credit and Banking*, Vol. 28, No. 3, Part 1, 342-364.

COBAC : Rapports annuels d'activités, de 1993 à 2012.

Coelli, T., (1996), A guide to DEAP version 2.1: a data envelopment analysis (computer) program. *Centre for Efficiency and Productivity Analysis, University of New England, Australia.*

Coggins, B. (1998), *"Does Financial Deregulation work ? A Critique of Free Market Approches"*, Edward Elgar.

Collins, H. (1999), *"Regulating Contracts"*, Oxford University Press.

Colosiez, G. Djelassi, M. (1993), *" La découverte des cycles financiers"*, Revue d'Économie Financière, Vol. 27, p. 109-144.

Colwell, R. J. et Davis, E. P., (1992), "Output and Productivity in Banking". *The Scandinavian Journal of Economics*, Vol. 94, Supplement. S111-S129.

Commission fédérale des banques, (1997), *"Directives relatives à la couverture des risques de marché par des fonds propres "*, Circulaire 97/1.

Couppey, J., et Madiès, P., (1997), L'efficacité de la réglementation prudentielle des banques à la lumière des approches théoriques. *Revue d'économie financière*, 95-124.

Courakis A.S (1989), *" In what sense do compulsory ratios reduce the volume of deposits ? "*, in Goodhart Ch, Currie D, Llewellyn D.T, "The Operation and Regulation of Financial Markets'', London, Macmillan.

Crockett, A, (1997), *" The theory and practice of financial stability "*, Essays in International Finance, No. 203, Princeton.

Crotty, J. (1994), *"Are keynesian uncertainty and macrotheory compatible? Conventional decision making, institutional structures, and conditional stability in keynesian macromodels"*, in Dymski, G. Pollin, R. "New Perspectives in Monetary Macroeconomics", The University of Michigan Press.

Davidson, P. (1982-82), *"Rational expectations: a fallacious foundation for studying crucial decision-making processes"*, Journal of Post Keynesian Economics, Vol V, No. 2,p. 182-198.

Debreu, G., (1959), *Topological methods in cardinal utility theory* (No. 76). Cowles Foundation for Research in Economics, Yale University.

Dell'Ariccia, G., (2000), Learning by lending, competition, and screening incentives in the banking industry. *Wharton School for Financial Institutions, Centre for Financial Institutions Working Paper No. 00-10.*

Dell'Ariccia, G., Friedman, E. et Marquez, R., (1999), "Adverse Selection as a Barrier to Entry in the Banking Industry". *The RAND Journal of Economics*, Vol. 30, No. 3, 515-534.

Demirguc-Kunt, A. Detragiache, E. (1998a), *"Financial liberalisation and financial fragility"*, Working Paper, The World Bank, http:// netec.mcc.ac.uk./WoPec.

Demirguc-Kunt, A. Detragiache, E. (1998b), *"The determinants of banking crises in developing and developed countries"*, IMF Staff Papers, Vol. 45, No. 1.

Demirguc-Kunt, A. Huizinga, H. (2000), "Market discipline and Financial Safety Net Design", Working Paper, The World Bank, http:// netec.mcc.ac.uk./WoPec.

Demirguc-Kunt, A. Levine, R. (2000), *"Bank-based and market-based financial systems: cross-country comparison"*, Working Paper, The World Bank, http:// netec.mcc.ac.uk./WoPec.

Demirgüç-Kunt, A., Córdova, E. L., Pería, M. S. M., et Woodruff, C., (2011), Remittances and banking sector breadth and depth: Evidence from Mexico. *Journal of Development Economics*, *95*(2), 229-241.

Demirguc-Kunt, A., Detragiache, E. et T. Tressel, (2008), "Banking on the Principles: Compliance with Basel Core Principles and Bank Soundness", *Journal of Financial Intermediation*, 17, pp. 511-542.

Demirguc-Kunt, A., Laeven, L. et R. Levine, (2004), "Regulations, Market Structure, Institutions, and the Cost of Financial Intermediation", *Journal of Money, Credit and Banking*, 36, pp. 593-622.

Demirgüç-Kunt, et Detragiache, E., (2002), "Does deposit insurance increase banking system stability? An empirical investigation", Journal of Monetary Economics 49 (7), 1373-1406.

Demsetz, H., (1973), Industry structure, market rivalry, and public policy. *The Journal of Law and Economics*, *16*(1), 1-9.

Dewatripont, M., et Tirole, J., (1993), *La réglementation prudentielle des banques* (No. 2013/9537). ULB--Universite Libre de Bruxelles.

Di Giorgio, G., (1999), Financial development and reserve requirements. *Journal of Banking & Finance*, *23*(7), 1031-1041.

Diamond, D. W. et Dybvig, P. H., (1983), "Bank Runs, Deposit Insurance, and Liquidity". *Journal of Political Economy,* 91, 401-419.

Diamond, D. W. et Dybvig, P. H., (1986), "Banking Theory, Deposit Insurance, and Bank Regulation". *The Journal of Business*, Vol. 59, No. 1, 55-68.

Diamond, D. W. et Rajan, R. G., (2002), "Bank Bailouts and Aggregate Liquidity". *The American Economic Review*, Vol. 92, No. 2, 38-41.

Diamond, D. W., (1984), "Financial Intermediation and Delegated Monitoring". *The Review of Economic Studies*, Vol. 51, No. 3, 393-414.

Dietsch, M., (1993), « Localisation et Concurrence dans la Banque ». *Revue Economique*, Vol. 44, No. 4, 779-790.

Diewert, W., (1974), "Intertemporal Consumer Theory and the Demand for Durables". *Econometrica* 42, 497-516.

Dixit, A. K. et Stiglitz, J. E., (1977), "Monopolistic Competition and Optimum Product Diversity". *The American Economic Review*, Vol. 67, No. 3, 297-308.

Djankov, S., Glaeser, E., La Porta, R.*,(2003),* The new comparative economics. *Journal of comparative Economics*, 2003, vol. 31, no 4, p. 595-619.

Djankov, S., Stijn, C., Fan, J., et Lang, L., (2002), "Disentangling the Incentive and Entrenchment Effects of Large Shareholdings," Journal of Finance, American Finance Association, vol. 57(6), pages 2741-2771, December.

Djimasra, N., (2001), "Décomposition de l'indice de productivité de Malmquist: Une application sur un échantillon des pays africains producteurs de coton" Working paper, Laboratoire d'économie d'Orléans, Université d'Orléans, Décembre.

Donovan, D., (1978), "Modeling the Demand for Liquid Assets: An Application to Canada". *IMF Staff Papers* 25, 676-704.

Dothan, U., et Williams, J., (1980), Banks, bankruptcy, and public regulation. *Journal of Banking & Finance*, *4*(1), 65-87.

Doug, B., (2003), « Miser sur la Concurrence dans le Secteur Bancaire : Résultats du Sondage de la FCEI sur les banques ». Fédération Canadienne de l'Entreprise Indépendante.

Dow, Sh.C. (1996), *"Why the banking system should be regulated"*, The Economic Journal , Vol. 106, p.697-707.

Dowd K, (1996), "*The case for financial laissez-faire''*, The Economic Journal, Vol. 106, p.679-687.

Doytch, N., et Uctum, M, (2011), Does the worldwide shift of FDI from manufacturing to services accelerate economic growth? A GMM estimation study. *Journal of International Money and Finance*, *30*(3), 410-427.

Driffill, J., et Sola, M., (1998), Intrinsic bubbles and regime-switching. *Journal of Monetary Economics*, *42*(2), 357-373.

ECB (2001b), *"The New Basel Capital Accord: Comments of the European Central Bank"*, May 2001.

Ediz, T. Michael, I, Perraudin, W. (1998), *"The impact of capital requirements on U.K. bank behaviour"*, FRBNY Economic Policy Review, October, p.15-22.

Edwards, F. Mishkin, F. (1995), *"The decline of traditional banking: implications for financial stability and regulatory policy"*, Economic Policy Review, Federal Reserve Bank of New York, July 95, p. 27-45.

Elysiani, E. et Mehdian, S., (1990b), "A Non-parametric Approach to Measurement of Efficiency and Technological Change: The Case of Large U.S. Banks." *Journal of Financial Services Research,* 4, 157-68.

Estrella, A., (1996), "Comment on The Behavior of Interest Rates Implied by the Term Structure of Eurodollar Futures". *Journal of Money, Credit and Banking,* Vol. 28, No. 3, 447-451.

European Central Bank (ECB), (2001a), *"The new capital adequancy regime-the ECB perspective"*, Monthly Bulletin, May 2001.

Evanoff, D. D. et Israilevich, P. R., (1995), "Scale Elasticity versus Scale Efficiency in Banking". *Southern Economic Journal*, Vol. 61, No. 4, 1036-1046.

Evans, O. Leone, A. Gill, M. Hilbers, P. (2000), *"Macroprudential Indicators of Financial System Soundeness"*, Occasional Paper 192, International Monetary Fund, Washington DC.

Farrell, M. J., (1957), "The Measurement of Productive Efficiency". *Journal of Royal Statistical Society,* 120, Sec. A, 253-281.

Fouda Ekobena, S.Y., (2014), "Monetary policy and economic growth in the CEMAC zone: A panel data approach" in Elhiraika, Adam et al. (eds), *Regional Integration and Policy Challenges in Africa*, Hampshire, UK, Palgrave Macmillan, December 2014, ISBN: 9781137462077.

Fouda Owoundi, J., P., (2009), « Surliquidité des banques en zone franc : Comment expliquer le paradoxe de la CEMAC ?, *Revue Africaine de l'Intégration*, Vol. 3. No. 2, Octobre.

Friedman, B.M. Kuttner, K.N. (1993), *"Economic activity and the short-term credit markets: an analysis of prices and quantities"*, Brookings Papers on Economic Activity, 2, pp: 193-266.

Friedman, M. (1982), *"Monetary policy: theory and practice"*, Journal of Money, Credit and Banking, XIV/1, p. 98-118.

Furfine, C. (1999), *"Interbank exposures: quantifying the risk of contagion"*, BIS Working Paper, No. 70.

Furlong, F.T. (1992), *"Capital regulation and bank lending"*, Economic Review, Federal Reserve Bank of San Francisco, No.3, p. 23-33.

Furlong, F.T. Keeley, M.C. (1989) *"Capital regulation and bank risk-taking: a note"*, Journal of Banking and Finance 13, p. 883-891.

Galbraith, J.K (1990), *" Brève Histoire de l'Euphorie financière'',* Editions du Seuil.

Garnier, O. (1992), *" La debt-recession américaine de 1990-1991''*, Revue d'Économie financière, No. 20.p. 89-125.

Gehrig, Th. (1995), *"Capital adequacy rules: Implications for banks risk-taking"*, Swiss Journal of Economics and Statistics, Vol. 131 (4/2), p. 747-764.

Gertler M, Rose A, (1996), *"Reforming finance: approaches and importance"*, in Caprio G, Atiyas I, Hanson J, " Financial Reform : Theory and Experience ", Cambridge University Press.

Gertler, M. (1992), *"Financial capacity and output fluctuations in an economy with multiperiod financial relationships"*, Review of Economic Studies, No. 59, p. 455-472.

Giacó, L., et Musso, P., (1998), Réglementation des fonds propres et dynamique de la firme bancaire. *Revue française d'économie*, *13*(2), 289-309.

Goff, B. (1996), *"Regulation and Macroeconomic Performance"*, Boston, London, Dodrecht, Kluwer Academic Publishers.

Gonzalez, F., (2005), "Bank regulation and risk-taking incentives: An international comparison of bank risk", Journal of Banking and Finance 29, 1153-1184.

Greenwald, B.C. Stiglitz, J.E. (1991), *"Macroeconomic models with equity and credit rationing"*, in Hubbard, G. eds. "Asymetric Information, Corporate Finance and Investment", The University of Chicago Press, p. 15-42.

Grigorian, D., and V. Manole, (2006), "Determinants of commercial bank performance in transition: An application of Data Envelopment Analysis", *Comparative Economic Studies* 48, pp. 497-522.

Gurley, J. G. et Shaw, E. S., (1967), "Financial Structure and Economic Development". *Economic Development and Cultural Change*, Vol. 15, No 3, 257-268.

Guttentag, J. Herring, R. (1987), *"Emergency liquidity assistance for international banks"*, in Portes, R. Swoboda, A. "Threats to International Financial Stability", Cambridge University Press.

Hall, M. (1994), *"The measurement and assessment of capital adequacy for banks: a critique of the G-10 Agreement"*, in The Regulation and Supervision of Banks, Vol. III, An Elgar Reference Collection, p. 367-389.

Hansen, L. P., et Sargent, T. ,J., (1982), Instrumental variables procedures for estimating linear rational expectations models. *Journal of Monetary Economics*, *9*(3), 263-296.

Haubrich, J.G. Wachtel, P. (1993), *"Capital requirements and shifts in commercial bank portfolios"*, Economic Review, Federal Reserve Bank of Cleveland, Vol 29, No.3 p. 2-15.

Hebbink, G.E. Prast, H.M. (1998), *"Regulation and banking: a survey"*, De Nederlandische Bank Wo&E Nr. 565.

Hellwig, M. (1995), *"Systemic aspects of risk management in banking and finance"*, Swiss Journal of Economics and Statistics, Vol.131 , No. 4.2, p. 723-737.

Hellwig, M. Blum, J. (1995), *"The macroeconomic implications of capital adequancy requirements for banks"*, European Economic Review, No. 39, p. 739-749.

Herring, R., (2005), "Implementing Basel II: Is the Game Worth the Candle?", *Financial Markets, Institutions and Instruments*, 14, pp. 267-287.

Herring, R., (2004), "How Can the Invisible Hand Prudential Regulation? And How Can Prudential Supervision Strengthen the Invisible Hand?", in Borio, C., Hunter, W., Kaufman, G. and KJ. Tsatsaronis, eds. *Market Discipline across Countries and Industries*, Cambridge, MA: MIT Press, pp. 363-380.

Holmstrom, B., et Tirole J., (1997), "Financial Intermediation, Loanable Funds, and the Real Sector," Quarterly Journal of Economics, Vol. 112, N° 3, pp: 663-692.

Hoshi, T. Kashyap, A. Scharfstein, D. (1991), *"Bank monitoring and investment: Evidence from the changing structure of Japanese corporate banking relationships"*, in Hubbard, G. eds. "Asymetric Information, Corporate Finance and Investment", The Univerity of Chicago Press, p. 105-125.

Houthakker, H. Williamson P, (1996), *"The Economics of Financial Markets"*, Oxford University Press.

Hubbard, G. Kuttner, K.N. Palia, D. (1999), *"Are there bank effects in borrowers' costs of funds? Evidence from a matched sample of borrowers and banks"*, Working Paper, The World Bank, http:// netec.mcc.ac.uk./WoPec.

Hugon P., (2007), « Rentabilité du secteur bancaire et défaillances du financement du développement : le cas de la CEMAC. », Revue Tiers Monde 4/2007 (n° 192) , p. 771-788.

Jackson, P. et al. (1999), *"Capital Requirements and Banking Behaviour: The Impact of the Basel Accord"*, BIS Working Papers, No. 1.

Jalilian H., Kirkpatrick ., and Parker D., (2007), *"The impact of regulation in developing countries: a cross sectional analysis"*, World Development, 35 (1), pp. 87- 103.

James, C. Smith, D., (2000), *"Are banks still special? New evidence on their role in the corporate capital raising process"*, Journal of Applied Corporate Finance, Vol. 13/1, p. 52- 62.

Jayaratne, J. et Strahan, P. E., (1998), "Entry Restrictions, Industry Evolution, and Dynamic Efficiency: Evidence from Commercial Banking". *Journal of Law and Economics*, Vol. 41, No. 1, 239-273.

Jayaratne, J. Strahan, Ph. (1997), *"The benefits of branching deregulation"*, Economic policy Review, December 1997, Vol. 3, No. 4, p. 13-30.

Jeanneney, S. G., et Kpodar, K., (2007), Développement financier, instabilité financière et croissance économique. *Economie & prévision*, (3), 87-111.

Jensen, M.C. (1994), *"Self-Interest, altruism, incentives, and agency theory"*, Journal of Applied Corporate Finance, Vol. 7, No, 2, p. 40-45.

Jensen, M.C. Meckling, W.H. (1976), *"Theory of the firms: managerial behaviour, agency costs and ownership structure"*, Journal of Financial Economics, 3, p. 305-360.

Johnston, B. Jingqing, Ch. Schumacher, L. (2000), *"Assessing financial system vulnerabilities"*, International Monetary Fund, IMF Working Paper 00/76.

Jones, D. (2000), *"Emerging problems with the Basel Capital Accord: regulatory capital arbitrage and related issues"*, Journal of Banking and Finance 24, p. 35-58.

Jones, D. Mingo, J. (1998), *"Industry practices in credit risk modelling and internal capital allocations: implications for a model-based regulatory capital standard"*, Economic Policy Review, Federal Reserve Bank of New York, Vol.4, No.3. p.53-60.

Joseph, A. (1997), « La Crise du Système Bancaire Camerounais ». *Revue TFD*, n° 46, mars – avril 1997.

Joumady, O. (2001), « Liberalisation financière, efficacité de l'allocation de crédit et contraintes de financement de l'investissement des entreprises au Maroc ». *Thèse de Doctorat*, Université d'Auvergne, CERDI, Clermont-Ferrand.

Joumady, O., (2000), *Déréglementation du marché des capitaux et efficiences de l'intermédiation bancaire au Maroc: une analyse micro-économétrique* (Doctoral dissertation, Lyon 2).

Jumbo, E., U., et Ndzana Mekia A., B., (2016), Effets De La Regulation Et Du Developpement Institutionnel Sur Le Secteur Bancaire De La Cemac. *European Scientific Journal*, 2016, vol. 12, no 1.

Kahane, Y., (1977), Rate Making And Regulation In Property Liability Insurance. *Quarterly Review of Economics and Business*, *17*(2), 97-112.

Kaldor, N. (1985), *"How Monetarism failed"*, Challenge, 28 (2), p. 4-13.

Kane, E. J., (1990), Principal-agent problems in S&L salvage. *The Journal of Finance*, *45*(3), 755-764.

Kane, E.J. (1997), *"Ethical foundations of financial regulation"*, Working Paper, National Bureau of Economic Research, Cambridge.

Kashyap, A.K. Stein, J. C. Wilcox, D.W. (1993), *"Monetary policy and credit conditions: Evidence from the composition of external finance"*, American Economic Review, Vol. 83, No. 1, p. 78-98.

Kaufman, G. (1994), *"Bank contagion: a review of the theory and evidence"*, Journal of Financial Services Research, p. 123-150.

Kaufmann, R., K., (1991), "Limits on the Economic Effectiveness of a Carbon Tax," The Energy Journal, International Association for Energy Economics, vol. 0(Number 4), pages 139-144.

Keeley, M.C. Furlong, F.T. (1990), "*A reexamination of mean-variance analysis of bank capital regulation"*, Journal of Banking and Finance 14, p. 69-84.

Kendall, S. B., (1992), Bank regulation under nonbinding capital guidelines. *Journal of Financial Services Research*, *5*(3), 275-286.

Keynes, J.M (1995), *"Théorie Générale de l'Emploi, de l'Intérêt et de la Monnaie"*, Traduit de l'anglais par Jean de Largentaye (Edition originale de 1936), Editions Payot.

Kim, D. Santomero, A. (1988), "*Risk in banking and capital regulation"*, Journal of Finance, Vol. 43 (5), p. 1219-1233.

Koehn, M., et Santomero, A. M., (1980), Regulation of bank capital and portfolio risk. *The journal of finance*, *35*(5), 1235-1244.

Koopmans, T. C., (1951), *Activity analysis of production and allocation* (No. 13). New York: Wiley, (Ed.).

Kroszner, R. (1998), *"Free banking: The Scottish experience as a model for emerging economies"* in Caprio, G. Vittas, D. eds, "Reforming Financial Systems: Historical Implications for Policy", Cambridge University Press.

Kupper, E.F (1999), *"Risk management in banking"*, Australian prudential regulation authority, Working Paper, Juin 1999.

Kydland, F. E., et Prescott, E. C., (1977), Rules rather than discretion: The inconsistency of optimal plans. *The journal of political Economy*, 473-491.

Laeven, L., et Levine, R., (2007), "Complex Ownership Structures and Corporate Valuations," IMF Working Papers 07/140, International Monetary Fund.

Laeven, L., et Levine, R., (2009), "Bank governance, regulation and risk taking," Journal of Financial Economics, Elsevier, vol. 93(2), pages 259-275, August.

Laffont, J. J., (1994), The new economics of regulation ten years after. *Econometrica: Journal of the Econometric Society*, 507-537.

Lee, C. C., et Hsieh, M. F., (2013), The impact of bank capital on profitability and risk in Asian banking. *Journal of international money and finance*, *32*, 251-281.

Leibenstein, H., (1966), Incremental capital-output ratios and growth rates in the short run. *The Review of Economics and Statistics*, 20-27.

Levine, R., (1997), "Financial Development and Economic Growth: Views and Agenda". *Journal of Economic Literature*, Vol. 35, No. 2, 688-726.

Levine, R., (2005), Finance and growth: theory and evidence. *Handbook of economic growth, 1*, 865-934.

Levine, R., (2011), "Regulating finance and regulators to promote growth," Proceedings - Economic Policy Symposium - Jackson Hole, Federal Reserve Bank of Kansas City, pp: 271-311.

Levine, R., Loayza, N., et Beck, T., (1999), *Financial intermediation and growth: causality and causes* (Vol. 310). World Bank Publications.

Llewellyn, D. T., (1999), *The new economics of banking*. Société universitaire européenne de recherches financières.

Malmquist, S., (1953), Index numbers and indifference surfaces. *Trabajos de Estadistica y de Investigacion Operativa, 4*(2), 209-242.

Mason, W. E., (1957), Ricardo's Transfer-Mechanism Theory. *The Quarterly Journal of Economics, 71*(1), 107-115.

Matten Ch, (1999), *"Risk and Capital Management : an Overview"*, Australian prudential regulation authority, Working Paper, Juin 1999.

Mazzoli, M. (1998), *"Credit, Investments and the Macroeconomy"*, Cambridge University Press.

McDonald, J., (2009), "Using Least Squares and Tobit in Second Stage DEA Efficiency Analyses", *European Journal of Operational Research*, 197, pp. 792-798.

Mehran, H., et Thakor, A., V., (2011), "Bank Capital and Value in the Cross-Section," Review of Financial Studies, Society for Financial Studies, vol. 24(4), pages 1019-1067.

Mester, L.J., (1987, a), "A Multiproduct Cost Study of Savings and Loans," Journal of Finance, 42 (1987): 423-45.

Miller, M. (1995), *"Do the M&M propositions apply to banks?"*, Journal of Banking and Finance 19, p. 483-489.

Miller, M. Orr, D. (1966), *"A model of the demand for money by firms"*, Quarterly Journal of Economics, Vol. 80, p. 413-435.

Miller, M. Posner, R. (1978) *"An approach to the regulation of bank holding companies"*, Journal of Business 51, p.379-412.

Miller, R. Modigliani, F. (1958), *"The cost of capital, corporation finance and the theory of investment"*, American Economic Review 48, p. 261-297.

Minsky, H.P. (1990), *"John Maynard Keynes: Finanzierungsprozesse, Investition und Instabilität des Kapitalismus"*, Marburg, Metropolis Verlag.

Minsky, H.P. (1991), *"The financial instability hypothesis: A clarification"*, in Feldstein, M. eds. "The Risk of Economic Crises", The University of Chicago Press, p. 158-166.

Minsky, H.P. (1992), *"The financial instability hypothesis"*, The Jerome Levy Economics Institute of Bard College, Working Paper No. 74.

Mishkin, F. (1991) *"Anatomy of financial crisis"*, NBER Working Paper 4636.

Mishkin, F. (1999), *"Global financial instability: framework, events, issues"*, *Journal of Economic Perspectives*, Vol 13, No. 4, p. 3-20.

Modigliani, F., et Miller, M. H., (1958), The cost of capital, corporation finance and the theory of investment. *The American economic review, 48*(3), 261-297.

Naceur, S. B., et Omran, M., (2011), The effects of bank regulations, competition, and financial reforms on banks' performance. *Emerging markets review*, *12*(1), 1-20.

Orio, L. Quiles, J.J. (1993), *« L'économie keynésienne : un Projet radical »*, Nathan.

Olson, M. (1983), *"Grandeur et Décadence des Nations"*, Paris, Bonnel.

Paroush, J. (1988), *"Domino effect and the supervision of banking system"*, Journal of Finance, Vol. 43, No. 5, p. 1207-1218.

Pasiouras, F., (2008), "International Evidence on the Impact of Regulations and Supervision on Banks' Technical Efficiency: An Application of two-stage Data Envelopment Analysis", *Review of Quantitative Finance and Accounting*, 30 (2), pp. 187-223.

Pasiouras, F., Gaganis, C. et Zopounidis, C. (2006), "The Impact of Bank Regulations, Supervision, Market Structure, and Bank Characteristics on Individual Bank Ratings: A Cross-Country Analysis", *Review of Quantitative Finance and Accounting*, 27 (4), pp. 403-438.

Pasiouras, F., Tanna, S. et Zopounidis, C. (2009), "The Impact of Banking Regulations on Banks' Cost and Profit Efficiency: Cross-Country Evidence", *International Review of Financial Analysis*, 18, pp. 294-302.

Pedroni, P., (1996), Fully modified OLS for heterogeneous cointegrated panels and the case of purchasing power parity. *Documento de Trabalho.*

Pedroni, P., (2000), Fully Modified Ols For Heterogeneous Cointegrated Panels.

Peltzman, S. (1976), *"Toward a more general theory of regulation"*, Journal of Law and Economics, Vol. 19, No. 4, p. 211-240.

Pessarossi, P., et Weill, L., (2013) "Do capital requirements affect bank efficiency? Evidence

Pigou, A. C., (2013), *The economics of welfare*. Palgrave Macmillan.

Posner, R.A. (1974), *"Theories of economic regulation"*, Bell Journal of Economics and Management Science, Vol.5, p.337-52.

Pyle, D.H (1998), *"Bank risk management theory"*, in Galai D, Ruthenberg D, Sarnat M, Schreiber B, "Risk Management and Regulation in Banking", Kluwer Academic Publishers.

Quintyn, M., et Taylor M., (2002), "Regulatory and Supervisory Independence and Financial Stability," IMF Working Papers 02/46, International Monetary Fund.

Rangan, N., Grabowski, R., Pasurka, C. et Aly, H., (1990), "Technical, Scale and Allocative Efficiencies in U.S. Banking: An Empirical Investigation". *Review of Economics and Statistics*52, 2 11-8.

Rao, D. P., et Coelli, T. J., (2004), Catch-up and convergence in global agricultural productivity. *Indian Economic Review*, 123-148.

Ray, S., C., (2004), Data envelopment analysis. *Theory and techniques for economics and Operations.*

Rochat J.Ch, (1991), *"Déréglementation et risque du secteur bancaire"*, Revue d'Économie Financière, No. 19, p. 57-68.

Rochet, J-C., (1992), « Concurrence Imparfaite et Stratégie Bancaire ». *Revue Economique*, Vol. 43, No. 2, 261-275.

Roodman, D., (2007), The anarchy of numbers: aid, development, and cross-country empirics. *The World Bank Economic Review*, *21*(2), 255-277.

Roodman, D., (2009), A note on the theme of too many instruments. *Oxford Bulletin of Economics and statistics*, *71*(1), 135-158.

Saidenberg, M. Strahan, Ph. (1999), *“Are banks still important for financing large businesses“*, Current issues in economic and finance, Federal Reserve Bank of New York, August 1999, Vol. 5/12.
Santos, J. (1999), *“Bank capital and equity investment regulations”*, Journal of Banking and Finance 23, p. 1095-1120.
Santos, J. (2000), *“Bank Capital Regulation in contemporary banking theory: a review of the literature”*, BIS Working Papers No. 90.
Sassenou, M., (1992), « Économies des Coûts dans les Banques et les Caisses d’Epargne, Impact de la Taille et de la Variété de Produits ». *Revue Economique*, Vol. 43, No. 2, 277-300.
Saunders, A. (1987), *“The inter-bank market, contagion effects and international financial crises”* in Portes, R. Swoboda, A. “Threats to International Financial Stability”, Cambridge University Press.
Schaeck, K., Cihak, M. et S. Wolfe, (2009), “Are Competitive Banking Systems More Stable?”, *Journal of Money, Credit and Banking*, 41(4), pp. 711-734.
Schmit, J. T. et Roth, K., (1990), “Cost Effectiveness of Risk Management Practices”. *The Journal of Risk and Insurance*, Vol. 57, No. 3, 455-470.
Schure, P., Wagenvoort, R. et D. O’ Brien, (2004), “The Efficiency and the Conduct of European Banks: Developments after 1992”, *Review of Financial Economics*, 13, pp. 371-396.
Schwarz, A. Bordo, M.D. Mizrach, B. (1995), *“Real versus pseudo-international systemic risk : some lessons from history”*, NBER Working Paper 5371.
Sevestre, P., (2002), *Econométrie des données de panel* (pp. 109-152). Paris: Dunod.
Shaffer, S., (1998), The winner’s curse in banking. *Journal of Financial Intermediation, 7*(4), 359-392.
Sheldon G, Maurer, M. (1998), *“Interbank lending and systemic risk: an empirical analyse for Switzerland”*, Swiss Journal of Economics and Statistics, Vol. 134, No. 4.2, p.685-704.
Shleifer, A. Summers, L.H (1990), *“The noise trader approach to finance”*, Journal of Economic Perspectives, Vol. 4, No. 2, p. 19-34.
Shleifer, A., et Vishny, R., W., (1989), "Management entrenchment: The case of manager-specific investments," Journal of Financial Economics, Elsevier, vol. 25(1), pp:123-139, November.
Shrieves, R. Dahl, D. (1992), *“The relationship between risk and capital in commercial banks”*, Journal of Banking and Finance 16, p. 439-457.
Shrieves, R. Dahl, D. (1995), *“Regulation, recession, and bank lending behaviour: the 1990 credit crunch”*, Journal of Financial Services Research 9, p. 5-30.
Smith, A. (1776), *“An Inquiry into the Nature and Causes of the Wealth of Nations”*, Ed. Campbell, R.H. Skinner, A.S et Todd, W.B, Oxford, Clarendon Press.
Snowdon, B. Wynarczyk P. (1997), *"La Pensée Économique Moderne : Guide des grands Courants de Keynes à nos jours"*, Ediscience International.
Sprenger, M. (2001), *“Operationelle Risiken”*, Papier présenté dans le séminaire " La nouvelle Régulation du capital propre selon le Comité de Bâle de surveillance bancaire '', 4 mai Basel.
Stavarek, D., (2004), “Banking efficiency in Visegrad countries before joining the European Union” *European Review of Economics and Finance,* 3, pp. 129-167.

Stein, J.C (2002), *"Commentary on Does Bank Capital matter for monetary transmission?"*, in Financial Innovation and Monetary Transmission, FRBNY Economic Policy Review, p. 267-270.

Stigler, G.J. (1971), *"The theory of economic regulation"*, Bell Journal of Economics and Management Science, Vol. 2, p. 3-21.

Stiglitz, E.J Weiss, A. (1991), *"Credit rationing in markets with imperfect information"*, in Mankiw G, Romer D, New Keynesian Economics, Volume 2, ed., MIT Press.

Stiglitz, J.E., (1994), "The Role of the Statein Financial Markets", *Proceedings of the World Bank Annual Conference on Development Economics*, The World Bank, pp.19-52.

Stosic, B. et M.C. Sampaio de Sousa, (2003), "Jackstrapping DEA Scores for Robust Efficiency Measurement", *Anais do XXV Encontro Brasileiro de Econometria SBE*, pp. 1525-1540.

Sundarajan, V. Balino, T. (1991), *"Issues in recent banking crises"*, in Hubbard, G. "Asymetric Information, Corporate Finance and Investment", University of Chicago Press.

Syron, R.F. (1991), *"Are we experiencing a credit crunch?"*, New England Economic Review, Federal Reserve Bank of Boston, July/August, p. 3-10.

Tartari, D., (2002), « De la régulation en matière des capitaux propres du système bancaire », Thèse de doctorat, Université de Fribourg.

Thakor, A.V. Wilson, P.F. (1995), *"Capital Requirements, loan renegotiations and the borrower's choice of financing source"*, Journal of Banking and Finance 19, p. 693-711.

Tirole, J., (1993), « On banking and intermediation », *European Economic Review*, Vol. 38(3-4), pp. 469-487, April.

Tirole, J., (2014), « Les contours de l'activité bancaire et l'avenir de sa régulation », *Revue française d'économie*, 2014/3 Volume XXIX, p. 93-109.

Tobin, J. (1958), *"Liquidity preference as behaviour towards risk"*, Review of Economic Studies, Vol. 25, p. 65-86.

Tobin, J. (1992), *"Financial Intermediaries"*, in The New Palgrave Dicionary of Money and Finance, Maximillan Press Limited, p. 77-85.

Tricou, J. (2000) *"La profession bancaire fait des propositions à Bâle"*, Banque magazine, No. 614.

Triki, T., Kouki, I., Dhaou, M. B., et Calice, P., (2013), "Bank Regulation and Efficiency: What Works for Africa? ", African Development Bank Work Paper series.

Tsetsekos G, Varangis P, (1997) *"The structure of derivatives exchanges: lessons from developed and emerging markets"*, World Bank, Working Paper, December 1997.

Tulkens, H., (1990), "Non-parametric Efficiency Analyses in Four Service Activities: Retail Banking, Municipalities, Courts and Urban Transit". CORE DP 9050, Université Catholique de Louvain.

Van den Heuvel, S. (2002), *"Does bank capital matter for monetary transmission?"*, in Financial Innovation and Monetary Transmission, Federal Reserve Bank of New York, Vol. 8, No. 1. p. 259-266.

Van Hoose, D., (2007), "Theories of Bank Behaviour under Capital Regulation", *Journal of Banking and Finance*, 31, pp. 3680-3697.

Vassiloglou, M. et Giokas, D., (1990), “A Study of the Relative Efficiency of Bank Branches: An Application of Data Envelopment Analysis”. *The Journal of the Operational Research Society*, Vol. 41, No. 7, 591-597.

Wagster, J.D. (1996), *“Impact of the 1988 Basle Accord on international banks”*, Journal of Finance, Vol. LI, No. 4, p. 1321-1346.

Wagster, J.D. (1999), *“The Basle Accord of 1988 and the international credit crunch of 1989- 1992”*, Journal of Financial Services Research, 15 (2), p. 123-43.

Wakeman L, (1996), *“ Credit enhancement ”*, in Alexander C, “The Handbook of Risk Management and Analysis”, John Wiley & Sons.

Walter, Ch. Feghali, R. (2000), *“Value-at-risk: du modèle de risque au risque de modèle”*, Banque Magazine, No.614.

Weill, L., (2013), "Bank competition in the EU: How has it evolved?," Journal of International Financial Markets, Institutions and Money, Elsevier, vol. 26(C), pp: 100-112.

Wenninger, J. (2000), *“The emerging role of banks in e-commerce”*, Current Issues in Economics and Finance, Vo.6, No.3.

West, E., (1997), *“Adam Smith’s support for money and banking regulation: a case of inconsistency”*, Journal of Money, Credit and Banking, February, p. 127-134.

Whalen, E. L., (1966), *“A rationalisation of the precautionary demand for cash”*, Quarterly Journal of Economics, Vol. 80, p. 314-324.

Wheelock, D. C. et Wilson, P. W., (1999), Technical Progress, Inefficiency, and Productivity Change in U.S. Banking, 1984-1993. *Journal of Money, Credit and Banking*, Vol. 31, No. 2, 212-234.

Wheelock, D. C. et Wilson, P. W., (2000), “Why Do Banks Disappear? The Determinants of U.S. Bank Failures and Acquisitions”. *The Review of Economics and Statistics*, Vol. 82, No. 1, 127-138.

Wray, R.L. (1992), *“Minsky’s financial instability hypothesis and the endogeneity of money”*, in Fazzari, S. et Papadimitriu, D.B. eds. “Financial Conditions and Macroeconomic Performance: Essays in Honour of Human Minsky”, M.E. Sharpe, p. 161-180.

Yanelle, M.O. (1997), *“Le risque bancaire”*, Problèmes Économiques, No.2506, p.22-28.

Yildirim, H.S. et G.C. Philippatos, (2007), “Efficiency of Banks: Recent Evidence from the Transition Economies of Europe (1993-2000)”, *European Journal of Finance*,13 (2), pp. 123-143.

ANNEXES

Annexe 0.1. Évolution de la rentabilité des banques dans la zone CEMAC entre 1993 et 2011 (en millions de FCFA).

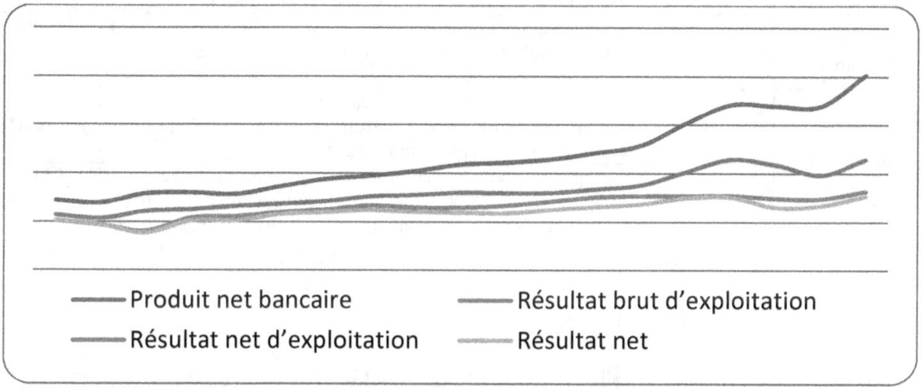

Source : construit par l'auteur à partir des données de la COBAC.

Annexe 0.2 : évolution du nombre de banques respectant les normes prudentielles dans la zone CEMAC entre 1998 et 2011.

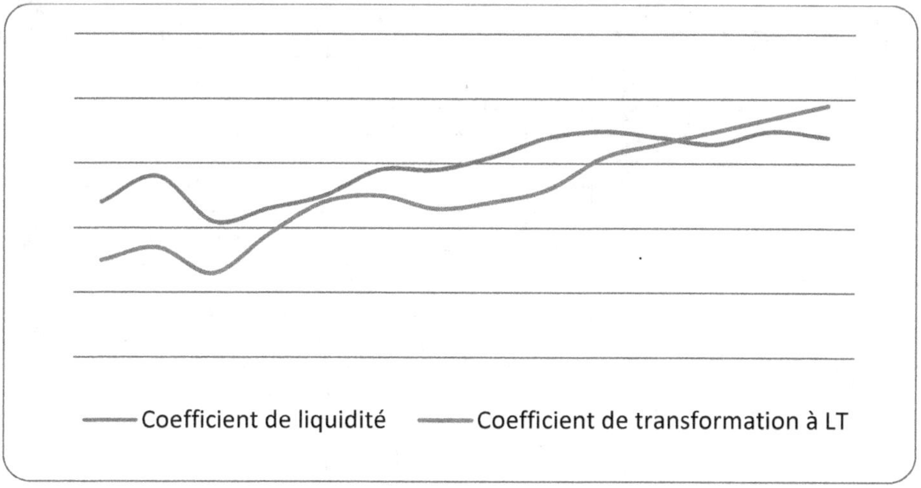

Source : construit par l'auteur à partir des données de la COBAC.

Annexe 1.1. Liste des banques par pays dans la sous-région CEMAC au 31/12/2011

PAYS	NOMBRE DE BANQUES	BANQUES
Cameroun	13	Afriland First Bank, Banque atlantique Cameroun, Banque internationale de Cameroun pour l'épargne et le crédit, BGFI Cameroun, CA-Crédit lyonnais Cameroun SA, Citibnak NA Cameroon, Commercial bank of Cameroon, Ecobank cameroun SA, National FinancialCredit, Société Général de banques au Cameroun, Standard chartered Bank Cameroon, Union Bank of Cameroon PLC, United Bank for Africa
Congo	7	Afriland First Bank, Banque Espirito Santo Congo, BGFI Bank Congo, Cofipa Investment Bank Congo, Créditlyonnais Congo (CLCO), Ecobank Congo, la Congolaise de banque
Gabon	9	Banque de l'habitat du Gabon, Banque gabonaise de développement, Banque internationale pour le commerce et l'industrie du Gabon, BGFI Bank Gabon, Citibank NA Gabon, Ecobank Gabon, Financial Bank Gabon, Union gabonaise de banque, Banque de l'Habitat Gabon
Guinée Equatoriale	4	Banco National de Guinea Ecuatorial, BGFI Bank Guinée Equatoriale, CCEI Bank Guinée Equatoriale, Société générale des banques en Guinée Equatoriale
RCA	4	Banque Populaire Maroco-centrafricaine, Commercial Bank Centrafrique, Ecobank Centrafrique, Banque sahélo-sahélienne pour l'investissement et le commerce en Centrafrique
Tchad	8	Banque agricole et commerciale, Banque commerciale du Chari, Banque sahélo-sahélienne pour l'investissement et le commerce au Tchad, Commercial bank Tchad, Ecobank Tchad, Orabank Tchad, Société générale tchadienne de banque, United Bank for Africa Tchad
TOTAL	45	

Source : Rapport COBAC (2011).

Annexe 1.2. Nombre de banques et de guichets dans les pays de la CEMAC à la fin 2011

Pays	Cameroun		Centra-frique		Congo		Gabon		Guinée Equatoriale		Tchad		*CE-MAC*
Exer-cice	*Ban-ques*	*Gui-chets*	*Ban-ques*	*Gui-chets*	*Ban-ques*	*Gui-chets*	*Ban-ques*	*Gui-chets*	*Ban-ques*	*Gui-chets*	*Ban-ques*	*Gui-chets*	*Ban-ques*
1993	8	109	3	5	5	20	9	32	1	2	4	10	30
1994	9	106	3	4	4	17	8	31	1	2	4	9	29
1995	8	105	3	4	4	17	8	31	2	3	4	9	29
1996	8	107	3	5	4	16	7	29	2	3	4	9	28
1997	6	72	3	5	4	14	9	30	2	3	6	11	30
1998	8	77	3	5	4	15	8	29	2	4	6	12	31
1999	9	78	3	5	4	15	8	34	2	4	6	12	32
2000	9	83	3	6	4	19	6	33	2	5	6	13	30
2001	10	86	3	5	4	21	5	30	3	7	6	14	31
2002	10	88	3	5	4	21	6	33	3	7	6	16	32
2003	10	90	3	5	4	22	6	32	3	8	6	16	32
2004	10	96	3	6	4	28	6	33	3	10	7	18	33
2005	10	103	3	6	4	33	6	35	3	10	7	17	33
2006	11	118	3	7	4	33	6	36	4	13	7	16	35
2007	12	128	4	7	5	37	7	39	4	14	7	20	39
2008	12	128	4	12	7	46	7	43	4	14	9	20	43
2009	12	141	4	17	7	48	9	45	4	14	9	28	45
2010	12	164	4	21	6	50	9	47	4	14	9	39	44
2011	13	185	4	22	7	51	9	58	4	15	8	37	45

Source : Rapports COBAC 1993 à 2011

Annexe 2.1. Évolution des dépôts de la clientèle en zone CEMAC (en millions de FCFA)

	Cameroun	Centrafrique	Congo	Gabon	Guinée E.	Tchad	Total
1993	473634	16439	89923	197929	3191	23072	804188
1994	585777	26821	89798	263595	3597	31912	1001500
1995	630263	33149	100928	286605	4353	39105	1094403
1996	659818	32455	97340	342603	8176	51529	1191921
1997	530561	38942	119574	331256	9892	65495	1095720
1998	575951	32020	117997	394122	17629	61236	1198955
1999	663708	29759	109746	333825	28413	58519	1223970
2000	840518	33340	224850	487706	39069	72640	1698123
2001	950974	34114	116916	490416	73545	83779	1749744
2002	1143691	34012	165174	510102	125653	105725	2084357
2003	1158944	30540	151773	508906	154614	100256	2105033
2004	1238201	33945	188828	583095	199229	114447	2357745
2005	1366357	43593	268513	739348	356222	138632	2912665
2006	1549549	49735	372923	842912	375983	208738	3399840
2007	1772718	67043	446717	1384704	513322	233775	4418279
2008	1971603	74199	598759	985955	785455	268957	4684928
2009	2 159 448	92 698	653 263	1 033 987	837 816	300 850	5 078 062
2010	2 407 155	102 425	934 999	1 258 405	1 060 501	399 844	6 163 329
2011	2 690 743	116 805	1 389 427	1 645 323	1 099 828	435 827	7 377 953

Source : Rapports COBAC 1993 à 2011

Annexe 2.2. Évolution des crédits bruts et nets en zone CEMAC (en millions de FCFA)

Pays	Cameroun		Centrafrique		Congo	
Exercice	*Bruts*	*Nets*	*Bruts*	*Nets*	*Bruts*	*Nets*
1993	485697	438377	22308	17803	132968	89698
1994	517778	474136	21060	15479	131945	81157
1995	558189	507570	29263	22851	121864	78715
1996	597438	509813	26778	20585	129268	79711
1997	338287	295717	23931	24397	93225	93343
1998	454000	388935	38412	30623	151360	93826
1999	497846	417305	40688	32373	169298	79183
2000	632467	550752	45586	36371	176905	73302
2001	702474	616476	52237	40477	121464	80942
2002	769159	670481	54702	41964	85601	85477
2003	858052	760647	54807	39520	91163	90544
2004	873647	776191	60188	44665	106977	105054
2005	970574	867253	62140	45577	90500	87926
2006	1005154	894920	69433	52096	102216	101273
2007	1081924	956799	74763	55863	115876	113330
2008	1318402	1179930	91004	75673	202063	199280
2009	1 428 650	1 283 496	92 038	77 644	258 945	255 047
2010	1 600 577	1 422 875	116 059	101 088	379 323	374 593
2011	1 870 819	1 648 927	125 969	111 532	544 280	537 999

Pays	Gabon		Guinée Equatoriale		Tchad	
Exercice	*Bruts*	*Nets*	*Bruts*	*Nets*	*Bruts*	*Nets*
1993	277364	255881	2470	2470	45211	34574
1994	363139	339471	3125	2641	33467	24624
1995	385645	363690	3518	3024	39992	31051
1996	341583	319284	6187	5586	44048	33933
1997	383801	385529	12080	12156	75214	62481
1998	460474	446389	14975	12506	69518	58590
1999	451954	436400	17105	14692	26721	60806
2000	432830	414303	31444	28793	71702	56224
2001	495483	468291	40563	36907	86166	73264
2002	545270	503396	62311	58289	86036	72867
2003	501198	446292	60523	53247	105405	91233
2004	463129	405945	95412	86235	112270	97212
2005	473185	418801	116474	103086	147568	131315
2006	557535	505297	154453	135755	160009	143797
2007	650141	611028	214317	191550	155034	140398
2008	644235	604816	420395	388526	221534	209084
2009	681 385	646 581	467 253	431 822	256 379	239 164
2010	818 414	787 025	627 689	587 841	294 957	268 628
2011	1 161 108	1 117 182	790 513	745 952	327 784	303 583

Source : Rapports COBAC 1993 à 2011

Annexe 2.3. Évolution des créances douteuses en zone CEMAC (en millions de FCFA)

	Cameroun	Centrafrique	Congo	Gabon	Guinée E.	Tchad	CEMAC
1993	134605	6815	73295	44227	58	13419	272419
1994	141717	7212	64829	59450	615	11039	284862
1995	143169	8341	50299	28631	580	11475	242495
1996	155967	8631	55063	25738	618	12821	258838
1997	97058	11668	57401	22832	870	13476	203305
1998	96476	11529	73736	21384	2489	13974	219588
1999	96452	10177	97194	33128	3075	14478	254504
2000	109622	11676	106799	28632	3074	21460	281263
2001	109978	15380	48222	43016	4249	17802	238647
2002	121873	14971	938	62648	5457	16808	222695
2003	120814	16982	3241	69378	11177	18299	239891
2004	99667	19445	2065	66767	11297	17430	216681
2005	104123	17433	2690	63328	18639	19111	225324
2006	116163	18723	917	57778	20916	18860	233357
2007	120998	19488	2512	45317	21549	15750	225614
2008	142578	16797	2516	44191	23032	12459	241573
2009	140 158	15 384	2 866	38 396	40 225	21 439	258 468
2010	199 178	15 361	4 170	34 580	33 532	31 389	318 210
2011	229 387	15 774	6 094	36 491	33 467	26 406	347 619

Source : Rapports COBAC 1993 à 2011

Annexe 2.4. Évolution des provisions pour créances douteuses en zone CEMAC (en millions de FCFA)

	Cameroun	Centrafrique	Congo	Gabon	Guinée E.	Tchad	CEMAC
1993	47320	4505	43270	21483	0	11370	127948
1994	43642	50248	23668	484	5580	12042	135664
1995	50619	6412	43149	21955	495	8941	131571
1996	87625	6193	49557	22299	601	10115	176390
1997	49419	7055	50511	17816	852	10952	136605
1998	65065	7789	57534	14085	2469	10928	157870
1999	80541	8315	90115	15554	2413	12686	209624
2000	74720	9186	111298	21107	2367	13012	231690
2001	85998	11760	40522	27192	3656	12902	182030
2002	98678	12738	124	41874	4022	13169	170605
2003	97405	15287	619	54906	7276	14172	189665
2004	97456	15523	1923	57184	9177	15058	196321
2005	103321	16563	2574	54384	13388	15953	206183
2006	110234	17337	943	52238	18698	16212	215662
2007	125125	18900	2546	39113	22767	14636	223087
2008	138472	15331	2783	39419	31869	12450	240324
2009	145 154	14 394	3 898	34 804	35 431	17 215	250 896
2010	177 702	14 971	4 730	31 389	39 848	26 329	294 969
2011	221 892	14 437	6 281	43 926	44 561	24 201	355 298

Source : Rapports COBAC 1993 à 2011

Annexe 2.5. Évolution des contrôles de la COBAC entre 1993 et 2011

Pays	Cameroun		Centrafrique		Congo		Gabon		Guinée Equatoriale		Tchad	
Année	*Routine*	*Ponctuel*	*Routine*	*Ponctuel*	*Routine*	*Ponctuel*	*Routine*	*Ponctuel*	*Routine*	*Ponctuel*	*Routine*	*Ponctuel*
1993	0	0	0	0	0	0	0	0	0	0	0	0
1994	3	7	1	1	6	0	2	0	1	0	0	2
1995	1	9	1	5	0	3	3	5	0	2	1	3
1996	2	9	1	4	1	13	0	7	0	1	2	5
1997	1	5	0	0	0	6	2	2	0	1	1	2
1998	1	3	0	2	0	3	1	0	0	1	2	3
1999	5	8	1	3	0	3	1	8	0	0	0	6
2000	8	9	1	2	5	8	0	4	3	6	1	3
2001	3	8	2	3	0	6	2	10	1	2	2	9
2002	5	10	1	4	3	2	2	8	0	3	2	7
2003	5	9	0	3	2	4	2	3	2	2	2	1
2004	5	12	0	3	2	4	2	4	1	1	3	2
2005	2	9	0	3	2	4	2	4	1	1	1	2
2006	2	13	2	2	0	4	1	0	0	0	1	0
2007	2	15	0	3	0	0	2	3	2	2	2	8
2008	2	15	0	3	0	0	2	3	2	2	2	8
2009	2	8	1	1	0	1	1	3	1	2	1	3
2010	1	2	1	2	0	2	2	2	0	2	2	2
2011	2	15	0	0	0	0	0	0	0	1	0	0

Source : Rapports COBAC 1993 à 2011

Annexe 3.1. Résultats des tests de racine unitaire IPS

Variable	Test IPS (en seuil)	Test IPS (en difference)	Valeur critique	Decision
EFF	-7.088	-4.244*	1% -4.032 5% -3.447 10% -3.147	Stationnaire
DPT	-9.046*	-8.460*	1% -4.032 5% -3.447 10% -3.147	Stationnaire
NIM	-9.772*	-6.741*	1% -4.032 5% -3.447 10% -3.147	Stationnaire
CEB	-4.655*	-4.712*	1% -4.032 5% -3.447 10% -3.147	Stationnaire
CDT	-3.809**	-4.347**	1% -4.032 5% -3.447 10% -3.147	Stationnaire
LNTA	-4.135*	-3.150 ***	1% -4.032 5% -3.447 10% -3.147	Stationnaire
IHH	-5.845*	-6.342*	1% -4.032 5% -3.447 10% -3.147	Stationnaire
PIB	-3.368**	-3.272***	1% -4.032 5% -3.447 10% -3.147	Stationnaire
INFLA	-7.014*	-6.650*	1% -4.032 5% -3.447 10% -3.147	Stationnaire

Note : les symboles *, ** et *** représentent le seuil de significativité respectivement 1% , 5% et 10%.

Source : construit par l'auteur à partir des résultats obtenus du logiciel Stata.

Annexe 3.2. Test de Fisher

```
 Fixed-effects (within) regression                    Number of obs
                               =       651
Group variable: id                                   Number of groups
                               =         6

 R-sq:  within = 0.6659                               Obs per group:
                          min =            1
 between = 0.0740                                              avg =
                                     19.7
 overall = 0.0604                                              max =
                                     13

                         F(4,108)              =       53.81
    corr(u_i, Xb)   = -0.9488                            Prob > F
                               =    0.0000

------------------------------------------------------------------
                          -------------
 lneff |         Coef.   Std. Err.       t     P>|t|      [95% Conf.
                          Interval]
-------------+----------------------------------------------------
                          -------------
   lnd |    .7734696   .0684435     11.30    0.000      .6378026
                          .9091365
 lnn |  -1.092692   .1605494     -6.81    0.000    -1.410929    -
                          .7744553
   lnc |       .05355   .0103399       5.18    0.000      .0330545
                          .0740455
   lnc |    1.714387   .1612568     10.63    0.000      1.394748
                          2.034026
 lnn |  -1.092692   .1605494     -6.81    0.000    -1.410929    -
                          .7744553
   lni |       .05355   .0103399       5.18    0.000      .0330545
                          .0740455
  _cons |    6.030604    .5623562     10.72    0.000      4.915916
                          7.145291
-------------+----------------------------------------------------
                          -------------
                          sigma_u |   4.8857425
                          sigma_e |   .79599799
      rho |   .97414257    (fraction of variance due to u_i)
------------------------------------------------------------------
                          -------------
         F test that all u_i=0:      F(5, 108) =     48.92
                         Prob > F = 0.0000
```

Source : construit par l'auteur à partir des résultats obtenus du logiciel Stata.

Annexe 3.3. Test de normalité des résidus

```
. predict residu
(option xb assumed; fitted values)
. sktest residu
```

Skewness/Kurtosis tests for Normality
------- joint ------
Variable | Pr(Skewness) Pr(Kurtosis) adj chi2(2) Prob>chi2
-------------+--
residu | 0.000 0.000 46.24 0.0000

Source : construit par l'auteur à partir des résultats obtenus du logiciel Stata.

Les résultats du test de normalité des résidus présentés ci-dessus, nous amènent à ne pas rejeter l'hypothèse nulle et donc, à conclure à une distribution des éléments aléatoires de notre modèle selon une loi normale.

Annexe 3.4. Test de Breusch – Pagan

```
Breusch and Pagan Lagrangian multiplier test for random effects

        lneff[id,t] = Xb + u[id] + e[id,t]

        Estimated results:
                             |       Var     sd = sqrt(Var)
                    ---------+-----------------------------
                       lneff |   2.672596        1.634807
                           e |   .6336128         .795998
                           u |   .0262219        .1619318

        Test:   Var(u) = 0
                                  chi2(1) =    17.15
                              Prob > chi2 =     0.0000
```

Source : construit par l'auteur à partir des résultats obtenus du logiciel Stata

Annexe 3.5. Test de Haussman

---- Coefficients ----				
	(b)	(B)	(b-B)	sqrt(diag(V_b-V_B))
	fixed	.	Difference	S.E.
-------------+---------------------------- ----------------------------------				
dpt	-.0347269	-.0369357	.0022088	.
nim	.0210157	-.0379571	.0589729	.
ceb	-.0381391	-.0020269	-.0361122	.
cdt	-.2747659	-.3440409	.069275	.1184773
lnta	.0062346	.0454658	-.0392312	.
ihh	.2126511	.3621298	-.1494787	.0256411
pib	-.0418687	-.0328064	-.0090622	.001723
infla	.1253274	.0050688	.1202586	.0660543
--				
b = consistent under Ho and Ha; obtained from xtreg				
B = inconsistent under Ha, efficient under Ho; obtained from xtreg				
Test: Ho: difference in coefficients not systematic				
chi2(8) = (b-B)'[(V_b-V_B)^(-1)](b-B)				
= 25.72				
Prob>chi2 = 0.0012				
(V_b-V_B is not positive definite)				

Source : construit par l'auteur à partir des résultats obtenus du logiciel Stata

Les résultats du test de Hausman ci-dessus, nous amènent à ne pas rejeter l'hypothèse nulle. Le modèle à effets aléatoires peut donc être retenu pour estimer notre modèle.

Annexe 4.1. Résultats de l'estimation du modèle pour chaque pays.

CAMEROUN

Dépendent Variable : Method : GMM	EFF (1)	EFF (2)
VARIABLES	Coefficient	Coefficient
EFF (-1)	0.801***	0.680***
	(8.796)	(2.812)
RST	-0.091**	-0.186**
	(-2.861)	(-2.521)
ADPT	0.081***	0.091***
	(7.450)	(3.524)
CAPRQ	-0.062**	-0.008*
	(-2.971)	(-1.957)
CONTES	-0.011***	-0.092***
	(-3.340)	(-1.964)
INFO	-0.045*	-0.241***
	(-2.460)	(-2.996)
SPWR	0.006	0.012
	(2.834)	(1.587)
DPT	0.002	0.018
	(1.502)	(1.258)
NIM	0.024	0.017
	(0.170)	(0.183)
CEB	-0.019	-0.021
	(-1.231)	(-1.146)
CDT	0.034*	0.028
	(1.942)	(1.282)
LNTA	0.041**	0.106**
	(2.962)	(2.914)
ACT	-0.015***	-0.023***
	(-3.580)	(-2.954)
IHH	-0.131*	-0.084*
	(-2.041)	(-2.128)
PIB	0.041***	0.049***
	(3.823)	(3.342)
IPC	-0.036*	-0.187*
	(-1.980)	(-1.997)
DBUSS	0.003**	0.002**
	(2.830)	(2.858)
FINCRISIS	-0.015	-0.012
	(-0.410)	(-0.756)
Constant	0.097	0.071
	(0.110)	(0.241)
AR (2)	-0.559	-0.721
P-value AR (2)	(0.571)	(0.464)
Sargan Statistics	21.254	29.281
P-value Sargan	(0.238)	(0.255)
Observations	187	187

*** p<0.01, ** p<0.05, * p<0.

(1) : efficience technique totale ; (2) : efficience technique pure.

Source : estimations de l'auteur.

RCA

Dépendent Variable : Method : GMM	EFF (1)	EFF (2)
VARIABLES	Coefficient	Coefficient
EFF (-1)	0.654***	0.621***
	(8.800)	(2.951)
RST	-0.096**	-0.172**
	(-2.940)	(-2.423)
ADPT	0.076***	0.089***
	(7.450)	(3.524)
CAPRQ	-0.062**	-0.008*
	(-2.971)	(-1.957)
CONTES	-0.011***	-0.092***
	(-3.340)	(-1.964)
INFO	-0.045*	-0.241***
	(-2.460)	(-2.996)
SPWR	0.006	0.012
	(2.834)	(1.587)
DPT	0.002	0.018
	(1.502)	(1.258)
NIM	0.024	0.017
	(0.170)	(0.183)
CEB	-0.019	-0.021
	(-1.231)	(-1.146)
CDT	0.034*	0.028
	(1.942)	(1.282)
LNTA	0.041**	0.106**
	(2.962)	(2.914)
ACT	-0.013***	-0.022***
	(-3.580)	(-2.954)
IHH	-0.129*	-0.088*
	(-2.035)	(-2.129)
PIB	0.037***	0.053***
	(3.982)	(3.243)
IPC	-0.036*	-0.187*
	(-1.980)	(-1.997)
DBUSS	0.003**	0.002**
	(2.830)	(2.858)
FINCRISIS	-0.015	-0.012
	(-0.410)	(-0.756)
Constant	0.098	0.072
	(0.110)	(0.241)
AR (2)	-0.564	-0.728
P-value AR (2)	(0.572)	(0.466)
Sargan Statistics	21.214	29.272
P-value Sargan	(0.236)	(0.251)
Observations	62	62

*** p<0.01, ** p<0.05, * p<0.

(1) : efficience technique totale ; (2) : efficience technique pure.

Source : estimations de l'auteur.

CONGO

Dépendent Variable : Method : GMM	EFF (1)	EFF (2)
VARIABLES	Coefficient	Coefficient
EFF (-1)	0.616***	0.721***
	(8.610)	(2.862)
RST	-0.096**	-0.172**
	(-2.940)	(-2.423)
ADPT	0.076***	0.089***
	(7.450)	(3.524)
CAPRQ	-0.062**	-0.008*
	(-2.971)	(-1.957)
CONTES	-0.011***	-0.092***
	(-3.340)	(-1.964)
INFO	-0.045*	-0.241***
	(-2.460)	(-2.996)
SPWR	0.006	0.012
	(2.834)	(1.587)
DPT	0.002	0.018
	(1.502)	(1.258)
NIM	0.024	0.017
	(0.170)	(0.183)
CEB	-0.019	-0.021
	(-1.231)	(-1.146)
CDT	0.034*	0.028
	(1.942)	(1.282)
LNTA	0.041**	0.106**
	(2.962)	(2.914)
ACT	-0.013***	-0.022***
	(-3.580)	(-2.954)
IHH	-0.129*	-0.088*
	(-2.035)	(-2.129)
PIB	0.037***	0.053***
	(3.982)	(3.243)
IPC	-0.036*	-0.187*
	(-1.980)	(-1.997)
DBUSS	0.003**	0.002**
	(2.830)	(2.858)
FINCRISIS	-0.015	-0.012
	(-0.410)	(-0.756)
Constant	0.091	0.074
	(0.120)	(0.232)
AR (2)	-0.564	-0.728
P-value AR (2)	(0.572)	(0.466)
Sargan Statistics	21.214	29.272
P-value Sargan	(0.236)	(0.251)
Observations	89	89

*** $p<0.01$, ** $p<0.05$, * $p<0$.
(1) : efficience technique totale ; (2) : efficience technique pure.
Source : estimations de l'auteur.

GABON

Dépendent Variable : Method : GMM	EFF (1)	EFF (2)
VARIABLES	Coefficient	Coefficient
EFF (-1)	0.917***	0.855***
	(8.850)	(2.922)
RST	-0.096**	-0.172**
	(-2.940)	(-2.423)
ADPT	0.076***	0.089***
	(7.450)	(3.524)
CAPRQ	-0.062**	-0.008*
	(-2.971)	(-1.957)
CONTES	-0.011***	-0.092***
	(-3.340)	(-1.964)
INFO	-0.045*	-0.241***
	(-2.460)	(-2.996)
SPWR	0.006	0.012
	(2.834)	(1.587)
DPT	0.002	0.018
	(1.502)	(1.258)
NIM	0.024	0.017
	(0.170)	(0.183)
CEB	-0.019	-0.021
	(-1.231)	(-1.146)
CDT	0.034*	0.028
	(1.942)	(1.282)
LNTA	0.041**	0.106**
	(2.962)	(2.914)
ACT	-0.013***	-0.022***
	(-3.580)	(-2.954)
IHH	-0.129*	-0.088*
	(-2.035)	(-2.129)
PIB	0.037***	0.053***
	(3.982)	(3.243)
IPC	-0.036*	-0.187*
	(-1.980)	(-1.997)
DBUSS	0.003**	0.002**
	(2.830)	(2.858)
FINCRISIS	-0.015	-0.012
	(-0.410)	(-0.756)
Constant	0.098	0.072
	(0.110)	(0.241)
AR (2)	-0.564	-0.728
P-value AR (2)	(0.572)	(0.466)
Sargan Statistics	21.214	29.272
P-value Sargan	(0.236)	(0.251)
Observations	139	139

*** $p<0.01$, ** $p<0.05$, * $p<0$.
(1) : efficience technique totale ; (2) : efficience technique pure.
Source : estimations de l'auteur.

GUINEE E.

Dépendent Variable : Method : GMM	EFF (1)	EFF (2)
VARIABLES	Coefficient	Coefficient
EFF (-1)	0.821***	0.810***
	(8.100)	(2.841)
RST	-0.096**	-0.172**
	(-2.940)	(-2.423)
ADPT	0.076***	0.089***
	(7.450)	(3.524)
CAPRQ	-0.062**	-0.008*
	(-2.971)	(-1.957)
CONTES	-0.011***	-0.092***
	(-3.340)	(-1.964)
INFO	-0.045*	-0.241***
	(-2.460)	(-2.996)
SPWR	0.006	0.012
	(2.834)	(1.587)
DPT	0.002	0.018
	(1.502)	(1.258)
NIM	0.024	0.017
	(0.170)	(0.183)
CEB	-0.019	-0.021
	(-1.231)	(-1.146)
CDT	0.034*	0.028
	(1.942)	(1.282)
LNTA	0.041**	0.106**
	(2.962)	(2.914)
ACT	-0.013***	-0.022***
	(-3.580)	(-2.954)
IHH	-0.129*	-0.088*
	(-2.035)	(-2.129)
PIB	0.037***	0.053***
	(3.982)	(3.243)
IPC	-0.036*	-0.187*
	(-1.980)	(-1.997)
DBUSS	0.003**	0.002**
	(2.830)	(2.858)
FINCRISIS	-0.015	-0.012
	(-0.410)	(-0.756)
Constant	0.098	0.072
	(0.110)	(0.241)
AR (2)	-0.564	-0.728
P-value AR (2)	(0.572)	(0.466)
Sargan Statistics	21.214	29.272
P-value Sargan	(0.236)	(0.251)
Observations	53	53

*** $p<0.01$, ** $p<0.05$, * $p<0$.
(1) : efficience technique totale ; (2) : efficience technique pure.
Source : estimations de l’auteur.

TCHAD

Dépendent Variable : Method : GMM	EFF (1)	EFF (2)
VARIABLES	Coefficient	Coefficient
EFF (-1)	0.720***	0.684***
	(8.250)	(2.760)
RST	-0.096**	-0.172**
	(-2.940)	(-2.423)
ADPT	0.076***	0.089***
	(7.450)	(3.524)
CAPRQ	-0.062**	-0.008*
	(-2.971)	(-1.957)
CONTES	-0.011***	-0.092***
	(-3.340)	(-1.964)
INFO	-0.045*	-0.241***
	(-2.460)	(-2.996)
SPWR	0.006	0.012
	(2.834)	(1.587)
DPT	0.002	0.018
	(1.502)	(1.258)
NIM	0.024	0.017
	(0.170)	(0.183)
CEB	-0.019	-0.021
	(-1.231)	(-1.146)
CDT	0.034*	0.028
	(1.942)	(1.282)
LNTA	0.041**	0.106**
	(2.962)	(2.914)
ACT	-0.013***	-0.022***
	(-3.580)	(-2.954)
IHH	-0.129*	-0.088*
	(-2.035)	(-2.129)
PIB	0.037***	0.053***
	(3.982)	(3.243)
IPC	-0.036*	-0.187*
	(-1.980)	(-1.997)
DBUSS	0.003**	0.002**
	(2.830)	(2.858)
FINCRISIS	-0.015	-0.012
	(-0.410)	(-0.756)
Constant	0.098	0.072
	(0.110)	(0.241)
AR (2)	-0.564	-0.728
P-value AR (2)	(0.572)	(0.466)
Sargan Statistics	21.214	29.272
P-value Sargan	(0.236)	(0.251)
Observations	121	121

*** p<0.01, ** p<0.05, * p<0.

(1) : efficience technique totale ; (2) : efficience technique pure.

Source : estimations de l'auteur.

LISTE DES TABLEAUX

LISTE DES GRAPHIQUES

LISTE DES ENCADRÉS

LISTE DES ANNEXES

TABLE DES MATIÈRES

Structures éditoriales du groupe L'Harmattan

L'Harmattan Italie
Via degli Artisti, 15
10124 Torino
harmattan.italia@gmail.com

L'Harmattan Hongrie
Kossuth l. u. 14-16.
1053 Budapest
harmattan@harmattan.hu

L'Harmattan Sénégal
10 VDN en face Mermoz
BP 45034 Dakar-Fann
senharmattan@gmail.com

L'Harmattan Cameroun
TSINGA/FECAFOOT
BP 11486 Yaoundé
inkoukam@gmail.com

L'Harmattan Burkina Faso
Achille Somé – tengnule@hotmail.fr

L'Harmattan Guinée
Almamya, rue KA 028 OKB Agency
BP 3470 Conakry
harmattanguinee@yahoo.fr

L'Harmattan RDC
185, avenue Nyangwe
Commune de Lingwala – Kinshasa
matangilamusadila@yahoo.fr

L'Harmattan Congo
67, boulevard Denis-Sassou-N'Guesso
BP 2874 Brazzaville
harmattan.congo@yahoo.fr

L'Harmattan Mali
ACI 2000 - Immeuble Mgr Jean Marie Cisse
Bureau 10
BP 145 Bamako-Mali
mali@harmattan.fr

L'Harmattan Togo
Djidjole – Lomé
Maison Amela
face EPP BATOME
ddamela@aol.com

L'Harmattan Côte d'Ivoire
Résidence Karl – Cité des Arts
Abidjan-Cocody
03 BP 1588 Abidjan
espace_harmattan.ci@hotmail.fr

Nos librairies en France

Librairie internationale
16, rue des Écoles
75005 Paris
librairie.internationale@harmattan.fr
01 40 46 79 11
www.librairieharmattan.com

Librairie des savoirs
21, rue des Écoles
75005 Paris
librairie.sh@harmattan.fr
01 46 34 13 71
www.librairieharmattansh.com

Librairie Le Lucernaire
53, rue Notre-Dame-des-Champs
75006 Paris
librairie@lucernaire.fr
01 42 22 67 13

www.ingramcontent.com/pod-product-compliance
Lightning Source LLC
La Vergne TN
LVHW011304061026
849535LV00005B/1391